PRACTICAL TURKISH for EVERYONE

Serkan KOÇ
Yaşar University
School of Foreign Languages

Özge KOÇ
Ege University
School of Foreign Languages

♦*Beşir Kitabevi*

Tüm hakları saklıdır. Yayınevi; Beşir Kitabevi – Murat Tören'e aittir. Yayınevi'nin yazılı izni olmaksızın, kitabın ve CD'nin tümü ya da bir kısmı hiçbir nedenle yayımlanamaz ve kopyalanarak çoğaltılamaz. Kitabın yanında verilen CD hediyedir. Bu CD ayrıca para ile satılamaz.

Seslendirenler:
Serkan KOÇ - Özge KOÇ

◆*Beşir Kitabevi*

Sahaflar Çarşısı, No: 6 ve 28 Beyazıt/Fatih - İstanbul
Tel: 0212 512 60 07 – 0212 513 15 02
Tel: 0212 519 34 48 – 0212 512 75 47
Tel – Faks : 0212 527 28 71

www.besirkitabevi.com.tr
bilgi@besirkitabevi.com.tr
besirkitabevi@gmail.com

Sertifika No: 13647

ISBN: 978-605-5910-93-8

Nisan/2014

Baskı, Cilt:
Kayhan Matbaacılık San. Tic. Ltd. Şti.
Davutpaşa Cad. Güven San. Sit. C Blok No: 244
Topkapı-Zeytinburnu / İstanbul
Tel: 0212 576 00 66
Sertifika No: 12156

Introduction

Practical Turkish for Everyone is a self-study guide for Turkish language learners of any age and profession. The book is a comprehensive study guide for learners who want to improve their speaking, listening, and reading skills up to intermediate level.

How to study *Practical Turkish for Everyone*

The book consists of 70 lessons and the lessons are interrelated; therefore, if you are studying Turkish for the first time you should start from the first lesson and study them one by one. Once you finish studying all the lessons you may revise individual lessons as many times as you want.

Each lesson has mainly three parts. In the first part the grammar topics are introduced with their structures and usages. The following part is the listening and reading part which include a dialogue and the translation of the dialogue. The final part includes exercises related to the topic of the lesson. Each part should be studied carefully to comprehend the topic and the listening parts are essential to hear the pronunciations of the words, phrases and sentences. Therefore you should not forget to get the free audio CD with the book.

Serkan KOÇ

Yazar Hakkında:

Serkan KOÇ 2005 yılında Ege Üniversitesi, Edebiyat Fakültesi, İngiliz Dili ve Edebiyatı bölümünden mezun oldu. Yazar 2012 yılında Yaşar Üniversitesi'nde aynı bölümde yüksek lisans eğitimini tamamladıktan sonra 2013 yılında Hacettepe Üniversitesi, İletişim Bilimleri bölümünde doktora eğitimi almaya başladı. 2007 - 2009 yılları arasında Milli Eğitim Bakanlığı 'na bağlı okullarda İngilizce öğretmeni olarak çalıştı. Ardından 2009 -2010 eğitim yılında Yaşar Üniversitesi'nde İngilizce okutmanı olarak göreve başladı ve halen Yaşar Üniversite'sindeki görevine devam etmektedir.

Yazarın 2009 yılından bu yana yabancı dilde yazılmış yirmi yedi farklı çocuk hikâyesi yayımlandı ve yazar halen bu alandaki çalışmalarını sürdürmektedir.

About the Writer:

The writer graduated from Ege University English Language and Literature department in 2005 and received his MA from Yaşar University in 2012. Recently he is doing his PhD at Hacettepe University, Communication Sciences department. He had worked as a primary school English teacher between the years 2007-2009. Then in 2009 he started working as an English Language Instructor at Yaşar University and he is still working at the same position.

For young learners, he has also written twenty seven English stories which were published between 2009 and 2013.

Özge KOÇ

Yazar Hakkında:

Özge KOÇ 2005 yılında Ege Üniversitesi, İngiliz Dili ve Edebiyatı bölümünden mezun oldu. Yaklaşık altı yıl boyunca Milli Eğitim Bakanlığı'na bağlı okullarda İngilizce öğretmeni olarak çalıştı. Ardından çeşitli dil okullarında farklı meslekten ve yaş gruplarından öğrenicilerle çalıştı. Son olarak 2013 yılında Ege Üniversitesi, Yabancı Diller Yüksek Okulu'nda okutman olarak göreve başladı ve halen burada görevine devam etmektedir.

About the Writer:

The writer graduated from Ege University, English Language and Literature department in 2005. She worked as an English teacher in public schools for almost six years. She also worked with students from various jobs and different age groups. In 2013 she started working as an English Instructor at Ege University, School of Foreign Languages and she is still working at the same position.

CONTENTS / İÇİNDEKİLER

Lesson 1 25-30
The Alphabet *(Alfabe)* 25
Vowels 26
Consonants 26
Diyalog 28
Dialogue 29
Exercises 30

Lesson 2 31-38
Vowel Harmony Rules *(Ünlü Uyumları)* 31
Back Vowels 31
Front Vowels 31
Rounded Vowels 32
Unrounded Vowels 32
Wide Vowels 32
Narrow Vowels 32
Palatal Harmony 33
Flatness or Labial Harmony 33
Diyalog 36
Dialogue 37
Exercises 38

Lesson 3 39-44
Consonant Rules *(Ünsüz Kuralları)* 39
Strong Consonants 39
Weak Consonants 39

◆ *Beşir Kitabevi*

Consonant Assimilation 40
Combining Consonant 40
Diyalog 42
Dialogue 43
Exercises 44

Lesson 4 45-52
Sentence Structure and Parts of Sentence *(Tümce ve Tümcenin Öğeleri)* 45
Sentence 45
Parts of Sentence 46
Word Order 47
Diyalog 50
Dialogue 51
Exercises 52

Lesson 5 53-58
Negative Sentences *(Olumsuz Tümceler)* 53
Verbal Sentences 53
Nominal Sentences 54
değil & yok 54
–sız (-siz) 54
Diyalog 56
Dialogue 57
Exercises 58

Lesson 6 59-64
Yes / No Questions *(Evet / Hayır Soruları)* 59
The Question Suffix (-mi) 59
The Position of the Suffix (–mi) 60
Diyalog 62
Dialogue 63
Exercises 64

Lesson 7 65-70
Wh- Questions *(Soru Sıfatları, Zarfları ve Zamirleri)* 65

Interrogative Pronouns 65
Interrogative Adjectives 66
3) Interrogative Adverbs 66
Diyalog 68
Dialogue 69
Exercises 70

Lesson 8 71-76
Tag Questions *(-değil mi?)* 71
Diyalog 74
Dialogue 75
Exercises 76

Lesson 9 77-82
Verb To Be *(Ek fiil)* 77
Positive Sentences 77
Negative Sentences 78
Questions 78
Vocabulary (Jobs) 79
Diyalog 80
Dialogue 81
Exercises 82

Lesson 10 83-90
There is / There are / There isn't / There aren't - *(Var / Yok)* 83
Question Forms 84
Is there / Are there / Isn't there / Aren't there
Isn't there / Aren't there 85
Diyalog 88
Dialogue 89
Exercises 90

Lesson 11 93-102
Have got/has got haven't got/hasn't got *(Var - Yok 2)* 93
have got / has got 93

haven't got / hasn't got 93
Question form 94
Questions with 'ne' 95
Diyalog 98
Dialogue 99
Exercises 100

Lesson 12 103-108
Part 1 103
This / that / these / those *(Bu/Şu/ O/Bunlar/Şunlar/Onlar)* 103
Negative Sentences 104
Questions 104
Diyalog 106
Dialogue 107
Exercises 108

Lesson 13 109-114
Part 2 109
This / that / these / those *(Bu/Şu/O/Bunlar/Şunlar/Onlar)* 109
Negative Sentences 110
Questions 110
Diyalog 112
Dialogue 113
Exercises 114

Lesson 14 115-120
Definite / Indefinite Article or a / an / the
(Belirsiz Tanımlık / Belirli Tanımlık) 115
(a / an) 115
(the) 116
Diyalog 118
Dialogue 119
Exercises 120

Lesson 15 121-128

Some / Any *(bazı / biraz / birkaç / hiç)* 121
some 121
any 122
Diyalog 126
Dialogue 127
Exercises 128

Lesson 16 129-136
Descriptive Adjectives *(Niteleme Sıfatları)* 129
Diyalog 134
Dialogue 135
Exercises 136

Lesson 17 137-144
Numeral Adjectives *(Sayı Sıfatları)* 137
Cardinal numbers 137
Ordinal Numbers 138
Distributive Numeral Adjectives 138
Fractional Numeral Adjectives 138
Diyalog 142
Dialogue 143
Exercises 144

Lesson 18 145-150
Adverbs *(Zarflar)* 145
1) Adverbs of Manner 145
2) Adverbs of Time 146
3) Adverbs of Place 146
Diyalog 148
Dialogue 148
Exercises 150

Lesson 19 151-156
Comparative degree *(daha + sıfat /zarf kullanımı)* 151
Diyalog 154

Dialogue 155
Exercises 156
Lesson 20 157-162
The Superlative *(en + sıfat /zarf kullanımı)* 157
Diyalog 160
Dialogue 161
Exercises 162
Lesson 21 163-168
The Degree of Equality *(Kadar)* 163
Diyalog 166
Dialogue 167
Exercises 168
Lesson 22 169-176
Present Continuous Tense *(Şimdiki Zaman)* 169
Structure 169
Affirmative Sentences 169
Negative Sentences 169
Questions 170
Usage 171
Diyalog 174
Dialogue 175
Exercises 176
Lesson 23 177-184
Rumor Present Continuous *(Şimdiki Zamanın Rivayeti)* 177
Structure Affirmative Sentences 177
Negative Sentences 177
Questions 178
Usage 180
Diyalog 182
Dialogue 183
Exercises 184

Lesson 24 185-192
Present Simple *(Geniş Zaman)* 185
Structure 185
Affirmative Sentences 185
Negative Sentences 185
Questions 186
Usage 187
Diyalog 190
Dialogue 191
Exercises 192

Lesson 25 193-202
Rumor Present Simple *(Geniş Zamanın Rivayeti)* 193
Structure 193
Affirmative Sentences 193
Negative Sentences 194
Questions 195
Usage 196
Diyalog 198
Dialogue 199
Exercises 202

Lesson 26 203-210
Definite Past Tense *(Bilinen Geçmiş Zaman)* 203
Structure 203
Affirmative Sentences 203
Negative Sentences 204
Questions 204
Usage 205
Diyalog 208
Dialogue 209
Exercises 210

Lesson 27 211-218
Indefinite Past Tense *(Öğrenilen Geçmiş Zaman)* 211
Usage 211
Structure 212
Affirmative Sentences 212
Negative Sentences 213
Questions 213
Diyalog 216
Dialogue 217
Exercises 218

Lesson 28 219-224
Past form of Verb To Be *(Ek fiil / Geçmiş Zaman)* 219
Positive Sentences 219
Negative Sentences 220
Questions 221
Diyalog 222
Dialogue 223
Exercises 224

Lesson 29 225-232
Past Continuous Tense *(Şimdiki Zamanın Hikayesi)* 225
Structure 225
Affirmative Sentences 225
Negative Sentences 226
Questions 226
Usage 227
Diyalog 230
Dialogue 231
Exercises 232

Lesson 30 233-242
Story Present Simple / Used To (Geniş Zamanın Hikayesi) 233
Structure 233

Affirmative Sentences 233
Negative Sentences 234
Questions 235
Usage 236
Diyalog 238
Dialogue 239
Exercises 242

Lesson 31 243-250

Story Indefinite Past Tense / Past Perfect Tense
(Öğrenilen Geçmişin Hikâyesi) 243
Structure 243
Affirmative Sentences 243
Negative Sentences 244
Questions 245
Usage 246
Diyalog 248
Dialogue 249
Exercises 250

Lesson 32 251-258

Simple Future Tense / Will / Be Going To *(Gelecek Zaman)* 251
Structure 251
Affirmative Sentences 251
Negative Sentences 252
Questions 252
Usage 253
Diyalog 256
Dialogue 257
Exercises 258

Lesson 33 259-266

Rumor Future Tense *(Gelecek Zamanın Rivayeti)* 259
Structure 259

Affirmative Sentences 259
Negative Sentences 260
Questions 261
Usage 262
Diyalog 264
Dialogue 265
Exercises 266

Lesson 34 267-274
Future in the Past *(Gelecek Zamanın Hikayesi)* 267
Structure 267
Affirmative Sentences 267
Negative Sentences 268
Questions 269
Usage 270
Diyalog 272
Dialogue 273
Exercises 274

Lesson 35 275-282
Future Continuous Tense *(Gelecek Zamanda Süreklilik)* 275
Structure 275
Affirmative Sentences 275
Negative Sentences 276
Questions 277
Usage 278
Affirmative 279
Negative 279
Question 279
Diyalog 280
Dialogue 281
Exercises 282

Contens / İçindekiler

Lesson 36 283-290
Future Perfect Tense *(Gelecek Zamanın Rivayeti)* 283
Structure 283
Affirmative Sentences 283
Negative Sentences 284
Questions 285
Usage 286
Affirmative 287
Negative 287
Question 287
Diyalog 288
Dialogue 289
Exercises 290

Lesson 37 291-296
Personal Pronouns *(Kişi Zamirleri)* 291
Subject Pronouns 291
Gender-Neutral Pronoun: O 292
Diyalog 294
Dialogue 295
Exercises 296

Lesson 38 297-304
Accusative / Dative Case *(Kişi Zamirleri ve Hal Ekleri)* 297
Object Pronouns – Accusative Case 297
Object Pronouns – Dative case 298
Gender-Neutral Pronoun 299
Diyalog 302
Dialogue 303
Exercises 304

Lesson 39 305-310
Possessive Adjectives *(İyelik Sıfatları)* 305
Diyalog 308

♦*Beşir Kitabevi*   **15**

Practical Turkish for Everyone

Dialogue	309
Exercises	310
Lesson 40	**311-316**
Possessive Pronouns *(İlgi Zamirleri)*	311
Diyalog	314
Dialogue	315
Exercises	316
Lesson 41	**317-322**
Reflexive Pronouns *(Dönüşlülük Zamirleri)*	317
Diyalog	320
Dialogue	321
Exercises	322
Lesson 42	**323-330**
can/be able to/may/might *(Kurallı Bileşik Fiil [Yeterlilik Hali])*	323
Structure	323
Affirmative Sentences	323
Negative Sentences	323
Question Form	324
Diyalog	328
Dialogue	329
Exercises	330
Lesson 43	**331-340**
could / was - were able to *(Bileşik Fiilin Yeterlilik Hali [Geç. Zaman])*	331
Structure	331
Affirmative Sentences	331
Negative Sentences	332
Question Form	334
Usage	335
Diyalog	338
Dialogue	339
Exercises	340

Lesson 44 341-348
Will be able to *(Bileşik Fiilin Yeterlilik Hali [Gelecek Zaman])* 341
Structure 341
Affirmative Sentences 341
Negative Sentences 342
Question Form 343
Usage 343
Diyalog 346
Dialogue 347
Exercises 348

Lesson 45 349-356
must / have to *(Gereklilik Kipi)* 349
Structure 349
Affirmative Sentences 349
Negative Sentences 350
Question Form 351
Usage 351
Diyalog 354
Dialogue 355
Exercises 356

Lesson 46 357-364
should / ought to / need to *(Gereklilik Kipi 2)* 357
Structure 357
Affirmative Sentences 357
Negative Sentences 358
Question Form 359
Usage 360
Diyalog 362
Dialogue 363
Exercises 364

Lesson 47 365-370

don't have to / don't need to / needn't *(gerek yok / zorunda değil)* 365
Structure 365
Affirmative Sentences 366
Questions 367
Diyalog 368
Dialogue 369
Exercises 370

Lesson 48 371-378

had better / would rather / prefer *(iyi olur / tercih etmek)* 371
Structure 371
Affirmative Sentences 371
Negative Sentences 372
Usage 373
Diyalog 376
Dialogue 377
Exercises 378

Lesson 49 379-386

Should / shouldn't + have + V *(Gereklilik Kipinin Hikayesi)* 379
Structure 379
Affirmative Sentences 379
Negative Sentences 380
Question Form 381
Usage 382
Diyalog 384
Dialogue 385
Exercises 386

Lesson 50 387-394

must + have + done / can't + have + done *(-miş olmalı / -miş olamaz)* 387
Structure 387
Affirmative Sentences 387

Contens / İçindekiler

Negative Sentences... 388
Usage 389
Diyalog 392
Dialogue 393
Exercises.. 394

Lesson 51 395-402
Uncertainty About Past (-miş olabilir) 395
may + have + done
may not + have + done 395
Structure 395
Affirmative Sentences 395
Negative Sentences.. 396
Questions 397
Usage 398
Diyalog 400
Dialogue 401
Exercises.. 402

Lesson 52 403-412
could + have + V3 *(-ebilirdin / -miş olabilirdin)* 403
Structure 403
Affirmative Sentences 403
Negative Sentences.. 404
Questions 405
Usage 406
Diyalog 410
Dialogue 411
Exercises.. 412

Lesson 53 413-422
Passive Voice 1 *(Edilgen Fiil)*... 413
Structure 413
Affirmative Sentences 413

♦*Beşir Kitabevi*

Negative Sentences	414
Questions	416
Usage	417
Diyalog	420
Dialogue	421
Exercises	422
Lesson 54	**423-432**
Passive Voice 2 *(Edilgen Fiil)*	423
Structure	423
Affirmative Sentences	423
Negative Sentences	424
Questions	425
Usage	427
Diyalog	430
Dialogue	431
Exercises	432
Lesson 55	**433-440**
Passive Voice 3 *(Edilgen Fiil)*	433
Structure	433
Affirmative Sentences	433
Negative Sentences	434
Questions	435
Usage	436
Other Tenses	437
Indefinite Past Simple	437
Rumor form of Present Continuous Tense	437
Diyalog	438
Dialogue	439
Exercises	440
Lesson 56	**441-450**
Passive Voice 4 *(Edilgen Fiil)*	441

Structure ... 441
Affirmative Sentences ... 441
Negative Sentences ... 443
Questions ... 444
Diyalog ... 448
Dialogue ... 449
Exercises ... 450

Lesson 57 ... 451-462

have / get something done *(Ettirgen /Oldurgan Fiil)* ... 451
Structure ... 451
Affirmative Sentences ... 451
Negative Sentences ... 452
Questions ... 455
Usage ... 457
Diyalog ... 460
Dialogue ... 461
Exercises ... 462

Lesson 58 ... 463-468

Conditional mood *(Şart kipi)* ... 463
Structure ... 463
Affirmative Sentences ... 463
Negative Sentences ... 464
Diyalog ... 466
Diyalog ... 467
Exercises ... 468

Lesson 59 ... 469-476

Subjunctive mood of wish *(Dilek kipi)* ... 469
Structure ... 469
Affirmative Sentences ... 469
Negative Sentences ... 470
Diyalog ... 474

Dialogue	475
Exercises	476
Lesson 60	**477-484**
When / While *(-ince / -ken)*	477
Structure	477
1) –ince (when)	477
2) -ken (while)	479
Diyalog	482
Dialogue	483
Exercises	484
Lesson 61	**485-490**
Before / After *(-me.den önce / -dık.tan sonra)*	485
Structure	485
1) -me.den önce (before)	485
2) -dık.dan sonra	486
Diyalog	488
Dialogue	489
Exercises	490
Lesson 62	**491-498**
until / as soon as *(-ene kadar / -ir … -mez)*	491
Structure	491
1) –ene kadar	491
2) –ir… mez (-maz)	492
Diyalog	496
Dialogue	497
Exercises	498
Lesson 63	**499-504**
İsim - Fiil *(Mastar)*	499
Structure	499
Diyalog	502
Dialogue	503

Contens / İçindekiler

Exercises	504
Lesson 64	**505-510**
Gerund 2 *(Sıfat - Fiil)*	505
Structure	505
Diyalog	508
Dialogue	509
Exercises	510
Lesson 65	**511-516**
Zarf - Fiil *(Bağ Fiil)*	511
Structure	511
Diyalog	514
Dialogue	515
Exercises	516
Lesson 66	**517-522**
Indefinite Pronoun *(Belgisiz Zamir)*	517
Diyalog	520
Dialogue	521
Exercises	522
Lesson 67	**523-528**
Indefinite Adjective *(Belgisiz Sıfat)*	523
Diyalog	526
Dialogue	527
Exercises	528
Lesson 68	**529-536**
Prepositions *(Edatlar /İlgeçler)*	529
Diyalog	534
Dialogue	535
Exercises	536
Lesson 69	**537-542**
Conjunctions *(Bağlaçlar 1)*	537
Coordinating Conjunctions	537

Practical Turkish for Everyone

Correlative Conjunctions 538
Diyalog 540
Dialogue 541
Exercises 542
Lesson 70 543-548
Conjunctions *(Bağlaçlar 2)* 543
Subordinating Conjunctions 543
Diyalog 546
Dialogue 547
Exercises 548
DICTIONARY / SÖZLÜK 549
ANSWER KEY / CEVAP ANAHTARI 555

Lesson 1

The Alphabet (Alfabe)

There are 29 letters in Turkish alphabet.

A a (At)	B b (Bal)	C c (Cam)	Ç ç (Çam)	D d (Dağ)
E e (Et)	F f (Film)	G g (Güz)	Ğ ğ*	H h (Hava)
I ı (Ilık)	İ i (İp)	J j (Jilet)	K k (Kar)	L l (Lale)
M m (martı)	N n (Nane)	O o (Olta)	Ö ö (Ödül)	P p (Para)
R r (Ray)	S s (Sarı)	Ş ş (Şarkı)	T t (Turp)	U u (Uçak)
Ü ü (Üzüm)	V v (Vampir)	Y y (Yaz)	Z z (Zar)	

* Turkish words do not begin with "Ğ".

Practical Turkish for Everyone

Sounds in Turkish are mainly classified in two groups. These are vowels and consonants.

Vowels

| a | e | ı | i | o | ö | u | ü |

Consonants

| b | c | ç | d | e | g | ğ | h | j | k | l | m | n | p | r | s | ş | t | v | y | z |

Vowels can be used as a single syllable but in order to form a syllable with a consonant we need to use a vowel with it. In other words consonants cannot form a syllable without a vowel. To form a meaningful word in Turkish there should be at least one syllable.

E. g.

O (He/She/It) is a word with one syllable.

Su (Water) is a word with one syllable.

O-to-büs (Bus) is a word with three syllables.

Su-lu-göz (A person who cries easily) is a word with three syllables.

The Alphabet (Alfabe)

Look at the table below and listen to the syllables. A

	a	e	ı	i	o	ö	u	ü
b	ba	be	bı	bi	bo	bö	bu	bü
c	ca	ce	cı	ci	co	cö	cu	cü
ç	ça	çe	çı	çi	ço	çö	çu	çü
d	da	de	dı	di	do	dö	du	dü
f	fa	fe	fı	fi	fo	fö	fu	fü
g	ga	ge	gı	gi	go	gö	gu	gü
h	ha	he	hı	hi	ho	hö	hu	hü
j	ja	je	jı	ji	jo	jö	ju	jü
k	ka	ke	kı	ki	ko	kö	ku	kü
l	la	le	lı	li	lo	lö	lu	lü
m	ma	me	mı	mi	mo	mö	mu	mü
n	na	ne	nı	ni	no	nö	nu	nü
p	pa	pe	pı	pi	po	pö	pu	pü
r	ra	re	rı	ri	ro	rö	ru	rü
s	sa	se	sı	si	so	sö	su	sü
ş	şa	şe	şı	şi	şo	şö	şu	şü
t	ta	te	tı	ti	to	tö	tu	tü
v	va	ve	vı	vi	vo	vö	vu	vü
y	ya	ye	yı	yi	yo	yö	yu	yü
z	za	ze	zı	zi	zo	zö	zu	zü

E. g.

Listen and repeat the words and their syllables. B

1) ba-ba   baba   (father)
2) an-ne   anne   (mother)
3) kar-deş   kardeş   (brother/sister)
4) da-yı   dayı   (uncle)
5) bü-yük-an-ne   büyükanne   (grandmother)
6) bü-yük-ba-ba   büyükbaba   (grandmother)

Diyalog

 Listen to the Dialogue and Follow the Script

Elizabeth: Merhaba, benim adım Elizabeth. Senin adın ne?

Abdurrahman: Benim adım Abdurrahman.

Elizabeth: Aferdersiniz anlamadım. Adınızı heceler misiniz?

Abdurrahman: Elbette. Ab-dur-rah-man.

Elizabeth: Ab-duru-rah-man.

Abdurrahman: Neredeyse oldu. Tekrar edeyim. Ab-dur-rah-man.

Elizabeth: Ab-dur-rah-man.

Abdurrahman: Şimdi oldu.

Elizabeth: İsminiz biraz zor.

Abdurrahman: Evet ama sizin Türkçe'niz çok iyi.

Elizabeth: Teşekkür ederim.

Abdurrahman: Rica ederim.

Dialogue

Listen to the Dialogue and Follow the Translation

Elizabeth: Hello, my name is Elizabeth. What is your name?

Abdurrahman: My name is Abdurrahman.

Elizabeth: Sorry, I didn't understand it. Can you spell your name?

Abdurrahman: Of course. It is Ab-dur-rah-man.

Elizabeth: Ab-duru-rah-man.

Abdurrahman: Almost okay. Let me repeat it. Ab-dur-rah-man.

Elizabeth: Ab-dur-rah-man.

Abdurrahman: Yes!

Elizabeth: Your name is a bit difficult.

Abdurrahman: Yes but your Turkish is very good.

Elizabeth: Thank you.

Abdurrahman: You are welcome.

Exercises

A) Read the words and fill in the gaps with correct letters.

1) araba   a/r_/b_   2) kırmızı   k__/m_/z_

3) baba   b_/b_   4) kelebek   k_/l_/b__

5) elbise   e_/b_/s_   6) taksi   __/s_

7) İstanbul   İ_/t__/b__   8) ceket   _/k__

9) patates   p_/t_/t__   10) domates   d_/m_/t__

B) The names of colors are in the box. Look at the box and try to rewrite the scrambled words.

Sarı	Kırmızı	Yeşil	Mavi	Turuncu	Siyah	Beyaz	Pembe	Mor	Kahverengi

raıs   _____   mızıkır   _____   eşiyl   _____

mvia   _____   cutnuru   _____   iyash   _____

eybza   _____   mepeb   _____   omr   _____

vekeahrgni   _____

Lesson 2

Vowel Harmony Rules (Ünlü Uyumları)

In Turkish the vowels follow certain rules. These rules are essential since they change the vowels or consonants of the affixes. In order to comprehend the vowel rules we should first examine the vowel groups.

There are mainly six groups of vowels that are used to follow two different harmony rules.

- The first group is named as back vowels. As it can be understood from its name when pronouncing a back vowel our tongue is positioned at the back of our mouth.

Back Vowels

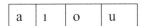

- The second group of vowels is named as front vowels. As it can be understood from its name when pronouncing a front vowel our tongue is positioned in the front part of our mouth.

Front Vowels

- The third group of vowels is named as rounded vowels. As it can be understood from its name when pronouncing a rounded vowel our lips are rounded

Rounded Vowels

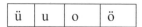

| ü | u | o | ö |

- The fourth group of vowels is named as unrounded vowels. As it can be understood from its name we pronounce an unrounded vowel with our lips relaxed.

Unrounded Vowels

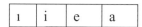

| ı | i | e | a |

- The fifth group of vowels is named as wide vowels.

Wide Vowels

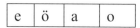

| e | ö | a | o |

- The last group of vowels is named as narrow vowels.

Narrow Vowels

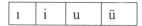

| ı | i | u | ü |

Above mentioned groups of vowels follow certain patterns in words. Below are the two main vowel harmony rules.

1) Büyük Ünlü Uyumu (Palatal Harmony)

The first vowel harmony rule to study is "büyük ünlü uyumu" (palatal harmony). The palatal harmony is about the back and front vowels. According to this rule if the first vowel of a word is a back vowel the other vowels in the word must also be back vowels. If the first vowel is a front vowel then the other vowels in the word must also be front vowels. Keep in mind that the words that do not have palatal harmony are not Turkish. These words are usually derived from other languages.

E.g.

The words below have palatal harmony.

çiçek (flower), öğretmen (teacher), dolap (cupboard)

The words below do not have palatal harmony.

televizyon (television), kalem (pen), patates (potato)

2) Küçük Ünlü Uyumu (Flatness or Labial Harmony)

The second vowel harmony rule to study is "küçük ünlü uyumu" (labial harmony). The labial harmony or flatness harmony is about the rounded, unrounded, wide, and narrow vowels. There are basically two rules to follow the labial harmony. These words are usually derived from other languages.

a) An unrounded (a,e,ı,i) vowel of a word must be followed by an unrounded vowel.

E.g. kayıklar (boats) kaçırmak, (to kidnap) çilek (sstrawberry), mısra, (line)

b) A rounded vowel (o,ö,u,ü) of a word must be followed by either a wide and unrounded vowel (a,e) or a narrow and rounded vowel (u,ü).

E. g. çocuk (child), boya (paint), kural (rule),
The table below shows how the two harmony rules work with each vowel.

a → a, ı (araba, arı)	o → u, a (okul, boya)
e → e, i (geveze, gemi)	ö → ü, e (örgü, ördek)
ı → ı, a (bıyık, kıta)	u → u, a (umut, durak)
i → i, e (sivil, ipek)	ü → ü, e (üzüm, üçgen)

Vowel Harmony Rules (Ünlü Uyumları)

WRITING TASK: *Read the dialogue and find twenty words that follow harmony rules.*

Diyalog

 Listen to the Dialogue and Follow the Script

Öğretmen: Merhaba çocuklar. Geçen ders size Türkçe'de küçük ve büyük ünlü uyumları konularını öğrettim. Bugün bu konularla ilgili birkaç örnek çalışalım.

Zeynep: Ben bir örnek vermek istiyorum. Kırlangıç büyük ünlü uyumuna uyar.

Öğretmen: Evet Zeynep, haklısın. Kırlangıç kelimesinin ilk ünlüsü kalındır ve takip eden diğer ünlüler de kalındır.

Zeynep: Kırlangıç kelimesi ayrıca küçük ünlü uyumuna da uyar. İlk ünlüsü düz ve kalındır ve bunu izleyen ilk hece de düz ve kalındır.

Öğretmen: Aferin Zeynep, teşekkürler. Küçük ünlü uyumuna uyan başka bir örnek verebilir misin?

Zeynep: Elbette. Yağmur kelimesi küçük ünlü uyumuna bir örnek midir?

Öğretmen: Hayır değildir. Yağmur kelimesinin ilk ünlüsü düz ve kalındır. İkinci ünlüsü de düz olmalıdır. Ama 'u' dar yuvarlak bir ünlüdür. Yani, kırlangıç kelimesi hem büyük hem de küçük ünlü uyumuna uyar. Yağmur kelimesi ise büyük ünlü uyumuna uyar ama küçük ünlü uyumuna uymaz.

Zeynep: Yağmur kelimesi yabancı bir kelime midir?

Öğretmen: Hayır, Türkçe bir kelimedir. Yağmur, kavun, çamur gibi küçük ünlü uyumuna uymayan ama Türkçe olan kelimeler de vardır. Evde bu kurallara çalışmayı unutmayın. Yarın ünsüzlerle ilgili kuralları çalışacağız.

Vowel Harmony Rules (Ünlü Uyumları)

Dialogue

Listen to the Dialogue and Follow the Translation

Teacher: Hello kids. I taught you labial and palatal vowel harmonies in Turkish yesterday. Let's study some examples today.

Zeynep: I want to give an example. Kırlangıç has palatal harmony.

Teacher: Yes Uğur, you are right. The first vowel of Kırlangıç is a back vowel and the other following ones are back vowels, too.

Zeynep: Kırlangıç also has labial harmony. Its first vowel is unrounded and back and the first following vowel is unrounded and back, too.

Teacher: Well done Zeynep, thank you. Can you give another example that has labial harmony?

Zeynep: Sure. Is yağmur an example word that has labial harmony?

Teacher: No it isn't. The first vowel of the word Yağmur is unrounded and back. Its second vowel must be unrounded, too. However 'u' is a rounded vowel. In other words, kırlangıç has both labial and palatal harmonies. However the word Yağmur has palatal harmony but it doesn't have labial harmony.

Zeynep: Is Yağmur a foreign word?

Teacher: No, it is a Turkish word. There are words that don't have labial vowel harmony but they are still Turkish such as Yağmur, kavun, çamur. Remember to study these subjects at home. We are going to study rules of consonants tomorrow.

Exercises

A) Read the words and underline the ones that do not have palatal harmony.

- Bekleyeceğim (I will wait.)
- Bira (Beer)
- Bıçaklar (Knives)
- Devasa (Huge)
- Doruklar (Peaks)
- Otomobil (Car)
- Gökyüzü (Sky)

B) Read the words and underline the ones that do not have labial harmony.

- araba (car)
- karartı (shadow)
- kelime (word)
- merdiven (ladder)
- ıslak (wet)
- akordeon (harmonica)
- radyo (radio)
- tiyatro (theatre)

Lesson 3

Consonant Rules (Ünsüz Kuralları)

In Turkish the consonants also follow certain rules. These rules are essential since they change the consonants of the affixes. In order to comprehend the consonant rules we should first examine the consonant groups.

There are mainly two groups of consonants that are **used in** two different harmony rules.

- The first group is named as **"strong consonants"**. As it can be inferred from its name strong consonants are pronounced with greater energy.

Strong Consonants

f	s	t	k	ç	ş	h	p

- The second group is named as **"weak consonants"**. As it can be inferred from its name weak consonants are pronounced with lesser energy.

Weak Consonants

b	c	d	g	ğ	j	l	m	n	r	v	y	z

Below are the two main consonant rules to be followed.

1) Ünsüz Benzeşmesi (Consonant Assimilation)

The first consonant rule to study is "ünsüz benzeşmesi" (consonant assimilation). The rule only concerns the words that end with a strong consonant. According to this rule if the **strong-consonant-ending word** takes an affix that begins with a weak consonant, the weak consonant turns into a strong consonant.

E.g.

çiçek (flower) / çiçek – ci ➡ çiçe**kç**i (florist)

The last consonant of the word is **-k (strong consonant)** but the first consonant of the suffix is **-c (weak consonant)**; therefore, **-c turns into –ç.**

Similarly if the **strong-consonant-ending word** takes an affix that begins with a vowel, the strong consonant turns into a weak consonant.

çiçek / çiçek – im ➡ çiçe**ğ**im (my flower)

The last consonant of the word is **-k (strong consonant)** but the affix begins with a vowel; therefore, **-k turns into –ğ.**

- dolap (cupboard) dolap – ın ➡ dola**b**ın (cupboard)
- ağaç (tree) ağaç – da ➡ ağa**ç**ta (on the tree)

2) Kaynaştırma Ünsüzü (Combining Consonant)

In Turkish two vowels do not follow each other; therefore, if a word ends with a vowel and the affix begins with a vowel a consonant must be used to combine these two vowels. There are four consonants used to combine the vowels. These are: –y, -ş, -s, -n.

Consonant Rules (Ünsüz Kuralları)

E.g.

kapı (door) / kapı – a ⇨ kapıya (to the door)

The word ends with a vowel and the suffix begins with a vowel; therefore, we use –y t combine these vowels.

- pencere (window) / pencere – in ⇨ pencerenin kolu (handle of the window)
- yedi (seven) / yedi – er ⇨ yedişer (seven each)
- kuzu (lamb) / kuzu – u ⇨ kuzusu (his lamb)

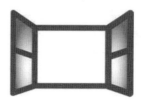

Listen and repeat the words.

- çiçek / çiçek – ci ⇨ çiçekçi
- çiçek / çiçek – im ⇨ çiçeğim
- dolap / dolap – ın ⇨ dolabın
- ağaç / ağaç – da ⇨ ağaçta
- kapı / kapı – a ⇨ kapıya
- pencere / pencere – in ⇨ pencerenin
- yedi / yedi – er ⇨ yedişer
- kuzu / kuzu – u ⇨ kuzusu

♦*Beşir Kitabevi*

Diyalog

 Listen to the Dialogue and Follow the Script

Öğretmen: Günaydın çocuklar. Bugünkü konumuz ünsüzlerle ilgili kurallar.

Uğur: Ben bu kuralları söyleyebilirim: Ünsüz benzeşmesi ve kaynaştırma ünsüzleri.

Öğretmen: Teşekkürler Uğur. Evet, öncelikle ünsüz benzeşmesine örnek verelim. "Dolapta yeni elbiseler var". Bu cümledeki ünsüz benzeşmesi nedir?

Uğur: 'Dolap' kelimesi sert bir ünsüzle biter ve yumuşak bir ünsüzle başlayan '-da' ekini aldığında '-da' eki sertleşerek '-ta' olur.

Öğretmen: Aferin Uğur! Pekâlâ, başka bir örnek verebilir misin Uğur?

Uğur: "Çileği çok severim" cümlesinde 'çilek' kelimesi 'i' ekini alır ve 'k' ünsüzü 'ğ' olur.

Öğretmen: İyi bir örnek, teşekkürler Uğur. Her iki örnekte de kelimeler ve ekler birbirlerine uyum sağlamıştır.

Uğur: Kaynaştırma ünsüzlerine örnek verir misiniz?

Öğretmen: Elbette. Türkçe'de kaynaştırma ünsüzleri 'y,ş,s,n' harfleridir. Ünlüyle biten bir kelime yine ünlüyle başlayan bir ek aldığında araya bu harflerden biri konmalıdır.

Uğur: "Kapıyı aç" cümlesinde olduğu gibi mi?

Öğretmen: Doğru. 'kapı' ve 'ı' eki arasında 'y' kaynaştırma ünsüzü vardır.

Dialogue

Listen to the Dialogue and Follow the Translation

Teacher: Good morning kids. Our subject is "rules of consonants" today.

Uğur: I can say these rules: Assimilation of consonants and combining consonants.

Teacher: Thank you Uğur. Well, at first let's give an example for assimilation of consonants. "There are new clothes in the wardrobe (dolap)" What is the consonant assimilation in this sentence?

Uğur: The word wardrobe (dolap) ends with a strong consonant and when it takes the suffix (-da) that begins with a soft consonant, this suffix turns to (–ta).

Teacher: Well done Uğur. Well, can you give us another example?

Uğur: "I like strawberry" In this sentence, the word strawberry (çilek) takes the suffix (i) and the consonant (k) turns to (ğ).

Teacher: A good example, thank you Uğur. In both sentences, the word and the suffixes are harmonized.

Uğur: Can you give an example for combining consonants?

Teacher: Sure. In Turkish, combining consonants are 'y,ş,s,n'. When a word ending with a vowel takes a suffix that begins with a vowel, a combining word must be used between them.

Uğur: Like in the sentence "Open the door (kapıyı)"?

Teacher: Right. There is the (y) combining consonant between the word 'door' and the suffix i.

Exercises

A) Underline the assimilated consonants in the words.

- kitap - kitap**çı**
- gözlük - gözlükçü
- yap - yap**t**ı
- gözlük – gözlüğü
- çalış - çalışkan

B) Underline the combining consonants.

- kale – kale**y**i
- araba – arabası
- altı – altışar
- kapı – kapının

Lesson 4

Sentence Structure and Parts of Sentence (Tümce ve Tümcenin Öğeleri)

1) Sentence

As in most languages in Turkish a sentence is defined as a **meaningful grammatical unit** consisting of **one** or **more linked words**.

- Geldim. (I came.)
- Ben geldim. (I came.)
- Ben eve geldim. (I came home.)
- Ben dün gece saat on civarında eski ve kirli evime geldim.

    (I came to my old and dirty house last night around ten o'clock.)

A sentence can express a statement, question, request, offer, exclamation, or command.

- Bu şehri severim. (I love this city.) [statement]
- Okula yürüyor musun? (Do you walk to school?) [question]
- Kahve içer misiniz? (Would you like to drink coffee?) [offer]

- Kapıyı kapatır mısın? (Can you close the door?) [request]
- Ona o kadar kızgınım ki! (I am so angry at him.) [exclamation]
- İçeri gel. (Come in.) [command]

An important type of sentence in Turkish is **nominal sentences**. Nominal sentences are formed with predicates based on a noun or adjective. In English we express nominal sentences with different forms of verb "to be"; however, in Turkish we do not employ an individual word for nominal sentences. Instead we use the personal suffixes like –im (-ım), -sin (-sın) or –dir (-dır) after the noun or adjective. For more information regarding the personal suffixes please check **Lesson 9 am is are.**

- Sen güzel**sin**. (You are beautiful.)
- Ben öğretmenim. (I am a teacher.)

2) Parts of Sentence

In Turkish the two essential parts of a sentence are the **subject** and the **verb (predicate)**.

- Ahmet + çalışıyor. (Ahmet is working.)

(Subject) + (Verb [predicate])

Keep in mind that in Turkish the subject can also be expressed with a suffix added to the verb; therefore, a single word can include the subject and the verb.

- Çalışıyorsun. (You are working.)

  Çalışıyor + sun

  (Verb) + (subject)

A sentence may also include complements such as direct or indirect objects, prepositions, and adverbials.

- Ahmet + şu anda + araba + ile + seyahat ediyor.
  ↓ ↓ ↓ ↓ ↓
- Subject + adverbial + indirect object + prepositional + predicate.

3) Word Order

In Turkish the parts of the sentence can be ordered in many ways; however, **the predicate must always be at the end of the sentence**.

- Ahmet eve **dün** geldi. (Ahmet came home yesterday.)
- Ahmet dün **eve** geldi. (Ahmet came home yesterday.)
- Dün eve **Ahmet** geldi. (Ahmet came home yesterday.)

As in the examples above the order of the sentences can be changed regarding what is being emphasized in the sentence. However, the position of the predicate cannot be changed. **The part that is emphasized must be positioned just before the predicate**. In other words in the first sentence above the speaker wants to emphasize the time of Ahmet's arrival, in the second sentence the speaker wants to emphasize the place of Ahmet's arrival and in the last sentence the speaker wants to emphasize the person who arrived.

Listen and repeat the sentences below.

Geldim.
Ben geldim.
Ben eve geldim.
Ben dün gece saat on civarında eski ve kirli evime geldim.
Bu şehri severim.
Okula yürüyor musun?
Kahve içer misiniz?
Kapıyı kapatır mısın?
Ona o kadar kızgınım ki!
İçeri gel.
Ahmet çalışıyor.
Çalışıyorsun.
Ahmet şu anda araba ile seyahat ediyor.
Ahmet eve **dün** geldi
Ahmet dün **eve** geldi.
Dün eve **Ahmet** geldi.

Sentence Structure and Parts of Sentence (Tümce ve Tümcenin Öğe.)

WRITING TASK: *Write five sentences and try to find out the components of the sentences.*

Diyalog

 Listen to the Dialogue and Follow the Script

Öğretmen: Merhaba çocuklar. Bugün 'cümlenin öğeleri' konusunu çalışacağız. Cümlenin temel öğeleri nelerdir?

Nergis: Cümlenin temel öğeleri özne ve yüklemdir.

Öğretmen: Aferin. O halde bir örnekle başlıyorum: "Annem beni dün aradı" cümlesinin öznesi nedir?

Nergis: "Annem" kelimesi cümlenin öznesidir.

Öğretmen: Doğru. Yüklemi kim bulacak?

Nergis: Yüklem "aradı" kelimesidir.

Öğretmen: Çok güzel. Diğer kelimelerin cümledeki görevi nedir?

Nergis: "Dün" kelimesi zaman zarfıdır ve "beni" kelimesi de nesnedir. Aslında "beni" kelimesi belirtili nesnedir. Doğru mu öğretmenim?

Öğretmen: Evet doğru Nergis aferin, teşekkürler.

Sentence Structure and Parts of Sentence (Tümce ve Tümcenin Öğe.)

Dialogue

Listen to the Dialogue and Follow the Translation

Teacher: Hello kids. We will study the subject 'parts of a sentence'. What are the basic components of a sentence?

Nergis: The basic components of a sentence are the subject and the predicate.

Teacher: Well-done. Then I will start with an example: What is the subject of the sentence "My mom called me yesterday"?

Nergis: The word "my mom" is the subject.

Teacher: Correct. Who will find the predicate?

Nergis: It is the word "called".

Teacher: Very good. What are the functions of the other words in the sentence?

Nergis: "Yesterday" is an adverbial and "me" is the object. Actually it is the direct object. Is it true, sir?

Teacher: Yes, that's right Nergis, well-done. Thank you.

Exercises

A) Order the sentences. Note that the bald words are the verbs.

Example: geldim / eve / ben   Ben eve geldim.

1) **severim** / şehri / bu   _____
2) **yürüyorum** / okula   _____
3) ben / **içiyorum** / kahve   _____
4) **çalışıyor** / evde / Ahmet   _____

B) Read the sentence below and answer each question by changing the order of the words.

Example: Şu an otobüsle okula **Leyla** gidiyor.

    (Leyla is going to school by bus at the moment.)

1) Who? **Leyla** şu an otobüsle okula gidiyor.

2) When? Leyla otobüsle okula **şu an** gidiyor.

3) Where? _____

4) How? _____

Lesson 5

Negative Sentences

1) Verbal Sentences

In verbal sentences negative meaning is formed with the suffix – **me**; the suffix is always used after the verb stem. The vowel of the suffix may change according to the vowel harmony rules and sometimes employs the combining letter **–y** because of the consonant rules.

E. g.

- Buraya gel. / Buraya gel**me**.

  (Come here.) / (Do **not** come here)

- Davut araba aldı. / Davut araba al**ma**dı.

  (Davut bought a car.) / (Davut did **not** buy a car.)

- Şener araba alıyor. / Şener araba al**mı**yor.

  (Şener is buying a car.) / (Şener is **not** buying a car.)

- Beyza geliyor. / Beyza gel**mi**yor.

  (Beyza is coming.) / (Beyza is **not** coming.)

- Merve uyuyor. / Merve uyu**mu**yor.

  (Merve is sleeping.) / (Merve is **not** sleeping.)

- Mehmet gülüyor. / Mehmet gül**mü**yor.

(Mehmet is laughing.) / Mehmet is **not** laughing.

- Durmuş gelecek. / Durmuş gel**mey**ecek.
  (Durmuş will come.) / (Durmuş will **not** come.)

- Leman koşacak. / Leman koş**may**acak.
  (Leman will run.)/(Leman will **not** run.)

As it is seen in the examples above the suffix: "**–me**" transforms into: "**-ma, -mi, -mı, -mu, -mü**" in relation to the vowel harmony rules.

2) Nominal Sentences

a) değil & yok

Negative structure in nominal sentences is formed with the words "**değil**" and "**yok**". Keep in mind that these words are also followed by the personal suffixes; however since they are not suffixes the forms of "**yok**" and "**değil**" do not change.

- Ben doktorum. / Ben doktor **değil**im.
  (I am a doctor.) / (I am not a doctor.)
- Masada bir fındık var. / Masada hiç fındık **yok.**
  (There is a nut on the table.) / (There is not any nuts on the table.)

b) –sız (-siz)

Some adjectives are formed with the suffix "**-sız, (-siz)**". These adjectives have negative meaning. If these adjectives are employed as predicates in nominal sentences they also form a negative structure.

Negative Sentences

- Bugün çok keyif**siz**im. (I am **not** in my mood today.)
- Ben hazırlık**sız**ım. (I am **not** ready.)

Listen and repeat the sentences below.

- Buraya gel.
- Buraya gel**me**.
- Davut araba aldı.
- Davut araba al**ma**dı.
- Şener araba alıyor.
- Şener araba al**mı**yor.
- Beyza geliyor.
- Beyza gel**mi**yor.
- Merve uyuyor.
- Merve uyu**mu**yor.
- Mehmet gülüyor.
- Mehmet gül**mü**yor
- Durmuş gelecek.
- Durmuş gel**mey**ecek.
- Leman koşacak.
- Leman koş**may**acak.
- Ben doktorum.
- Ben doktor **değil**im
- Bugün çok keyif**siz**im.
- Ben hazırlık**sız**ım.

♦*Beşir Kitabevi*

Diyalog

 Listen to the Dialogue and Follow the Script

Deniz: Lütfen pencereyi açma, biraz üşüyorum.

Pelin: Hayırdır, hasta mısın Deniz?

Deniz: Sanırım evet. Geçen gece ceketimi **giymedim** ve dışarı çıktım.

Pelin: Anlıyorum. Doktora gittin mi ya da ilaç aldın mı?

Deniz: Hayır doktora **gitmedim**, ilaç da **almadım**.

Pelin: Sana çay yapayım mı?

Deniz: Hayır, çay **sevmem**. Severim (x) Present

Pelin: Ilık ballı süte ne dersin?

Deniz: Süt de **içmem**.

Pelin: Sen çorba da **sevmezsin**. Ne yapabilirim senin için?

Deniz: Çok teşekkürler, bir şey **istemiyorum**. Biraz uyuyacağım, yarın daha iyi olurum.

Dialogue

Listen to the Dialogue and Follow the Translation

Deniz: Please don't open the window, I fell a bit cold.

Pelin: I hope nothing's wrong. Are you ill, Deniz?

Deniz: I think so. I didn't wear my jacket and went out last night.

Pelin: I see. Did you see a doctor or take any medicine?

Deniz: No, I didn't see the doctor; I didn't take any medicine either.

Pelin: Shall I make you some tea?

Deniz: No, I don't like tea.

Pelin: What about some warm milk with honey?

Deniz: I don't drink milk either.

Pelin: You don't like soup either. What can I do for you?

Deniz: Thanks a lot, I don't want anything. I will sleep a little, I will be better tomorrow.

Exercises

A) Read the sentences below and rewrite them in a negative form. The verbs of the sentences are highlighted.

Example: Bugün evi temizle**di**m.
Bugün evi temizle**me**dim.

1) Selda bu akşam ders çalışacak.

_____

2) Siz çok yorulacaksınız.

_____

B) Read the sentences below and rewrite them in a negative form using "yok" or "değil."

Example: Yeliz bir aşçıdır.
  Yeliz bir aşçı **değildir**.

2) Ben üzgünüm.

_____

3) Senin saatin var.

_____

Lesson 6

Yes / No Questions

1) The Question Suffix (-mi)

In order to make a yes / no question in Turkish, we use the suffix "–mi". The vowel of the suffix may change into "–mı, –mu or, –mü" according to the vowel harmony rules and sometimes the suffix employs the combining letter "–y" because of the consonant rules. Keep in mind that the question suffix is always detached from the verb stem and used like a separate word.

- Kitabı Umut'a verdin **mi?** (Did you give the book to Umut?)
- Duygu'yu gördün **mü?** (Did you see Duygu?)
- Beyza uyudu **mu?** (Did Beyza sleep?)
- Gürol'a hediye aldın **mı?** (Did you buy a gift for Gürol?)

The question suffixes are usually followed by personal suffixes or tense suffixes.

- Geliyor mu**sun?** / (Are you coming?)

  Geliyor mu ➡ –sun? [-sun is a personal suffix]

- Gelecek miy**din?** (Were you going to come?)

  Gelecek -mi ➡ –y ➡ –di ➡ –n

[**-y** is a combining letter **-di** is tense suffix and **–n** is a personal suffix.]

- Üzülmüş **müydün?** (Did you feel sorry?)
- Ağlamış **mıydın?** (Did you cry?)

2) The Position of the Suffix –mi

In a regular question we use the question suffix **"–mi"** after the verb; however, we can emphasize certain parts of a sentence by changing the position of the suffix. In that case we use **"–mi"** right after the part that we want to emphasize.

E. g.

- Burak dün okula otobüsle geldi **mi?**

  (Did Burak come to school by bus yesterday?)

- Burak dün okula **otobüsle mi** geldi?

  (Did Burak come to school **by bus** yesterday?) [bus is emphasized]

- Burak dün **okula mı** otobüsle geldi?

  (Did Burak come **to school** by bus yesterday?) [school is emphasized]

- Burak **dün mü** okula otobüsle geldi?

  (Did Burak come to school by bus **yesterday**?) [yesterday is emphasized]

- **Burak mı** dün okula otobüsle geldi?

  (Did **Burak** come to school by bus yesterday?) [Burak is emphasized]

Listen and Repeat the Senteces

- Kitabı Umut'a verdin **mi?**
- Duygu'yu gördün **mü?**
- Beyza uyudu **mu?**
- Gürol'a hediye aldın **mı?**
- Geliyor mu**sun?**
- Gelecek miy**din?**
- Üzülmüş **müydün?**
- Ağlamış **mıydın?**
- Burak dün okula otobüsle geldi **mi?**
- Burak dün okula **otobüsle mi** geldi?
- Burak dün **okula mı** otobüsle geldi?
- Burak **dün mü** okula otobüsle geldi?
- **Burak mı** dün okula otobüsle geldi?
- Kitabı **Umut'a mı** verdin?
- **Duygu'yu** mu gördün?

Diyalog

 Listen to the Dialogue and Follow the Script

Çocuk: Anneciğim, arkadaşlarımla dışarı **çıkayım mı?**

Anne: Ödevlerini **bitirdin mi?**

Çocuk: Evet bitirdim.

Anne: Odanı **topladın mı?**

Çocuk: Hayır toplamadım ama eve döndüğümde toplayacağım.

Anne: Peki. Bu akşam bizimle sinemaya **gelecek misin?**

Çocuk: Hayır gelmeyeceğim.

Anne: Evde **bilgisayar mı oynayacaksın?**

Çocuk: Hayır anneciğim. Odamı toplayacağım ve kitap okuyacağım.

Anne: Öyle olsun. Akşam yemeğinde **evde olacak mısın?**

Çocuk: Hayır. Dışarıda arkadaşlarımla bir şeyler yiyeceğim.

Anne: Tamam canım. Kendine dikkat et.

Çocuk: Hoşça kal anneciğim.

Dialogue

Listen to the Dialogue and Follow the Translation

Son: Mom, shall I go out with my friends?

Mother: Did you finish your homework?

Son: Yes, I did.

Mother: Did you tidy your room?

Son: No, I didn't but I will tidy it when I come back.

Mother: All right. Will you come to the cinema with us tonight?

Son: No, I won't.

Mother: Will you play computer games at home?

Son: No, mom. I will tidy my room and then I will read book.

Mother: If you say so. Will you be at home at dinner?

Son: No, I won't. I will eat something with my friends.

Mother: Okay honey. Take care.

Son: Bye mom.

Exercises

A) Read the last syllable of the words below and decide which vowel must be used in the question suffix.

1) Sevdin **mi**? (we use the vowel –i because of the vowel in -din)
2) Geldin mi? (Did you come?)
3) Gördün mü? (Did you see?)
4) Aldın mı? (Did you buy?)
5) Koştun mu? (Did you run?)
6) Gezdin mi? (Did you take a walk?)
7) Tuttun mu? (Did you hold?)
8) Yakaldın mı? (Did you catch?)

B) Read the question below and rewrite them by changing the emphasis. Follow the words in parentheses for the emphasis.

1) Yağmur bu akşam kütüphanede kitap okuyacak mı?
   (Will Yağmur read a book in the library tonight?)
2) Yağmur bu akşam kütüphanede **kitap mı** okuyacak? (kitap)
3) _____? (kütüphane)
4) _____? (bu akşam)
5) _____? (Yağmur)

Lesson 7

Wh- Questions (Soru Sıfatları, Zarfları ve Zamirleri)

In Turkish another way of **forming** a question is using an interrogative word. These words are mainly classified as interrogative pronouns, interrogative adverbs, and interrogative adjectives. Keep in mind that in Turkish we use the affirmative sentence structure after **interrogative** words. In other words we do not use the question suffix "**–mi**" in wh questions.

1) Interrogative Pronouns

Just like in English, Turkish interrogative **pronouns are subsitiuated for a noun** and they are usually used in the beginning of the sentence. Below are some sentences made with common interrogative pronouns.

- **Kim** sana vurdu? (**Who** hit you?)

  Ali bana vurdu. (Ali hit me.)

- **Hangisi** senin evin? (**Which** one is your house?)

  Büyük olan benim evim. (**The blue one** is my house.)

- **Ne** aldın? (**What** did you buy?)

  Kazak aldım. (I bought a **jumper**.)

- **Nereye** gideceksin? (**Where** will you go?)

  Adana'ya gideccğim. (I will go to **Adana**.)

- **Nereden** geliyorsun? (**Where** are you coming from?)

  Ankara'dan geliyorum. (I come from **Ankara**.)

♦*Beşir Kitabevi*

- **Kaça** aldın bunu? (**How much** did you pay for this?)

    On liraya aldım. (I bought it for **ten liras.**)

2) Interrogative Adjectives

Interrogative adjectives are used to describe nouns and therefore they must be used before a noun. They are usually used in the beginning of the sentence. Below are some sentences made with common interrogative adjectives.

- **Hangi** çantayı beğendin? (**Which** bag did you like?)

    Yeşil çantayı beğendim. (I liked the **green** bag.)

- **Kaç** gün kalacaksınız? (**How many** days will you stay?)

    Beş gün kalacağım. (I will stay for **five** days.)

- **Nasıl** film seversin? (**What kind of** film do you like?)

    Korku filmi severim. (I like **horror** films.**)**

- **Ne kadar** şeker istersin? (**How much** sugar do you want?)

    İki kaşık şeker isterim. (I would like **two spoons of sugar.**)

3) Interrogative Adverbs

Interrogative adverbs are used to describe the verbs. They are usually used in the beginning of the sentence. Below are some sentences made with common interrogative adverbs.

- **Nasıl** geri döneceğiz? (**How** will we return?)

    Yürüyerek geri döneceğiz.

- **Neden** ağlıyorsun? (**Why** are you crying?)
  Kızgın olduğum için ağlıyorum.
- **Niçin** gülüyorsun? (**Why** are you laughing?)
  Çünkü film çok komik.
- **Ne zaman** konuşacağım? (**When** will I speak?)
  Yarım saat sonra konuşacasın.

Listen and Repeat the Sentences.

- **Kim** sana vurdu?
- **Hangisi** senin evin?
- **Ne** aldın?
- **Nereye** gideceksin?
- **Nereden** geliyorsun?
- **Kaça** aldın bunu?
- **Hangi** çantayı beğendin?
- **Kaç** gün kalacaksınız?
- **Nasıl** film seversin?
- **Ne kadar** şeker istersin?
- **Nasıl** geri döneceğiz?
- **Neden** ağlıyorsun?
- **Niçin** gülüyorsun?
- **Ne zaman** konuşacağım?

♦*Beşir Kitabevi*

Diyalog

 Listen to the Dialogue and Follow the Script

Demet: Bu hafta sonu **ne** yapacağız?

Ferit: Bilmiyorum. Farklı bir şey yapalım, bir yere gidelim.

Demet: Nereye gidelim?

Ferit: Nilay ve Ömer kampa gidecek. Biz de katılalım mı?

Demet: Kaç gün kalacaklar?

Ferit: Sanırım iki gün.

Demet: Ne zaman yola çıkacaklarmış?

Ferit: Yarın sabah erkenden yola çıkacaklar.

Demet: Tamam o zaman. Yanımıza **ne** alacağız?

Ferit: Çok şeye gerek yok. Ben hazırlarım çantaları.

Demet: Hangi çantaları alalım?

Ferit: Ben mavi olanı alacağım sen de turuncu olanı alabilirsin.

Demet: Tamam tatlım. **Nasıl** gideceğiz peki?

Ferit: Ben Ömer'i arayıp soracağım, sen merak etme canım.

Dialogue

Listen to the Dialogue and Follow the Translation

Demet: What will we do this weekend?

Ferit: I don't know. Let's do something different and go somewhere.

Demet: Where shall we go?

Ferit: Nilay and Ömer will go camping. Shall we join them?

Demet: How many days will they stay?

Ferit: I think, two days.

Demet: Do you know when they will set off?

Ferit: They will set off early tomorrow morning.

Demet: Okay then. What shall we take with us?

Ferit: We don't need many things. I will pack the bags.

Demet: Which bags shall we take?

Ferit: I will take the blue one and you can take the orange one.

Demet: Okay sweetheart. How shall we go there?

Ferit: I will call Ömer and ask him. Don't worry dear.

Exercises

A) Fill in the blanks with the correct interrogative words according to the answer.

Example: Ne zaman geldiniz? Dün akşam.

1) _____ ağlıyorsun? Çünkü karnım ağrıyor.
2) _____ oda seninki? Büyük olan.
3) _____ gidecekler işe? Otobüsle.
4) _____ uyuyacağım? Çadırda.
5) _____ paran var? Çok az.
6) _____ partiye gelecek? Kuzenlerim.

B) Answer the questions below according to your opinions.

1) Bu elbiseyi **nereden** aldın?
2) **Niçin** kitap okumuyorsun?
3) Misafirler **nerede** kalacaklar?
4) Kahvaltıda **ne** yiyeceğiz?
5) Sınıfta **kaç tane** öğrenci var?
6) Bu hediyeyi sana **kim** verdi?

Lesson 8

Tag Questions (-değil mi?)

Another way of asking question in Turkish is using the question form **"–değil mi?"** after a sentence. **"–değil mi?"** is generally used to approve the correctness of a statement; therefore the word is used right after the sentence.

- Beni tanıdın, **değil mi?**
  (You recognized me, **didn't you?**)
- Seni gördü, **değil mi?**
  (She saw you, **didn't she?**)
- Filmi sevdin, **değil mi?**
  (You liked the movie, **didn't you?**)

In English we change the question tags in negative statements; however, in Turkish the question form **"–değil mi?"** is also used after negative sentences.

- Beni tanı**ma**dın, **değil mi?**
  (You **didn't** recogniz me, **did you?**)
- Seni gör**me**di, **değil mi?**
  (She **didn't** see you, **did she?**)
- Filmi sev**me**din, **değil mi?**
  (You **didn't** like the movie, **did you?**)

In English we change the question tags in relation to the tense and structure of the sentence; however, in Turkish the question form **"–değil mi?"** is used for all tenses and structures.

- Seni sevi**yor**, **değil mi?**

    (She **loves** you, **doesn't she?**)

- Tatile gid**eceğiz**, **değil mi?**

    (We **will go** on a holiday, **won't we?**)

- Yüze**bilirsin**, **değil mi?**

    (You **can swim**, **can't you?**)

In English we also change the question tags in relation to the subject of the sentence but in Turkish the question form **"–değil mi?"** is used for all subjects.

- **Ben** sınavı geçtim, **değil mi?**

    (**I** passed the exam, **didn't I?**)

- **Sen** sınavı geçtin, **değil mi?**

    (**You** passed the exam, **didn't you?**)

- **Onlar** sınavı geçti, **değil mi?**

    (**They** passed the exam, **didn't they?**)

Tag Questions (-değil mi?)

Listen and repeat the sentences.

- Beni tanıdın, **değil mi?**
- Seni gördü, **değil mi?**
- Filmi sevdin, **değil mi?**
- Beni tanı**ma**dın, **değil mi?**
- Seni gör**me**di, **değil mi?**
- Filmi sev**me**din, **değil mi?**
- Seni sevi**yor**, **değil mi?**
- Tatile gid**eceğiz**, **değil mi?**
- Yüze**bilirsin**, **değil mi?**
- **Ben** sınavı geçtim, **değil mi?**
- **Sen** sınavı geçtin, **değil mi?**
- **Onlar** sınavı geçti, **değil mi?**

Diyalog

 Listen to the Dialogue and Follow the Script

Leyla Hanım: Çok heyecanlıyım ve biraz da gerginim bugün. Tüm hazırlıkları **tamamladınız, değil mi?**

Hizmetçi: Evet hanımefendi, tüm hazırlıkları tamamladık.

Leyla Hanım: Yeni elbisemi kuru temizlemeden **aldınız, değil mi?**

Şoför: Elbette aldık efendim.

Leyla Hanım: Yemek şirketini pastalar için **aradınız, değil mi?**

Hizmetçi: Evet, aradık efendim.

Leyla Hanım: Kuaförden **randevu aldınız, değil mi?**

Hizmetçi: Elbette efendim. Saat ikide **demiştiniz, değil mi?**

Leyla Hanım: Evet saat ikide. Son olarak, konukların hediyelerini hazırladınız, değil mi?

Hizmetçi: Hepsini hazırladık hanımefendi, siz biraz dinlenebilirsiniz.

Leyla Hanım: Çok teşekkürler. O halde bir kahve içebilirim.

Dialogue

Listen to the Dialogue and Follow the Translation

Mrs. Leyla: I am very excited and a little nervous today. You completed all the preparations, didn't you?

Servant: Yes madam, we completed all the preparations.

Mrs. Leyla: You took my new dress from the dry cleaner's, didn't you?

Chauffeur: sure, we did madam.

Mrs. Leyla: You called the catering company for the cakes, didn't you?

Servant: Yes, we did madam.

Mrs. Leyla: You made an appointment with the hairdresser, didn't you?

Servant: Of course, madam. You said it was to be at two, didn't you?

Mrs. Leyla: Yes, it is at two. Finally, you prepared the guests' presents, didn't you?

Servant: We prepared all of them madam. You can rest a little.

Mrs. Leyla: Thanks a lot. Then I can have a cup of coffee.

Exercises

A) Make interrogative sentences with "değil mi" according to the given answers.

Example: Araba kullanabiliyorsun, değil mi?
     Evet, araba kullanabiliyorum.

1) _____?
   Hayır, çocuklar ödevlerini bitirmedi.
2) _____?
   Evet, sizi yarın arayacağım.
3) _____?
   Evet, Sezen Çince biliyor.
4) _____?
   Hayır, akşam yemeği yemeyeceğiz.
5) _____?
   Hayır, kardeşim yemek yapamıyor.
6) _____?
   Evet, yarın bizimle gelebilirsin.

Lesson 9

Verb To Be (Am Is Are)

Verb to be is used as a suffix in Turkish. The suffixes change regarding the subject of the sentence. The vowels of the suffixes may also change according to the <u>vowel harmony rule</u>. For more information about the <u>vowel harmony rule</u> please check the appendix.

Structure (Positive Sentences)

First Person Singular noun/adjective + (y) + **im** (ım, üm, um) (Ben) doktor**um**. I am a doctor. (Ben) mutlu**yum**. I am happy.	**First Person Plural** noun/adjective + (y) + **iz** (ız, üz, uz) (Biz) doktor**uz**. We are doctors. (Biz) mutlu**yuz**. We are happy.
Second Person Singular noun /adjective + **sin** (sın, sün, sun) (Sen) doktor**sun**. You are a doctor. (Sen) mutlu**sun**. You are happy.	**Second Person Plural** noun/adjective + **siniz** (sınız, sünüz, sunuz) (Siz) doktor**sunuz**. You are doctors. (Siz) mutlu**sunuz**. You are happy.
Third Person Singular noun/adjective +[dir (dır, dur, dür)] (O) doktor(dur). He is a doctor. (O) mutlu(dur). He is happy.	**Third Person Plural** noun/adjective + **ler** (lar) (Onlar) doktor**lar**. They are doctors. (Onlar) mutlu**lar**. They are happy.

In order to form a negative sentence we use the word **'değil'** and add the suffix after this word.

Structure (Negative Sentences)

First Person Singular	First Person Plural
noun/adjective + değil + im (ım)	noun/adjective + değil + iz (ız)
(Ben) polis **değilim**. I am not a policeman.	(Biz) polis **değiliz**. We are not policemen.
(Ben) üzgün **değilim**. I am not sad.	(Biz) üzgün **değiliz**. We are not sad.
Second Person Singular	**Second Person Plural**
noun /adjective + değil+ **sin** (sın)	noun/adjective + değil + **siniz** (sınız)
(Sen) polis **değilsin**. You are not a policeman	(Siz) polis **değilsiniz**. You are not policeman.
(Sen) üzgün **değilsin**. You are not sad.	(Siz) üzgün **değilsiniz**. You are not sad.
Third Person Singular	**Third Person Plural**
noun/adjective + değil	noun/adjective + değil + **ler** (lar)
(O) polis **değil**. He is not a policeman.	(Onlar) polis **değiller**. They are not policemen.
(O) üzgün **değil**. He is not sad.	(Onlar) üzgün **değiller**. They are not sad.

In order to form a question we use the following suffixes: '**mi, mı, mu, mü**'. We also add different suffixes to the suffixes above to form a question.

Structure (Questions)

First Person Singular	First Person Plural
noun/adjective + mi (mı, mu, mü) + (y)+ **im** (ım, üm, um)	noun/adjective + mi (mı, mu, mü) + (y) + **iz** (ız, üz, uz)
(Ben) öğretmen **miyim**? Am I a teacher?	(Biz) öğretmen miyiz? Are we teachers?
(Ben) uykulu muyum? Am I sleepy?	(Biz) uykulu muyuz? Are we sleepy?
Second Person Singular	**Second Person Plural**
noun/adjective + mi (mı, mu, mü) + **sin** (sın, sün, sun)	noun/adjective + mi (mı, mu, mü) + **siniz** (sınız, sünüz, sunuz)
(Sen) öğretmen misin? Are you a teacher?	(Siz) öğretmen misiniz? Are you teachers?
(Sen) uykulu musun? Are you sleepy?	(Siz) uykulu musunuz? Are you sleepy?
Third Person Singular	**Third Person Plural**
noun/adjective + mi (mı, mu, mü)	noun/adjective + mi (mı, mu, mü)
(O) öğretmen mi? Is he a teacher?	(Onlar) öğretmen mi? Are they teachers?
(O) uykulu mu? Is he sleepy?	(Onlar) uykulu mu? Are they sleepy?

Verb To Be (Am Is Are)

Vocabulary (Jobs)

Avukat	İşçi	Şoför
Doktor	Tezgâhtar	Diş Doktoru
Öğrenci	Çiftçi	Asker

Vocabulary (Adjectives)

sinirli	çalışkan	deneyimli
aç	şişman	yorgun
zayıf	hasta	güzel

♦Beşir Kitabevi

Diyalog

🎧 *Listen to the Dialogue and Follow the Script*

Serkan: Merhaba! **Siz doktor musunuz?**
Özge: Hayır, **ben doktor değilim. Ben hemşireyim.** Bugün bu hastanede ilk günüm.
Serkan: Acaba **şu bey doktor mu?**
Özge: Bilmiyorum.
Serkan: Pardon. **Siz doktor musunuz?**
Doktor: Evet, **ben doktorum.**

Serkan: Merhaba doktor bey. Benim adım Serkan. **Ben rahatsızım.** Muayene için geldim.
Özge: **Ben yeni hemşireyim.**
Doktor: Hoş geldiniz. Odama buyurun.
Serkan: Teşekkürler.
Özge: Teşekkürler.

Dialogue

Listen to the Dialogue and Follow the Translation

Serkan: Hello! Are you a doctor?

Özge: No, I am not a doctor. I am a nurse. Today is my first day in the hospital.

Serkan: Is that man a doctor?

Özge: I don't know.

Serkan: Excuse me, are you a doctor?

Doctor: Yes, I am a doctor.

Serkan: Hello doctor. My name is Serkan. I am ill. I am here for examination.

Özge: I am the new nurse.

Doctor: Welcome. Please come into my room.

Serkan: Thank you.

Özge: Thank you.

Exercises

A) Fill in the gaps by using the words in brackets.

1) Ben avukatım. (avukat)
2) Biz a__z. (aç)
3) Sen ö_____n. (öğrenci)
4) Siz i_____z. (işçi)
5) s___i. (sinirli)
6) Onlar t_____r. (tezgâhtar)

B)

1) Ben ç____ d____. (çiftçi)
2) Biz ç____ d____. (çalışkan)
3) Sen z____ d____. (zayıf)
4) Siz ş____ d____. (şişman)
5) a____ d____. (asker)
6) Onlar d___ d___ d___. (diş doktoru)

C)

1) Ben h____ m____ (hasta)
2) Biz g___ m____ (güzel)
3) Sen p____ m____ (pilot)
4) Siz ş____ m____ (şoför)
5) d_____ m_ (deneyimli)
6) Onlar y____ m_ (yorgun)

D)

1) Lisa: Merhaba! Ben t_____ (turist). Siz Türk müsünüz?
2) Leman: Merhaba! Evet, ben T_____ (Türk).
3) Lisa: Peki ya siz? Siz T_____ m____ (Türk)?
4) Daren: Hayır, ben T____ d____ (Türk değil). Ben F_____ (Fransız).

Lesson 10

There is / There are / There isn't / There aren't - Usage (Var / Yok) 1

There is / There are

In order to express there is / there are in Turkish we use the word **'var'**. In this context the word **'var'** means 'it exists'. Keep in mind that in Turkish there is no plural form of this word; therefore **'var'** is used for the plural, and the singular nouns.

E.g.

Masada **üç** elma **var**.

(There are three apples on the table.)

Masada **bir** elma **var**.

(There is an apple on the table.)

Dolapta **biraz** süt **var**.

(There is some milk in the fridge.)

There isn't / There aren't

In order to express there isn't / there aren't we use the word **'yok'**. In this context **'yok'** means it does not exist. Keep in mind that in Turkish there is no plural form of this word; therefore **'yok '** is used for the plural, and the singular nouns.

E.g.

Masada **üç** elma **yok**. Masada **beş** elma **var**.

(There aren't three apples on the table. There are five apples.)

Masada **bir** elma **yok**. Masada **iki** elma **var**.

(There isn't one apple on the table. There are two apples.)

Dolapta süt **yok**.

(There is no milk in the fridge.)

Question Forms

Is there / Are there / Isn't there / Aren't there
Is there / Are there

In order to form a question with **'var'** we use the suffix **'mı'** after it. In this context **'var mı?'** means 'does it exist?' Keep in mind that there is no plural form of this word; therefore, **'var mı?'** is used for the plural, and the singular nouns.

E. g.

Masada elma **var mı?**

(Are there any apples on the table?)

Dolapta süt **var mı?**

(Is there any milk in the fridge?)

Evde ekmek **var mı?**

Is there any bread at home?

There is/There are/There isn't/There aren't Usage (Var/Yok) 1

Isn't there / Aren't there

In order to form a negative question with **'yok'** we use the suffix **'mu'** after it. In this context **'yok mu?'** means 'doesn't it exist?' Keep in mind that there is no plural form of this word; therefore, **'yok mu?'** is used for the plural, and the singular nouns.

E.g.

Masada hiç elma **yok mu?**

(Aren't there any apples on the table?)

Dolapta hiç süt **yok mu?**

(Isn't there any milk in the fridge?)

Evde ekmek **yok mu?**

(Isn't there any bread at home?)

Listen and repeat the sentences.

- Arabada üç adam var.
- Bahçede bir kedi var.
- Buzdolabında soğuk su var.
- Çantada çok para var.
- Sınıfta hiç öğrenci yok.
- Cebimde hiç para yok.
- Arabada benzin yok.
- Evde hiç ekmek yok.
- Çantada kalem var mı?
- Mutfakta kahve var mı?
- İzmir'de müze var mı?
- Bu sokakta eczane var mı?
- İstanbul'da Thai restoranı var mı?
- Buralarda postane yok mu?
- Dolapta temiz bardak yok mu?
- Bu otelde hamam yok mu?

WRITING TASK: *Look around your room or office. Find out objects and make sentences with them using "var" and "yok".*

Diyalog

 Listen to the Dialogue and Follow the Script

Ali: Anne, ben açım. Evde ekmek **var mı?**

Anne: Hayır Ali, Evde hiç ekmek **yok.**

Ali: Peki meyve **var mı?**

Anne: Bilmem dur dolaba bakayım. Dolapta bir elma **var.**

Ali: Ben elma sevmiyorum.

Anne: Ama başka meyve **yok.**

Ali: Peki, dolapta hiç çikolata **var mı?**

Anne: Dolapta çikolata **var** ama çikolata senin için zararlı. Manava git biraz meyve al.

Ali: Peki.

Anne: Masanın üzerinde cüzdanım **var.** Cüzdanda da para **var.**

Ali: Anne! Masanın üzerinde cüzdan **yok.**

Anne: Gel o zaman yanıma. Cebimde biraz para **var.** Al bakalım.

Ali: Teşekkürler anne.

Anne: Dikkatli ol. Caddede bir sürü araba **var.**

Ali: Tamam anne. Hoşça kal.

Anne: Güle güle.

There is/There are/There isn't/There aren't Usage (Var/Yok) 1

Dialogue

Listen to the Dialogue and Follow the Translation

Ali: Mom, I am hungry. Is there any bread at home?

Mother: No, Ali. There isn't any bread at home.

Ali: Is there any fruit?

Mother: I don't know. Let me look into the fridge. There is an apple in the fridge.

Ali: I don't like apple.

Mother: But there isn't any other fruit.

Ali: Well, is there any chocolate in the cupboard?

Mother: Yes, there is some chocolate in the cupboard but it is harmful for you. Go to the greengrocer's and buy some fruit.

Ali: All right.

Mother: There is my purse on the table and there is money in it the purse.

Ali: Mom! There isn't any purse on the table.

Mother: Come here then. I have some money in my pocket… Take it.

Ali: Thank you mom.

Mother: Be careful. There are lots of cars on the street.

Ali: Okay mom. Bye.

Mother: Bye.

♦ *Beşir Kitabevi*

Exercises

A) Look at the picture and answer the questions.

Example: Odada masa var mı?
Evet, odada masa var.

Example: Odada bisiklet var mı?
Hayır, odada bisiklet yok.

1) Odada televizyon var mı?
_____

2) Odada yastık var mı?
_____

3) Odada koltuk var mı?
_____

4) Odada buzdolabı var mı?
_____

5) Odada perde var mı?
_____

6) Odada lamba var mı?
_____

B) Look at the table below and make sentences with "var" and "yok".

Example: Masada mum var.

2) _____
3) _____

There is/There are/There isn't/There aren't Usage (Var/Yok) 1

4) _____
5) _____
6) _____

WRITING TASK: *What do you have in your bag or pocket now? Try to write at leas t six sentences using "var" and "yok".*

Lesson 11

Have got/has got haven't got/hasn't got (Var Yok-Usage 2)

Have got / has got

In order to express have got / has got in Turkish we use the word **'var'** and also use possessive suffixes **(-im, -in, -i, -imiz, -iniz, -leri)** after the noun. Keep in mind that we use **'var'** both for the singular and the plural.

E.g.

(Benim) Bisiklet**im** **var**.	I have got a bike.
(Senin) Bisiklet**in** **var**.	You have got a bike.
(Onun) Bisiklet**i** **var**.	He/She/It has got a bike.
(Bizim) Bisiklet**imiz** **var**.	We have got a bike.
(Sizin) Bisiklet**iniz** **var**.	You have got a bike.
(Onların) Bisiklet**leri** **var**.	They have got a bike.

haven't got / hasn't got

In order to express haven't got / hasn't got in Turkish we use the word **'yok'** and also use possessive suffixes **(-im, -in, -i, -imiz, -iniz, -i)** after the noun. Keep in mind that we use **'var'** both for the singular and the plural.

E.g.

(Benim) Yüzüğüm yok.	I haven't got a ring.
(Senin) Yüzüğün yok.	You haven't got a ring.
(Onun) Yüzüğü yok.	He/She/It hasn't got a ring.
(Bizim) Yüzüğümüz yok.	We haven't got a ring.
(Sizin) Yüzüğünüz yok.	You haven't got a ring.
(Onların) Yüzükleri yok.	They haven't got a ring.

Question form

Var mı?

In order to form a question with 'var' we use the suffix 'mı' and also use possessive suffixes (**-im, -in, -i, -imiz, -iniz, -leri**) after the noun. Keep in mind that we use **'var mı'** both for the singular and the plural.

E. g.

(Benim) Silahım var mı?	Have I got a gun?
(Senin) Silahın var mı?	Have you got a gun?
(Onun) Silahı var mı?	Has he/she/it got a gun?
(Bizim) Silahımız var mı?	Have we got a gun?
(Sizin) Silahınız var mı?	Have you got a gun?
(Onların) Silahları var mı?	Have they got a gun?

Have got / has got haven't got/ hasn't got (Var Yok-Usage 2)

Yok mu?

In order to form a question with 'var' we use the suffix 'mı' and also use possessive suffixes **(-im, -in, -i, -imiz, -iniz, -leri)** after the noun. Keep in mind that we use **'var mı'** both for the singular and the plural.

E. g.

(Benim) Çantam **yok mu**?	Haven't I got a bag?
(Senin) Çantan **yok mu**?	Haven't you got a bag?
(Onun) Çantası **yok** mu?	Hasn't he/she/it got a bag?
(Bizim) Çantamız **yok** mu?	Haven't we got a bag?
(Sizin) Çantanız **yok mu**?	Haven't you got a bag?
(Onların) Çantaları **yok mu**?	Haven't they got a bag?

Questions with 'ne'

We can also form questions using **'ne + possessive suffixes (-im, -in, -i, -imiz, -iniz, -leri)'** before **'var'** and **'yok'**.

(Benim) Ney**im** var / yok?	What have / haven't I got?
(Senin) Ney**in** var / yok?	What have / haven't you got?
(Onun) Ne**si** var / yok?	What has / hasn't she got?
(Bizim) Ney**imiz** var / yok?	What have / haven't we got?
(Sizin) Ney**iniz** var / yok?	What have / haven't you got?
(Onların) Ne**leri** var / yok?	What have / haven't they got?

Listen and repeat the sentences.

1) Defterin var mı?	Have you got a notebook?
2) Ahmet'in kardeşi var mı?	Has Ahmet got a brother?
3) Sizin biletiniz yok mu?	Haven't you got tickets?
4) Çok güzel bir bahçem var.	I have got a very beautiful garden.
5) Onların hiç parası yok.	They haven't got any money.
6) Ayça'nın küçük bir kedisi var.	Ayça has a little cat.
7) Pelin ve Emre'nin neleri var?	What have Pelin and Emre got?

Have got / has got haven't got/ hasn't got (Var Yok-Usage 2)

WRITING TASK: *What do you have in your fridge or cupboard now? Try to write at least six sentences using "var" and "yok".*

Diyalog

 Listen to the Dialogue and Follow the Script

Erdem: Burası çok güzel bir yer. Burada kamp yapabiliriz.

Ümran: Kamp mı?

Erdem: Evet, kamp. Sadece bu gece için. Sonra otele döneriz.

Ümran: Şaka mı bu? Çadırın var mı?

Erdem: Evet, çadırım var. Çantamda her şey var.

Ümran: Çantanda neler var?

Erdem: Çantamda büyük uyku tulumum var. İki battaniyem var. Biraz yiyeceğim var. Ateş için bir çakmağım var ve fotoğraf makinam var.

Ümran: Peki , içme suyun var mı?

Erdem: Hayır, içme suyum yok. Sende hiç su yok mu?

Ümran: Hayır, benim suyum yok.

Erdem: O kocaman çantada ne var o zaman?

Ümran: Çantamda topuklu ayakkabılarım var. Makyaj çantam var. Bikinim var. Ve bir de yeni çantam.

Erdem: Harika! Çantanda çanta mı var?

Ümran: Evet, yeni çantam. Kampı unut. Hadi otele dönelim.

Erdem: İyi fikir.

Dialogue

Listen to the Dialogue and Follow the Translation

Erdem: Here is a very good place. We can camp here.

Ümran: Camp?

Erdem: Yes, camping. Just for tonight. After that, we can return to the hotel.

Ümran: Is it a joke? Do you have a tent?

Erdem: Yes, I do. I have everything in my bag.

Ümran: What do you have in your bag?

Erdem: I have a big sleeping bag and two blankets. I also have some food, a lighter for making fire and a camera in my bag.

Ümran: Well, do you have drinking water?

Erdem: No, I don't. Don't you have any water?

Ümran: No, I don't have water.

Erdem: What do you have in your huge bag, then?

Ümran: I have my high-heeled shoes; make-up purse and my bikini in my bag. And my new bag.

Erdem: Great! You have a bag in your bag?

Ümran: Yes, my new bag. Forget about the camp. Let's go back to the hotel.

Erdem: It is a good idea.

Exercises

A) What do you have in your room or office? Give 6 examples.

Example: Ofisimde bir bilgisayarım var.

1) _____
2) _____
3) _____
4) _____
5) _____
6) _____

B) What doesn't Füsun have? Give 6 examples.

Example: Füsun'un sevgilisi yok.

1) _____
2) _____
3) _____

4) _____
5) _____
6) _____

Have got / has got haven't got/ hasn't got (Var Yok-Usage 2)

C) Rewrite the sentences above with 'var mı?' or 'yok mu?'

1) Ofisinde bilgisayarın var mı?
2) Füsun'un sevgilisi yok mu?
3) _____
4) _____
5) _____
6) _____
7) _____
8) _____
9) _____
10) _____
11) _____
12) _____

WRITING TASK: *What kind of places does your city have? Try to write at least six sentences using "var" and "yok".*

Lesson 12

This / that / these / those (Bu/Şu/ O/Bunlar/Şunlar/Onlar)

Part 1

"**bu, şu, o**" can be both used as <u>singular or plural</u> (demonstartive) adjective and as singular (demonstrative) pronoun. They are named as demonstrative adjectives or pronouns because they demonstrate which object, animal, person etc. is being mentioned. In this respect "**bu**" is used to demonstrate nearby objects and "**şu, o**" are used to demonstrate distant objects. Keep in mind that if they are used as a demonstartive adjective or demonstrative pronoun "**şu** and **o**" have the same meaning.

E.g.

Bu bir kalem.   **This** is a pen.

Şu bir kalem.   **That** is a pen.

O bir kalem.   **That** is a pen.

In the sentences above "**bu, şu, o**" are used as singular (demonstrative) **pronouns.**

Bu ev çok büyük.   **This** house is very big.

Şu ev çok büyük.   **That** house is very big.

O ev çok büyük.   **That** house is very big.

Bu portakal**lar** taze.   **These** oranges are fresh.

♦*Beşir Kitabevi*   103

In the sentences above **"bu, şu, o"** are used as singular and plural (demonstartive) **adjectives**.

Negative Sentences

In order to make a negative sentence with **"bu, şu, o"** we use **"değil"** at the of he sentence.

E. g.

Bu bir elma **değil.**	**This** is **not** an apple.
Şu bir elma **değil.**	**That** is **not** an apple.
O bir elma **değil.**	**That** is **not** an apple.

In the sentences above **"bu, şu, o"** are again used as (demonstartive) **pronouns**.

E. g.

Bu balık taze **değil.**	**This** fish is **not** fresh.
Şu balık taze **değil**.	**That** fish is **not** fresh.
O balık taze **değil.**	**That** fish is **not** fresh.

Questions

In order to make questions with **"bu, şu, o"** we use the suffix **–mi (-mı)** at the end of the sentence.

E.g.

Bu otel kalabalık **mı?**	**Is this** hotel crowded?
Şu otel kalabalık **mı?**	**Is that** hotel crowded?
O otel kalabalık **mı?**	**Is that** hotel crowded?

This / that / these / those (Bu /Şu / O / Bunlar / Şunlar / Onlar)

We can also make questions with question words such as **"ne"** (what) or **"kimin"** (whose).

E. g.

Bu **ne?**	**What** is this?	Bu **kimin?**	**Whose** is this?
Şu **ne?**	**What** is that?	Şu **kimin?**	**Whose** is that?
O **ne?**	**What** is that?	O **kimin?**	**Whose** is that?

If **"bu, şu, o"** are used as the **object** of a sentence they take the suffix **"-u"**.

Ben **bu-n-u** istiyorum.   I want **this (one).**

Ben **şunu** istiyorum.   I want **that (one).**

Ben **onu** istiyorum.   I want **that (one).**

Listen and repeat the sentences.

Bu bir kalem.	**Şu** ev çok büyük.	**O** bir elma **değil.**	**Bu** balık taze **değil.**
Şu otel kalabalık **mı?**	Bu **ne?**	Şu **kimin?**	Ben **şunu** istiyorum.

Diyalog

 Listen to the Dialogue and Follow the Script

Bülent: Bu elbise güzel mi?

Emel: Hayır, o çok renkli. Ben bunu beğendim.

Bülent: O çok pahalı. Şu kırmızı elbise güzel. Dur onu getireyim.

Emel: Hayır onu getirme. O fazla parlak. Bana şu siyah elbiseyi getirir misin?

Bülent: Bunu mu istiyorsun?

Emel: Evet, onu istiyorum.

Bülent: Bu gerçekten güzel bir elbise.

Emel: Ben de bunu beğendim.

Bülent: O zaman bunu alıp gidelim.

Emel: Peki, teşekkür ederim yardımın için.

Bülent: Rica ederim.

This / that / these / those (Bu /Şu / O / Bunlar / Şunlar / Onlar)

Dialogue

Listen to the Dialogue and Follow the Translation

Bülent: Is this dress beautiful?

Emel: No, it is too colourful. I like this.

Bülent: It is too expensive. That red dress is beautiful. I will bring it.

Emel: No, don't bring it. It is too shiny. Can you bring me that black dress?

Bülent: Do you want this?

Emel: Yes, I want it.

Bülent: This is really a beautiful dress.

Emel: I like it, too.

Bülent: Then, we will buy it.

Emel: Okay, thanks for your help.

Bülent: You are welcome.

Exercises

A) Fill in the blanks with "*bu, şu / o*".

Example: **Bu** bir elma.
1) __ bir armut.
2) __ bir araba.
3) __ muz sarı.
4) __ elbise eski.
5) __ bisiklet yeni.

B) Read the sentences and turn them into the question form.

Example: Bu bir köpek.   Bu bir köpek **mi?**
1) Bu kedi hasta. _____?
2) Şu fincan küçük. _____?
3) Şu küçük fincan pahalı. _____?
4) O ev yeni. _____?
5) Bu ada sakin. _____?

C) Read the sentences again and turn them into negative sentences.

Example: Bu bir köpek.   Bu bir köpek **değil.**
1) Bu kedi hasta. _____
2) Şu fincan küçük. _____
3) Şu küçük fincan pahalı. _____
4) O ev yeni. _____
5) Bu ada sakin. _____

Lesson 13

This / that / these / those (Bu/Şu/O/Bunlar/Şunlar/Onlar)

Part 2

"**bunlar, şunlar, onlar**" can only be used as plural (demonstrative) pronouns. Unlike "**bu / şu / o**", "**bunlar, şunlar, onlar**" cannot be used as demonstrative adjectives because "**bu / şu / o**" are both used for the <u>singular and the plural</u> nouns. In this respect "**bunlar**" is used to demonstrate plural **nearby** objects and "**şunlar, onlar**" are used to demonstrate plural distant objects. In other words "**bunlar**" means "**these**" and "**şunlar / onlar**" means "**those**". Keep in mind that if they are used as demonstrative pronouns "**şunlar** and **onlar**" have the same meaning.

E.g.

Bunlar sandalye(ler).   **These are chairs**.
Şunlar masa(lar).   **Those are tables**.
Onlar çiçek(ler).   **Those are flowers**.

In the sentences above "**bunlar, şunlar, onlar**" are used as (demonstartive) **pronouns**.

Negative Sentences

In order to make a negative sentence with **"bunlar, şunlar, onlar"** we use **"değil"** at the end of the sentence.

E. g.

Bunlar öğrenci **değil.**   These are **not** students.
Şunlar polis **değil.**   Those are **not** policemen.
Onlar pahalı **değil.**   Those are **not** expensive.

Questions

In order to make questions with **"bunlar, şunlar, onlar"** we use the suffix **–mi (-mı)** at the end of the sentence.

E.g.

Bunlar ceviz **mi?**   **Are these** walnuts?
Şunlar portakal **mı?** **Are those** oranges?
Onlar taze **mi?**   **Are those** fresh?

We can also make questions with question words such as **"ne"** (what) or **"kimin"** (whose).

E. g.

Bunlar **ne?**	**What** are these?	Bunlar **kimin?**	**Whose** are these?
Şunlar **ne?**	**What** are those?	Şunlar **kimin?**	**Whose** are those?
Onlar **ne?**	**What** are those?	Onlar **kimin?**	**Whose** are those?

This / that / these / those (Bu /Şu / O / Bunlar / Şunlar / Onlar)

If **"bu, şu, o"** are used as the **object** of a sentence they take the suffix **"-ı"**.

Ben **bunları** istiyorum. I want **these (ones)**.
Ben **şunları** istiyorum. I want **those (ones)**.
Ben **onları** istiyorum. I want **those (ones)**.

Listen and repeat the sentences.

Bunlar sandalye(ler).	Onlar çiçek(ler).	Şunlar polis değil.	Onlar pahalı değil.	Bunlar ceviz **mi?**
Onlar taze **mi?**	Bunlar ne?	Şunlar kimin?	Ben **bunları** istiyorum.	Ben **şunları** istiyorum.

♦*Beşir Kitabevi*

Diyalog

 Listen to the Dialogue and Follow the Script

Manav: Hoşgeldiniz. Size nasıl yardımcı olabilirim?

Beste: Portakal istiyorum. Bunlar taze mi?

Manav: Evet, onlar taze. Elma ister misiniz? Onlar da çok taze.

Beste: Hayır o elmalar yeşil. Yeşil elma sevmem ben.

Manav: Şu elmalar kırmızı. Onları ister misiniz?

Beste: Evet, onları istiyorum.

Manav: Başka bir isteğiniz var mı?

Beste: Şunlar ne?

Manav: Onlar pepino. Pepino tropik bir meyve. İster misiniz?

Beste: Hayır, teşekkür ederim. Bunlar ne kadar tuttu?

Manav: 10 lira.

Beste: Buyurun.

Manav: Teşekkür ederim.

This / that / these / those (Bu /Şu / O / Bunlar / Şunlar / Onlar)

Dialogue

Listen to the Dialogue and Follow the Translation

Greengrocer: Welcome. How can I help you?

Beste: I want to buy oranges. Are they fresh?

Greengrocer: Yes, they are fresh. Do you want apples? They are fresh, too.

Beste: No, these apples are green. I don't like green apples.

Greengrocer: Those apples are red. Dou you want them?

Beste: Yes, I want them.

Greengrocer: Do you want anything else?

Beste: What are those?

Greengrocer: They are pepinos. Pepinos **are tropical fruit** Do you want some?

Beste: No, thank you. How much are they all?

Greengrocer: 10 liras.

Beste: Here you are.

Greengrocer: Thank you.

Exercises

A) Fill in the blanks with *"bunlar, şunlar / onlar"*.

Example: <u>Bu</u>nlar elma.

1) __ armut.

2) __ araba.

3) __ sarı muz.

B) Read the sentences and turn them into the question form.

Example: Bunlar taze. Bu taze **mi?**

1) Bunlar armut. _____?

2) Şunlar fincan. _____?

3) Onlar pahalı. _____?

C) Read the sentences again and turn them into negative sentences.

Example: Bunlar taze. Bunlar taze **değil.**

1) Bunlar armut. _____

2) Şunlar fincan. _____

3) Onlar pahalı. _____

Lesson 14

Definite / Indefinite Article or a / an / the
(Belirsiz Tanımlık / Belirli Tanımlık)

1) Belirsiz Tanımlık (a / an)

In order to express **a/ an / one** in Turkish we can use the word **"bir"** before singular countable nouns.

- Bana **bir** şeftali ver. (Give me **a** peach.)
- Ona **bir** portakal ver. (Give him **an** orange.)
- Masada **bir** lamba var. (There is **a** lamp on the table.)
- Bahçede **bir** köpek var. (There is **a** dog in the garden.)

However, we do not need to use **"bir"** before singular countable nouns as there is no article in Turkish language. In other words using **"bir"** before singular countable nouns is **optional**.

- Bana şeftali ver. (Give me **a** peach.)
- Bana portakal ver. (Give me **an** orange.)
- Masada lamba var. (There is **a** lamp on the table.)
- Bahçede köpek var. (There is **a** dog in the garden.)

2) Belirli Tanımlık (the)

There is no word for the definite article in Turkish.

- Evde **bir adam** var. **Adam** çok yaşlı. (There is **a man** in the house. **The man** is very old.)
- Bugün **ay** kırmızı. (Today **the moon** is red.)
- Ben **gitar** çalabilirim. (I can play **the guitar**.)
- **Ayı** tehlikeli bir hayvan. (**The bear** is a dangerous animal)

However, when a noun is used as the object of a sentence we use (the accusative case) a suffix **(-ı, -i, -u, -ü)** for the definite article.

- Ahmet **evi** boyuyor. (Ahmet is painting **the house**.)
- Bana **kitabı** ver. (Give me **the book**.)
- Gizem **defteri** düşürdü. (Gizem dropped **the notebook**.)
- Mustafa **televizyonu** açtı. (Mustafa turned on **the T.V.**)

The suffix **(-ı, -i, -u, -ü)** turns into **(yi,-yı,-yu,-yü)** if the word ends with a vowel.

- Ahmet **arabayı** boyuyor. (Ahmet is painting **the car**.)
- Bana **elbiseyi** ver. (Give me **the dress**.)
- Gizem **ütüyü** düşürdü. (Gizem dropped **the iron**.)
- Mustafa **kutuyu** açtı. (Mustafa opened **the box**.)

Definite / Indefinite Article or a/an/the (Belirsiz Tanım./Belirli Tanım.)

Listen and Repeat

1)
   a) Bana **bir** elma ver.
   b) Ona **bir** armut ver.
   c) Dolapta **bir** soğan var.
   d) Bahçede **bir** kedi var.

2)
   a) Şafak **duvarı** boyuyor.
   b) Leman'a **kalemi** ver.
   c) Saime **koltuğu** temizliyor.
   d) Şener **gözlüğü** kırdı.

3)
   a) Ona **parayı** ver.
   b) Selma **iğneyi** kaybetti.
   c) Erdem **örtüyü** kirletti.
   d) Onur **soruyu** cevapladı.

Diyalog

 Listen to the Dialogue and Follow the Script

Kaan: Haydi mutfağa gidip kek yapalım.
Gözde: Harika fikir.
Kaan: Harika. Bana bir kaşık verir misin?
Gözde: Al canım! Bana mikseri uzatır mısın?
Kaan: Mikseri neden istiyorsun?
Gözde: Yumurtayı çırpmak için istiyorum.
Kaan: Sen fırını çalıştır. Ben yumurtayı çırparım.
Gözde: Olur. Fırın nerede?
Kaan: Buzdolabının yanında.
Gözde: Tamam buldum.
Kaan: Kek hamuru hazır. Ben tezgahı temizliyorum. Sen hamuru fırına koyar mısın?
Gözde: Çok beceriklisin.
Kaan: Teşekkür ederim.

Definite / Indefinite Article or a/an/the (Belirsiz Tanım./Belirli Tanım.)

Dialogue

Listen to the Dialogue and Follow the Translation

Kaan: Let's go the kitchen and make a cake.

Gözde: Great idea.

Kaan: Great. Can you give me a spoon?

Gözde: Here honey! Can you hand me the mixer?

Kaan: Why do you want the mixer?

Gözde: I want to beat the egg.

Kaan: You turn the oven on. I will beat the eggs.

Gözde: Okay. Where is the oven?

Kaan: It is next to the fridge.

Gözde: Okay I found it.

Kaan: Cake dough is ready. I am cleaning the counter. Can you put the cake dough into the oven?

Gözde: You are very talented.

Kaan: Thank you.

Exercises

A) Translate the sentences into Turkish.

1) There is a woman in the store. The woman buys a black hat and a yellow bag. The bag is very big and the hat is very small.

Mağazada bir kadın var. Kadın siyah bir şapka ve sarı bir çanta alır. Çanta çok büyük ve şapka çok küçüktür.

2) There is a man in the supermarket. The man buys a green apple and a yellow banana. The apple is very juicy and the banana is very sweet.

Markette _____ var. Adam yeşil _____ ve sarı _____ alır. _____ çok sulu ve _____ çok tatlıdır.

3) There is a boy in the palyground. The boy plays with a teddy bear and a toy car. The teddy bear is soft and the toy car is fast.

Parkta _____ var. Çocuk _____ ve _____ oynar. _____ yumuşak _____ hızlıdır.

Lesson 15

Some / Any (bazı / biraz / birkaç / hiç)

1) bazı / biraz / birkaç (some)

"**bazı**", "**birkaç**" and "**biraz**" are used as indefinite adjectives (belgisiz sıfat) in Turkish. If they are used as indefinite adjectives they mean "**some**" in English. "**bazı**", "**birkaç**" and "**biraz**" are always used with positive statements.

- Evde **bazı insanlar** var. (There are some people in the house.)
- Mutfakta **biraz şeker** var. (There is some sugar in the kitchen.)

- Buzdolabında **birkaç elma** var. (There are **some apples** in the fridge.)

Normally "**bazı**", "**birkaç**" and "**biraz**" are not used in questions but "**birkaç**" and "**biraz**" can be used in polite requests or offers.

- **Biraz süt** ister misin? (Would you like to have **some milk**?)
- **Biraz şeker** alabilir miyim? (Can I have **some sugar**?)

Keep in mind that "**bazı**" is always used with plural nouns and "**biraz, birkaç**" is always used with singular nouns.

- Masada **birkaç portakal** var. (There are **some oranges** on the table.)
- **Bazı köpek<u>ler</u>** çok saldırgandır. (**Some dogs** are very aggressive.)

Keep in mind that in Turkish the nouns are not classified as countable and uncountable nouns; therefore, we do not need to use "ler, lar" (suffix for plural nouns) after nouns that are classified as countable nouns in English.

- Masada **birkaç <u>muz</u>** var. (There **are some <u>bananas</u>** on the table.)
- Masada **biraz <u>şeker</u>** var. (There **is some <u>sugar</u>** on the table.)

2) hiç (any)

The word **"hiç"** is also used as an indefinite adjective but it is usually used in negative statements and positive or negative questions. If it is used as an indefinite adjective it means **"any"** in English.

- Evde **hiç ekmek** yok. (There isn't **any bread** in the house.)
- Masada **hiç elma** var mı? (Are there **any apples** on the table?)
- Sokakta **hiç çocuk** gördün mü? (Did you see **any children** in the street?)
- Buzdolabında **hiç süt** yok mu? (Isn't there **any milk** in the fridge?)

Keep in mind that we never use plural nouns after **"hiç"**.

- Markette **hiç patates** yok. (There aren't any potatoes in the supermarket.)
- Markette **hiç yoğurt** yok. (There isn't any yogurt in the supermarket.)
- Okulda **hiç öğrenci** yok mu? (Aren't there any students at school?)
- İstanbul'da **hiç arkadaşın** var mı? (Do you have any friends in İstanbul?)

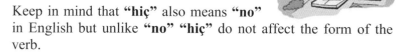

Keep in mind that **"hiç"** also means **"no"** in English but unlike **"no"** **"hiç"** do not affect the form of the verb.

Therefore:

- Evde **hiç ekmek** yok.

can be translated into English as:

There isn't **any bread** at home. or There is **no bread** at home.

Listen and repeat the sentences below.

1) Etrafta **bazı ağaçlar** var.
2) Mutfakta **biraz pirinç** var.
3) **Biraz kahve** ister misin?
4) Buzdolabında **birkaç havuç** var.
5) Masada **birkaç kitap** var.
6) **Biraz tuz** alabilir miyim?
7) **Bazı kuşlar** uçamaz.
8) Evde **hiç su** yok.
9) Balkonda **hiç çiçek** gördün mü?
10) Masada **hiç kalem** var mı?
11) Buzdolabında **hiç peynir** yok mu?
12) Markette **hiç soğan** yok.
13) Okulda **hiç öğretmen** yok mu?
14) İstanbul'da **hiç akraban** var mı?

WRITING TASK: Make at least ten sentences using "bazı / biraz / birkaç / hiç".

Diyalog

 Listen to the Dialogue and Follow the Script

Müşteri: Günaydın.

Satıcı: Merhaba, nasıl yardımcı olabilirim?

Müşteri: Yeğenimin doğum günü için **bir kaç** hediye bakıyorum.

Satıcı: Pekâlâ. Aklınızda özel **bir şey** var mı?

Müşteri: Bilmiyorum. **Hiç** fikrim yok. Siz bana **bir kaç** şey önerebilir misiniz?

Satıcı: Elbette. İşte burada **bazı** defterler var ya da dilerseniz **bir kaç** farklı kalem gösterebilirim.

Müşteri: Evet defterlerin **bazıları** güzelmiş. Şu ne kadar?

Satıcı: O 20 lira. Çocuklar oyun hamuruna bayılır. Biraz oyun hamuru ister misiniz?

Müşteri: Olur.

Satıcı: Hepsi 37 lira.

Müşteri: Ama **hiç** bozuğum yok.

Satıcı: Sorun değil. 35 lira yeterli.

Müşteri: Teşekkürler.

Satıcı: Rica ederim.

Dialogue

Listen to the Dialogue and Follow the Translation

Customer: Good morning.

Salesperson: Hello, how can I help you?

Customer: I am looking for a present for my nephew's birthday.

Salesperson: All right, do you have anything special in your mind?

Customer: I don't know. I have no idea. Can you offer me some products?

Salesperson: Of course. Here are some notebooks or I can show you some different pencils.

Customer: Yes, some of the notebooks are beautiful. How much is that?

Salesperson: That is 20 liras. Kids love play dough. Would you like some play dough.

Customer: Okay!

Salesperson: 37 liras.

Customer: But I don't have any change.

Salesperson: Okay, 35 will be enough.

Customer: Thank you.

Salesperson: You are welcome.

Exercises

A) Fill in the blanks with the words "biraz/birkaç/hiç/bazı"

Example: Çantanda <u>hiç</u> çakmak var mı?
1) Gardrobunda ____ gömlek var.
2) Cebinde ____ para yok mu?
3) ____ yılanlar zehirsizdir.
4) Bana ____ ekmek verir misin?
5) Çok susadım! Bana ____ su ver.
6) Marketten bana ____ yumurta al.

B) Order the words.

Example: Koltuğun altında/var/kedi/birkaç
<u>Koltuğun altında birkaç kedi var</u>
1) kuş/hiç/yok mu/ağaçta

_____

2) portakal suyu/biraz/ister misin?

_____

3) çocuklar/bazı/yaramaz/çok

_____

4) hiç/pazarda/yok/ salatalık

_____

5) ver/havlu/birkaç/bana

_____

Descriptive Adjectives (Niteleme Sıfatları)

Lesson 16

Descriptive Adjectives (Niteleme Sıfatları)

Adjectives are used to describe or modify nouns. In Turkish adjectives are usually used before nouns.

- sarı gömlek   (yellow shirt)
- pahalı araba   (expensive car)
- güçlü adam   (strong man)
- yüksek bina   (tall building)

Adjectives can also be used after a noun but in that case the adjective functions as a verb.

- Bu gömlek sarı(dır).   (This shirt is yellow.)
- Bu araba pahalı(dır).   (This car is expensive.)
- Bu adam güçlü(dür).   (This man is strong.)
- Bu bina yüksek(tir).   (This building is tall.)

In Turkish most adjectives can also be used as nouns.

- Yaşlı adam bekliyor.   (The old man is waiting.)
- Yaşlılar bekliyor.   (The old (ones) are waiting.)

♦*Beşir Kitabevi*

- Yeşil ışık yandı.   (The green light is on.)
- Yeşil yandı.   (The green (one) is on.)

Some adjectives can be strengthened with certain prefixes. The prefixes do not follow a certain rule; therefore, all of these adjectives are considered as individual words.

- siyah – **sim**siyah   black – pitch – black
- pembe – pespembe   pink – rose – pink
- uzun – **up**uzun   tall – vey tall
- çıplak – **çırıl**çıplak   naked – bare – naked

Some adjectives can also be strengthened with certain suffixes. Unlike the prefixes above these suffixes can be listed as below.

(ce, ca, çe, ça)

- uzun – uzunca   tall – pretty tall
- güzel – güzelce beautiful – quite beautiful

(cik, cık, cuk, cük, cek, cak)

- kısa – kısacık   short – pretty short
- küçük – küçücük   small – pretty small

With some suffixes (- imsi, - imtırak) adjectives express resemblance.

- pembe – pembemsi   pink – pinkish
- tatlı – tatlımsı   sweet – sweetish

Descriptive Adjectives (Niteleme Sıfatları)

- yeşil – yeşilimtırak   green – greenish
- ekşi – ekşimsi   sour – sourish

Some adjectives can be formed with the combination of two separate words. These adjectives are called as "bileşik sıfatlar".

- el – açık = eliaçık   (generous)
- kavun – içi = kavuniçi   (pale orange)
- vişne – çürük = vişneçürüğü   (purple brown)
- kahve – renk = kahverengi   (brown)

Listen and repeat the words and sentences. **A**

- **sarı** gömlek – Bu gömlek **sarı**(dır).
- **pahalı** araba – Bu araba **pahalı**(dır).
- **kırmızı** pantolon – Bu pantolon **kırmızı**(dır).
- siyah – **sim**siyah   pembe – pespembe
- uzun – **up**uzun   uzun – uzun**ca**
- güzel – güzel**ce**   kısa – kısa**cık**
- mavi – **mas**mavi   yeşil – **yem**yeşil
- küçük – küçü**cük**   genç – gence**cik**

Listen and repeat the adjectives and their antonyms.
B

uzun (tall)	kısa (short)
güçlü (strong)	zayıf (weak)
güzel (beautiful)	çirkin (ugly)
hızlı (fast)	yavaş (slow)
sıcak (hot)	soğuk (cold)
geniş (large)	dar (narrow)
büyük (big)	küçük (small)
soluk (pale)	parlak (bright)
acı (bitter)	tatlı (sweet)
yumuşak (soft)	sert (hard)
ağır (heavy)	hafif (light)

WRITING TASK: *Describe a picture or a photograph using "descriptive adjectives".*

Diyalog

 Listen to the Dialogue and Follow the Script

Gürol: Burada ne kadar çok hayvan var!

Dilvin: Evet. Bak şurada **büyük** bir aslan var, yanında da **küçük** yavruları var.

Gürol: Görebiliyorum, çok **güzeller**. Ama çok da **güçlüler**.

Dilvin: Haklısın. Hadi şimdi kuşlara bakalım.

Gürol: Oradaki **kocaman** papağanı görebiliyor musun?

Dilvin: Evet, **kırmızı** ve **yeşil** papağanı değil mi?

Gürol: Evet o. Bak, çok **büyük** ama ayrıca çok **hızlı**.

Dilvin: Ağaç da çok **yüksek** değil mi? Aa! Şurada maymunlar var!

Gürol: Onları gördüm. **Kahverengi** maymunun kuyruğu çok **uzun**!

Dilvin: Bence maymunlar çok **sevimli**. Onların **kocaman** gözlerini seviyorum.

Gürol: Bence de. Ama benim en sevdiğim hayvan timsah. **Büyük**, **yeşil** timsahlar.

Dilvin: Timsahlar çok **tehlikeliler**. **Güçlü** çeneleri ve **keskin** dişleri var. Bence **korkunçlar**.

Gürol: Sana katılıyorum ama yine de timsah buradaki en **muhteşem** hayvan.

Descriptive Adjectives (Niteleme Sıfatları)

Dialogue

Listen to the Dialogue and Follow the Translation

Gürol: There are many animals here!

Dilvin: Yes. Look, there is a big lion over there and there are cubs near it.

Gürol: I can see them. They are very beautiful. But they are very strong as well.

Dilvin: You are right. Now, let's see the birds.

Gürol: Can you see the huge parrot there?

Dilvin: Yes, the red and green parrot, isn't it?

Gürol: Yes, it is. Look, it is very big but also so fast.

Dilvin: The tree is very high, isn't it? Hey, there are monkeys over there!

Gürol: I saw them. The brown monkey has a very long tail.

Dilvin: I think monkeys are very cute. I love their huge eyes.

Gürol: I agree, but my favorite animal is crocodile. Big, green crocodiles!

Dilvin: Crocodiles are very dangerous. They have strong jaws and sharp teeth. I think they are frightening.

Gürol: I agree with you but crocodile is the most fantastic animal here.

Exercises

A) Match the adjectives with their antonyms.

uzun   zayıf
güçlü hafif
güzel çirkin
hızlı dar
sıcak soğuk
geniş yavaş
büyük küçük
soluk sert
acı   tatlı
yumuşak parlak
ağır   kısa

B) Fill in the blanks with the words "ucuz/taze/ağır/sert"

1) Bu oda çok <u>dar</u>, daha geniş olanı var mı?
2) Annem pazardan ____ elmalar almış.
3) Yumuşak yastık mı seversin yoksa ____ mi?
4) Bu ayakkabılar çok ____, bence alabilirsin.
5) Çantam biraz ____, yardım eder misiniz?

Lesson 17

Numeral Adjectives (Sayı Sıfatları)

Numeral adjectives are used to express the number or the quantity of a noun. There are three types of numeral adjectives:

1) Asıl Sayı Sıfatları   (Cardinal Numeral Adjectives)
2) Sıra Sayı Sıfatları   (Ordinal Numeral Adjective)
3) Üleştirme Sayı Sıfatları   (Distributive Numeral Adjectives)
4) Kesir Sayı Sıfatları   (Fractional Numeral Adjectives)

Cardinal numbers (Asıl Sayı Sıfatları)

They are the numbers that express the amount of a noun. We can use the word "tane" after the amount of the noun, but it is not necessary in all cases.

Iki elma / iki tane elma   (two apples)
Yedi gün   (seven days)
On milyon insan   (ten million people)

Ordinal Numbers (Sıra Sayı Sıfatları)

They are the numbers that express degree, quality or the position in a series.

Birinci kat	(first floor)
İkinci sınıf	(second class)
Son yarışçı	(last racer)

Distributive Numeral Adjectives (Üleştirme Sayı Sıfatları)

These adjectives are used to express that the nouns are either divided or distributed into equal pieces. In order to form numeral adjectives we add –(ş)er, -(ş)ar to the numbers.

Herkes üçer köfte yedi	(Everybody had three meatballs each.)
Çocuklara ellişer lira verildi.	(Fifty liras were given to each children.)

Fractional Numeral Adjectives (Kesir Sayı Sıfatları)

These adjectives represent an equal part or equal parts of a noun such as, one-half, ten-fifths, three- quarters.

Yarım ekmek	(half a loaf of bread)
Çeyrek lira	(quarter lira)
Dörtte üç	(three-quarters)
Bir bölü on /Onda bir	(one-tenth)
Yüzde yirmi	(twenty percent)

Numeral Adjectives (Sayı Sıfatları)

E.g.

Bir yılda **on iki** ay vardır.	(There are **twelve** months in a year)
Kafeste **sekiz tane** kuş var.	(There are **eight** birds in the cage.)
Nesrin ailenin **ilk** çocuğudur.	(Nesrin is the **first** child of the family.)
Son paramı sana verdim.	(I gave you my **last** money.)
Size **birer** oda ayarladık.	(We booked **one** room for each of you.)
Her odada **ikişer** yatak var.	(There are **two** beds in **each** room.)

Maaşının **yüzde otuzunu** kiraya harcıyor.
(He spends **thirty percent** of his salary on the rent.)

Bu ip **iki buçuk** metre.	(This rope is **two and a half** meters.

♦ *Beşir Kitabevi*

Listen and repeat the sentences.

Benim **üç** kedim var.	Melek yarışmada **birinci** oldu.	Annem bize **ikişer** bilezik verdi.	İşimin **yarısını** bitirdim.
Ali'nin **beş** kardeşi var.	Teyzem **dördüncü** katta oturuyor.	Herkes **onar** kitap (satın) aldı.	Öğrencilerin **üçte ikisi** sınıfta.

WRITING TASK: *Make at least ten sentences using "numeral adjectives".*

Diyalog

 Listen to the Dialogue and Follow the Script

Ferika: Afedersiniz, bir şey sorabilir miyim?

Necdet: Elbette, size nasıl yardımcı olabilirim?

Ferika: Buralarda bir terzi var mı?

Necdet: Evet, bu mahallede **üç** terzi var.

Ferika: Bana **bir** tanesinin adresini tarif edebilir misiniz?

Necdet: Tabi. Doğruca yürüyüp **ilk** soldan dönün. Biraz ileride **dört** katlı beyaz bir bina göreceksiniz. Bu binanın **birinci** katında bir terzi var.

Ferika: Teşekkür ederim.

Necdet: Rica ederim. Dilerseniz, **iki** sokak arkada başka bir terzi var. Terziyi **üçüncü** katta bulabilirsiniz.

Ferika: Teşekkürler, **iki**sine de bakacağım. İyi günler.

Necdet: Size de.

Dialogue

Listen to the Dialogue and Follow the Translation

Ferika: Excuse me, may I ask you something?

Necdet: Sure, how can I help you?

Ferika: Is there a tailor's near here?

Necdet: Yes, there are three tailors in this neighbourhood.

Ferika: Can you tell me the address?

Necdet: Of course. Go ahead and take the first left. You will see a four-storey building. There is a tailor on the first floor of that bulding.

Ferika: Thank you.

Necdet: You are welcome. If you wish, there is another tailor two blocks behind. You can find the tailor on the third floor.

Ferika: Thanks, I will check both of them. Have a good day.

Necdet: You, too.

Exercises

A) Complete the sentences using the numerals in the box.

| Yedi – çeyrek – altmış – yirmi dört – altıncı – sekizer – yüzde on |

Example: Bir günde yirmi dört saat vardır.

1) Kuzenin _____ katta mı otruyor?
2) Sınıfta _____ öğrenci var.
3) Bir haftada _____ gün mü var?
4) İşçiler günde _____ saat çalışıyorlar.
5) Maaşına _____ zam gelmiş.
6) Kahvaltıda _____ ekmek yedim.
7) Bir saat _____ dakikadır.

B) Find out the numeral adjectives in the sentences below and say which type each of them belongs.

Example: İşin üçte ikisi bitti. (Kesir sayı sıfatı)

1) Annemin evi son kattadır.
2) Siz beşer kitap okumalısınız.
3) Dolapta on tane mavi gömlek var.
4) Leyla yarım elma yedi.
5) Onlar günde birer saat ders çalışırlar.

Lesson 18

Adverbs (Zarflar)

Adverbs are used to describe or modify verbs. In a sentence adverbs are <u>generally</u> used before the verbs. In Turkish the adverbs are categorized in five different groups.

1) Adverbs of Manner

Adverbs of manner are the largest group of adverbs. In English most adverbs can be formed by using the suffix -ly after the adjective. Similarly in Turkish most **adverbs of manner** are formed by using the suffix –ce (-çe, ça,- ca) after an adjective.

- **Hızlıca** koş. (Run fast.)
- **Yavaşça** ye. (Eat slowly.)
- **Sessizce** yürü. (Walk silently.)
- **Dikkatlice** bak. (Look carefully.)

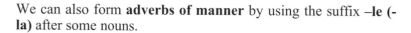

We can also form **adverbs of manner** by using the suffix –le (-la) after some nouns.

- **Hızla** koş. (Run fast.)
- **Dikkatle** bak. (Look carefully.)

However, a great number of adjectives can also be used as adverbs in Turkish; therefore, we can only understand whether the word is an adverb or an adjective from the context and the position of the word.

- **Hızlı** koş.   (Run fast.)
- **Yavaş** ye.   (Eat slowly.)
- **Sessiz** yürü.   (Walk silently.)
- **Dikkatli** bak.   (Look carefully.)

2) Adverbs of Time

Another category of adverbs is the **"adverbs of time"**. These adverbs are used to describe the time of the action or state of a sentence. The adverbs of time are not derived from adjectives.

- Eve **geç** geldi.   (He came home **late**.)
- Eve **demin** geldi.   (He has **just** come home.)
- Eve **dün** geldi.   (He came home **yesterday**.)
- Eve **yarın** gelecek.   (He will come home **tomorrow**)
- Eve **bugün** geldi.   (He came home **today**.)

Here are some examples for **adverbs of time**.

dün (yesterday)	bugün (today)	yarın (tomorrow)	akşam (evening)	kışın (in winter)	geceleyin (at night)
yine (again)	demin (just)	henüz (just)	şimdi (now)	hala (still)	bazen (sometimes)

3) Adverbs of Place

The last category of adverbs to be discussed in this lesson is the adverbs of place. Adverbs of place are used to describe the location of the action or state of a sentence. The adverbs of place are not derived from adjectives.

Adverbs (Zarflar)

- İleri yürü.   (Walk **forward**.)
- **Geri** gel.   (Come **back**.)
- **Aşağı** in.   (Come **down**.)
- **Yukarı** çık.   (Go **up**.)

Listen and repeat the words and the sentences below. A

Hızlıca koş.	Yavaşça ye.	Sessizce yürü
Dikkatlice bak.	Hızla koş.	Dikkatle bak.
Hızlı koş.	Yavaş ye.	Sessiz yürü.
Dikkatli bak.	Eve geç geldi.	Eve demin geldi.
Eve dün geldi.	Eve yarın gelecek.	Eve bugün geldi.
İleri yürü.	Geri gel.	Yukarı çık
Aşağı in.	Beri gel.	Yine gel.

Listen and read the examples below. B

- Ahmet yemeğini **çabukça** yedi.
- Polis adama **şüpheyle** baktı.
- Tatile **yarın** gidiyorum.
- Baban **demin** geldi.
- Samet bana **kızgınca** baktı.
- Devrim işini **aşkla** yapıyor.
- Ablana **iyi** davran.

Diyalog

 Listen to the Dialogue and Follow the Script

Sevil: Yardım ettiğin için teşekkür ederim. Ev taşımak çok zor.

Murat: Rica ederim. Bu kutuları **yukarı** mı koyayım?

Sevil: Hayır, onları **aşağı** koy. Ama lütfen biraz **dikkatli** koy. Kutuda bardaklar var.

Murat: Tamam, kutuyu **yavaşça** bırakıyorum.

Sevil: Sağ ol. Bu kutu **kötü** sıkışmış. Bana yardım eder misin?

Murat: Elbette. Önce **sıkıca** tutalım.

Sevil: Tamam, ben **sıkı** tutuyorum. Sen hazır mısın?

Murat: Hazırım. Üç deyince kutuyu **hızlıca** çek.

Sevil: Tamam.

Murat: Bir, iki, üç… Tamam, kutuyu **ustaca** çıkardık.

Sevil: Bence bu kadar yeter. **Bugün** dinlenelim. **Yarın** devam ederiz.

Murat: Peki.

Sevil: Yardımın için tekrar teşekkür ederim.

Murat: Rica ederim.

Dialogue

Listen to the Dialogue and Follow the Translation

Sevil: Thank you very much for helping me. Moving a house is very difficult.

Murat: You are welcome. Shall I put this box **up** there?

Sevil: No, put them **down**. But please put them **carefully**. There are glasses in it.

Murat: Okay, I am putting the box down.

Sevil: Thank you. This box is stuck **badly**. Can you help me?

Murat: Of course, let's first hold it **tightly**.

Sevil: Okay, I am holding it **tightly**. Are you ready?

Murat: I am ready. Pull the box **quickly** on three.

Sevil: Okay.

Murat: One, two, three... Okay, we pulled out the box **talentedly**.

Sevil: I think that's enough. Let's rest **today**. We will continue **tomorrow**.

Murat: All right.

Sevil: Thank you again for your help.

Murat: You are welcome.

Exercises

A) Put the words in the correct order to make sentences.

Example: bak / çekmeceye / dikkatlice   Çekmeceye dikkatlice bak.

1) gelecek / ahmet / yarın   _____
2) sessiz / hastahanede / konuş   _____
3) pişir / tavukları / iyice   _____
4) geri / Funda / gelecek   _____
5) koştu / Veysi / ileri   _____
6) gidin / biraz / geri   _____

B) Unscramble the adverbs and write them in the table.

zlhıı	yşvaa	ıryan	essizs	ügzceel	yvgilsee

C) Fill in the gaps with adverbs above.

Example: Çok <u>hızlı</u> yiyorsun. Biraz <u>yavaş</u> ye.

1) Sen bize ____ gel.
2) Burası bir kütüphane. Burada biraz _____ konuş.
3) Ayakkabılarını _____ sil. Çok kirli görünüyorlar.
4) Aliye bütün çouklarını _____ büyüttü.

Lesson 19

Comparative Degree (Daha + sıfat /zarf kullanımı)

To make comparative form with adjectives or adverbs in Turkish, we use "daha" before the adjective or the adverb. "Daha" means "more" in English

E.g.

Büyük	(big)	**daha** büyük	(bigger)
Kolay	(easy)	**daha** kolay	(easier)
Güzel	(beautiful)	**daha** güzel	(more beautiful)

When comparative forms are used in sentences, the suffixes "-den/-dan/-ten/-tan" should be added to the nouns.

E.g.
Kırmızı araba siyah araba**dan daha hızlı**. (The red car is faster then the black car.)
Bu sepet şu sepet**ten daha ağır**. (This basket is heavier than that basket.)

These suffixes can also be added to verbal nouns.

Beklediğimden daha geç geldin. (You came later than I expected.)

Sinemaya gitmek evde **kalmaktan** daha iyi. (Going to cinema is better than staying at home.)

In order to make negative sentences in this form, if the verb of the sentence is an adjective we add "değil" after the <u>adjective.</u>

Kırmızı araba siyah araba**dan** daha hızlı **değil**. (The red car is faster then the black car.)

Şehir merkezi **sandığımdan** daha uzak **değildi.**

However, if we use an <u>adverb</u> in the sentence or if the sentence is a verbal sentence, we add the suffix "**-me / -ma**" to the verb instead of using "değil".

Arabayı daha hızlı sür**me**m. (I don't drive the car faster.)

Beklediğim**den** daha geç gel**me**din. (You didn't come later than I expected.)

In order to make question forms, we use the suffixes "**mi/ mı/ mu/ mü**" at the end of the sentence. The suffixes are both used with adjectives and adverbs.

Bu sepet şu sepet**ten daha ağır mı?** (Is this basket heavier than that basket?)

Arabayı daha hızlı surer **misin**? (Do you drive the car faster?)

Comparative Degree (Daha + sıfat /zarf kullanımı)

Listen and repeat the sentences. A

Bu sorular **daha kolay**.	Yeni evimiz **daha büyük**.	Şu resim **daha güzel**.	Çikolatalı kek **daha lezzetli**.
O **daha güzel** şarkı söyler.	**Daha sessiz** konuşmalısın.	Ben **daha hızlı** koşarım.	Babam **daha dikkatli** araba kullanır.

Listen and repeat the sentences. B

Aylin kardeş**in**den **daha uzun**.	İstanbul Ankara'**dan daha kalabalık**.	Erzurum Bursa'**dan daha soğuk**.	Portakallar elmalar**dan daha taze**.
Arkadaşım**dan daha iyi** Türkçe konuşurum.	Atlar köpekler**den daha hızlı** koşar.	Sen on**dan daha dikkatsiz** davrandın.	Meral ben**den daha iyi** yemek yapar.

Diyalog

 Listen to the Dialogue and Follow the Script

Leyla: Bu yıl tatile nereye gidelim Selim?

Selim: İzmir'e ne dersin?

Leyla: İzmir çok sıcak, hadi Antalya'ya gidelim.

Selim: Antalya İzmir'den **daha sıcak**, ayrıca **daha kalabalık**. Ben **daha sakin** bir yere gitmek istiyorum.

Leyla: O zaman Marmaris'e ne dersin?

Selim: Marmaris olur. Orası **daha sakin** ve **daha eğlenceli**. Ayrıca oteller de **daha ucuz** ve **daha temiz**.

Leyla: Evet haklısın. Deniz de **daha güzel** Marmaris'te. Ne kadar kalacağız canım?

Selim: Bence bir hafta yeterli.

Leyla: Ben **daha uzun** kalmak istiyorum.

Selim: Peki o zaman. O halde ben iki haftalık rezervasyon yaptırıyorum.

Leyla: Tamam canım. Bu tatil bize çok iyi gelecek.

Dialogue

Listen to the Dialogue and Follow the Translation

Leyla: Where shall we go on a holiday this year?

Selim: How about İzmir?

Leyla: İzmir is too hot, let's go to Antalya.

Selim: Antalya is hotter than İzmir, it is also more crowded. I want to go to a quiter place.

Leyla: Then, how about Marmaris?

Selim: Marmaris is okay. That place is quiter and funnier. Also, the hotels are cheaper and cleaner.

Leyla: Yes, you are right. The sea is better in Marmaris, as well. How long shall we stay there honey?

Selim: I think one week is enough.

Leyla: I want to stay longer.

Selim: Okay, then. I will make reservations for two weeks.

Leyla: Okay dear. This holiday will be good for us.

Exercises

A) Make comparison sentences using the given adjectives and adverbs.

Example: Bu kitap eskisinden <u>daha kalın</u> (kalın)

1) Yeşil ayakkabılar kahverengilerden _____. (rahat)
2) Senin çantan benimkinden _____. (hafif)
3) Annem babamdan _____. (genç)
4) Metro otobüsten _____ (hızlı) gider.
5) Kardeşim benden _____ (yavaş) koşar.

B) Put the words in the correct order to make sentences.

Example: daha/ eski/ bu /şundan/ koltuk.

Bu koltuk şundan daha eski.

1) çocuklar/ daha/ bizden/ çok /yapıyorlar/ gürültü.
2) beyaz/ daha/ yastık/ diğerinden/ temiz.
3) ucuz/ daha/ çanta/ kırmızı.
4) sevimli/ daha/ yavru kediler/ kuşlardan.
5) daha/ temiz/ o odadan/ bu oda.

Lesson 20

The Superlative (En +sıfat /zarf kullanımı)

To make superlative form with adjectives or adverbs in Turkish, we use the word **"en"** before the adjective or the adverb. "En" means **"the most"** in English.

Adjective	Comparative form	Superlative form
mutlu (happy)	**daha** mutlu (happier)	**en** mutlu (the happiest)
zor (difficult)	**daha** zor (more difficult)	**en** zor (the most difficult)
iyi (good)	**daha** iyi (better)	**en** iyi (the best)
az (little)	**daha** az (less)	**en** az (the least)
çok (many/much)	**daha** çok (more)	**en** çok (the most)

En iyi arkadaş   (The best friend)
En az para   (The less money)
En zor sınav   (The most difficult exam)
En kısa zamanda   (As soon as possible)

We can use the superlative form before a noun or a verb.

- (Ben) **en yaşlı askerim**. (I am the oldest soldier.)
- **En yaşlı asker** dün öldü. (The oldest soldier died yesterday.)

When we use adverbs with superlative form in Turkish, we use the word "**şekilde**" or "**biçimde**" after the adverb. Thus, we express the way the actions are done.

In order to make negative sentences in this form, we add "değil" after the <u>adjective</u>.

Bu **en zor sınav değil** / Bu sınav **en zoru değil**. (This isn't the most difficult exam / This exam isn't the most difficult one.)

However, if we use an <u>adverb</u> in the sentence, we add the suffix "**-me / -ma**" to the verb instead of using "değil".

Konuklar **en iyi şekilde ağırlan<u>ma</u>dı**.

In order to make question forms, we use the suffixes "**mi/ mı/ mu/ mü**" at the end of the sentence. The suffixes are both used with adjectives and adverbs.

Bu **en zor** sınav **<u>mı</u>**?

Konuklar **en iyi şekilde** ağırlandı **<u>mı</u>**?

The Superlative (En +sıfat /zarf kullanımı)

Listen and repeat the sentences. **A**

Bu **en zor** sınavdı.	Benim odam **en geniş oda.**	Onlar **en çalışkan öğrenciler.**
Kırmızı araba **en hızlısı.**	Kerem bizim ailedeki **en şişman** çocuk.	Şu, bu köydeki **en yüksek dağ.**
İpek sınıftaki **en uzun kız.**	Siz **en başarılı olanlarsınız.**	İzlediğim **en kötü film** buydu.

Listen and repeat the sentences. **B**

Sizi **en kısa zamanda** arayacağım.	Parçaları **en uygun şekilde** yerleştiriniz.
Bizi **en iyi şekilde** ağırladınız, teşekkürler.	Projeyi **en hızlı şekilde** bitirmeye çalışıyoruz.
Bulmacayı **en zeki şekilde** çözdü.	Kardeşim ve ben odayı **en özenli biçimde** boyadık.

Diyalog

 Listen to the Dialogue and Follow the Script

Murat: Merhaba arkadaşlar! Bugün dünya coğrafyası üzerinde konuşacağız.

Sibel: Coğrafya benim en sevdiğim derstir.

Murat: Çok güzel. Öyleyse söyle bakalım, dünyadaki en kalabalık ülke hangisidir?

Sibel: Bu en kolay soru. En kalabalık ülke Çin'dir.

Murat: Bu doğru. Pekala, dünyanın en yüksek dağı hangisidir?

Sibel: Dünyadaki en yüksek dağ Himalayalar'daki Everest Dağı'dır.

Murat: Bir soru daha sormak istiyorum. Dünyadaki en uzun nehir hangisidir?

Sibel: Bu soru çok kolay. Dünyanın en uzun nehri Amazon Nehri'dir.

Murat: Yanlış cevap! Dünyanın en uzun nehri Nil Nehri'dir.

Sibel: Haklısın. Şimdi, ben de bir soru sormak istiyorum. Dünyadaki en büyük ada hangisidir?

Murat: Grönland! Ayrıca bu ada dünyanın ikinci büyük okyanusu olan Atlas Okyanusu'ndadır.

The Superlative (En +sıfat /zarf kullanımı)

Dialogue

Listen to the Dialogue and Follow the Translation

Murat: Hello frineds! We are talking about world geography today.

Sibel: Geography is my favourite subject!

Murat: Very good. Then tell us, what is the most crowded country in the world?

Sibel: It is the easiest question. China is the most crowded country in the world.

Murat: That's true. Well, what is the highest mountain in the world?

Sibel: I know the answer! The highest mountain in the world is Mount Everest, in the Himalayas.

Murat: I want to ask one more question. What is the longest river in the world? Is there anyone who knows the answer?

Sibel: This question is very easy. The longest river in the world is the Amazon.

Murat: Wrong answer! The longest river in the world is the Nile.

Sibel: You are right. I want to ask a question, too. What is the largest island in the world?

Murat: Greenland! Besides, this island is in the second largest ocean in the world, the Atlantic.

Exercises

A) Complete the sentences using superlative form of given adjectives.

Example: Sen tanıdığım en iyi insansın. (iyi)

1) _____ sebzeler bunlardı. (taze)

2) Kardeşimin oğlu sınıftaki _____ çocuk. (yaramaz)

3) Şehirdeki _____ yemekler bu restoranda. (lezzetli)

4) Bu plaj kasabadaki _____ olan. (kalabalık)

5) Ocak burada _____ aydır.(soğuk)

B) Answer the questions according to the words in brackets.

Example: Evinizdeki en geniş oda hangisi? (oturma odası)

Evimizdeki en geniş oda oturma odası.

1) Sınıftaki en başarılı öğrenci kim? (Özge)

2) Dolaptaki en ağır kutu hangisi? (Turuncu olan)

3) Sokaktaki en uzun ağaç hangisi? (Çam ağacı)

4) Ailenizdeki en yaşlı kişi kim? (Dedem)

5) Masadaki en sıcak yemek hangisi? (Domates çorbası)

Lesson 21

The Degree of Equality (as +adjective/ adverb + as) (Kadar)

The word "**kadar**" expresses the degree of equality in Turkish. We can use "**kadar**" before an adjective or an adverb.

E.g.

Kar **kadar beyaz**   (As white as snow)
Arı **kadar çalışkan** (As hardworking as bee)
Senin **kadar güzel**   (As beautiful as you)

In order to make negative sentences in this form, we add "değil" after the <u>adjective</u>.

Benim notlarım seninkiler kadar **iyi değil.**   (My grades aren't as good as yours.)

Bu yastık şu yastık kadar **yumuşak değil.**   (This pillow isn't as soft as that pillow.)

However, if we use an <u>adverb</u> in the sentence, we add the suffix "**-me / -ma**" to the verb instead of using "değil".

Ali'nin arabası Burak'ın arabası kadar **hızlı git<u>mez</u>.** (Ali's car doesn't go as **fast** as Burak's car.)

Babam amcam kadar **dikkatli araba kullan<u>maz</u>.**
(My dad doesn't drive car as **carefully** as my uncle.)

In order to make question forms, we use the suffixes "**mi/ mı/ mu/ mü**" at the end of the sentence. The suffixes are both used with adjectives and adverbs.

Benim notlarım seninkiler kadar **iyi** <u>mi</u>?
(Are my grades as **good** as yours?)

Ali'nin arabası Burak'ın arabası kadar **hızlı gider mi**?
(Does Ali's car go as **fast** as Burak's car?)

Bu yastık şu yastık kadar **yumuşak mı**?
(Is this pillow as **soft** as that pillow?)

Babam amcam kadar **dikkatli** araba kullanır **mı**?
(Does my dad drive car as **carefully** as my uncle?)

Listen and repeat the sentences. A

Benim notlarım seninkiler **kadar** **iyi.**	Peri **kadar güzel** kız.	(Sen) Arı **kadar** **çalışkansın.**
Benim notlarım seninkiler **kadar** **iyi değil.**	Bu sınav dünkü **kadar zor değil.**	Çorba makarna **kadar lezzetli** değildi.
Benim notlarım seninkiler **kadar** **iyi** <u>mi</u>?	Bu ev diğeri **kadar** **geniş mi**?	Ahmet Bey Ömer Bey **kadar yaşlı** **mı**?

The Degree of Equality (as +adjective/ adverb + as) Kadar

Listen and repeat the sentences. B

Ali'nin arabası Burak'ın arabası kadar hızlı gider.	Senin kadar iyi şarkı söyleyebilirim.	Efe kardeşi kadar dikkatsiz davranır.
Ali'nin arabası Burak'ın arabası kadar hızlı gitmez.	Senin kadar iyi şarkı söyleyemem.	Efe kardeşi kadar dikkatsiz davranmaz.
Ali'nin arabası Burak'ın arabası kadar hızlı gider mi?	Senin kadar iyi şarkı söyleyebilir miyim?	Efe kardeşi kadar dikkatsiz davranır mı?

♦*Beşir Kitabevi*

Diyalog

 Listen to the Dialogue and Follow the Script

Hakan Bey: Son aday ile ilgili ne düşünüyorsunuz Zeynep Hanım?

Zeynep Hanım: Elif Hanım mı? Bence gayet uygun. Siz ne düşünüyorsunuz?

Hakan Bey: Bence Cemre Hanım kadar başarılı ama onun kadar deneyimli değil.

Zeynep Hanım: Evet, haklısınız. Daha önceki sekreterimiz Cemre Hanım kadar deneyimli miydi?

Hakan Bey: Hayır, onun kadar deneyimli değildi fakat arı gibi çalışkan bir kızdı.

Zeynep Hanım: O halde bir de Aslı Hanım'ın özgeçmişine bakalım. Hem Elif Hanım kadar başarılı hem de Cemre Hanım kadar deneyimli.

Hakan Bey: Hım, evet. Eğitim geçmişi çok iyi. Hem de neredeyse benim kadar iyi İngilizce konuşuyor.

Zeynep Hanım: Ayrıca çok iyi bilgisayar kullanabildiğini söyledi. Ama benim kadar iyi olamaz!

Hakan Bey: Göreceğiz. Aslı Hanım'ı arayın ve yarın başlayabileceğini söyleyin. Senin kadar iyi bilgisayar kullanabiliyor mu ve benim kadar iyi İngilizce konuşabiliyor mu görelim.

The Degree of Equality (as +adjective/ adverb + as) Kadar

Dialogue

Listen to the Dialogue and Follow the Translation

Mr. Hakan: What do you think the last candidate, Ms. Zeynep?

Mrs. Zeynep: Ms. Elif? I think she is quite suitable. What do you think of?

Mr. Hakan: I think she is as successful as Ms. Cemre but not as experienced as her.

Mrs. Zeynep: Yes, you are right. Was our former secretary as experienced as Ms. Cemre?

Mr. Hakan: No, She wasn't as experienced as her but she was as hardworking as a bee.

Mrs. Zeynep: Then, let's take a look at Ms. Aslı's CV. She is both as successful as Ms. Elif and also as experienced as Ms. Cemre.

Mr. Hakan: Hmm, yes. Her educational background is very good. She can also speak English almost as well as me.

Mrs. Zeynep: She also said that she could use computer well.

Mr. Hakan: We will see. Call Ms. Aslı and say her that she can start to work tomorrow. Let's see if she can use computer as well as you and speak Enhlish as well as me.

Exercises

A) Complete the sentences using *the degree of equality*.

Example: Bu kitap seninki **kadar ağır**. (ağır)

1) Mete, Melih _____ (uzun)
2) Leyla'nın dedesi, benim dedem _____ (yaşlı)
3) Benim param seninki _____ (çok)
4) Teyzem annem _____ (becerikli)
5) Eviniz bizimki _____ (uzak)

B) Make sentences according to the information below.

Example: Nokia telefon: 800 TL   Samsung telefon: 800 TL
Nokia telefon Samsung telefon kadar pahalı.

1) Beril: 50 kg	Selin: 50 kg

2) Demir Bey 28 yaşında	Lale Hanım 28 yaşında.

3) İzmir'in nüfusu: 4 milyon	Ankara'nın nüfusu: 4,5 milyon

Lesson 22

Present Continuous Tense (Şimdiki Zaman)

Structure

Affirmative Sentences

The tense is formed by adding the suffix "**- (i / ı / u / ü) yor**" to the verb. Keep in mind that the verb also takes another suffix regarding the subject of the sentence

Ben eve bak**ıyorum**.	(I **am** look**ing** at the house.)
Sen İzmir'e gel**iyorsun**.	(You **are** com**ing** to İzmir.)
O parkta koş**uyor**.	(He **is** runn**ing** in the park.)
Biz ormanda yür**üyoruz**.	(We **are** walk**ing** in the forest.)
Siz patates y**iyorsunuz**.	(You **are** eat**ing** potatoes.)
Onlar araba al**ıyor**.	(They are buy**ing** a car.)

Negative Sentences

The negative sentences in present continuous is formed by adding the suffix "**- (mi / mı / mu / mü) yor**" to the verb. Keep in mind that the verb also takes another suffix regarding the subject of the sentence.

Ben eve bak**mıyorum**.   (I am **not** look**ing** at the house.)
Sen İzmir'e gel**miyorsun**.   (You are **not** com**ing** to İzmir.)
O parkta koş**muyor**.   (He is **not** runn**ing** in the park.)
Biz ormanda yürü**müyoruz**.   (We are **not** walk**ing** in the forest.)
Siz patates y**emiyorsunuz**.   (You are **not** eat**ing** potatoes.)
Onlar araba al**mıyor**.   (They are **not** buy**ing** a car.)

Questions

In order to make a yes / no question in **"present continuous we use question suffix "mu" after the suffix "-(i/ı/u/ü.)yor"**. **Keep in mind that the question suffix is also followed by a proper personal suffix."** Keep in mind that the question suffixes " – mu(-y)" and "-muş" are also followed by the suffix regarding the subject of the sentence.

Ben eve bakıyor **muyum**?   (**Am** I look**ing** at the house?)
Sen İzmir'e geliyor **musun**?   (**Are** you com**ing** to İzmir?)
O parkta koş**uyor mu**?   (**Is** he runn**ing** in the park?)
Biz ormanda yür**üyor muyuz**?   (**Are** we walk**ing** in the forest?)
Siz patates y**iyor musunuz**?   (**Are** you eat**ing** potatoes?)
Onlar araba al**ıyor mu**?   (**Are** they buy**ing** a car?)

We can also form a question by using a question word -such as **"ne, ne zaman, nasıl, nerede, kim, neden (what, when, how, where, who, why)"**- in the beginning of an affirmative sentence.

Nereye bakıyor**um**?   (**Where** am I look**ing**?)

Present Continuous Tense (Şimdiki Zaman)

Nasıl geliyor<u>sun</u>? (**How** are you coming?)
Kim koşuyor? (**Who** is running?)
Neden yürüyoruz? (**Why** are we walking?)
Ne yiyorsunuz? (**What** are you eating?)
Ne zaman araba alıyorlar? (**When** are they buying a car?)

Usage

1) In Turkish present continuous tense is used to describe ongoing actions that are happening at the moment.

Ben **şu an çalışıyorum.**(I am working at the moment.)

Sen **şimdi** dondurma **yiyorsun.** (You are eating ice cream **now.**)

Bebek **şimdi** odada **uyuyor.** (The baby is sleeping in the room **now.**)

2) The tense is also used to describe the actions that are going to happen in the future

Biz yarın Ankara'ya **gidiyoruz.** (We are going to Ankara tomorrow.)

Haftaya **evleniyorlar.** (They are getting married **next week.**)

3) Lastly the tense is used to describe permanent or habitual actions or states.

Ben **her sabah koşuyorum.** (I run every morning.)

Siz **her zaman** dışarıda **yiyorsunuz.** (You **always eat** out.)

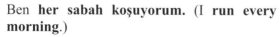

♦ *Beşir Kitabevi* 171

Listen and Repeat the Sentences

Ben eve bakıyorum.	Ben eve bakmıyorum.	Ben eve bakıyor muyum?
Sen İzmir'e geliyorsun.	Sen İzmir'e gelmiyorsun	Sen İzmir'e geliyor musun?
O parkta koşuyor.	O parkta koşmuyor.	O parkta koşuyor mu?
Biz ormanda yürüyoruz.	Biz ormanda yürümüyoruz.	Biz ormanda yürüyor muyuz?
Siz patates yiyorsunuz.	Siz patates yemiyorsunuz.	Siz patates yiyor musunuz?
Onlar araba alıyor.	Onlar araba almıyor.	Onlar araba alıyor mu?

WRITING TASK: *Read the examples again and write at least six sentences in "şimdiki zaman".*

Diyalog

 Listen to the Dialogue and Follow the Script

Ozan: Alo! Merhaba Zeynep. Ben Ozan.

Zeynep: Merhaba Ozan! Nasılsın?

Ozan: İyiyim sağ ol. Ben birazdan evden çık**ıyorum**. Siz ne yap**ıyorsunuz?**

Zeynep: Ben hazırım ama Ayşe duş al**ıyor**. Umut da yemek y**iyor**.

Ozan: Tamam sinemada görüşürüz o zaman.

Zeynep: Tamam. Duygu ne yap**ıyor?**

Ozan: Duygu yine ders çalış**ıyor**. O bizimle gel**miyor.**

Zeynep: Duygu her zaman ders çalış**ıyor**. O çok çalışkan bir öğrenci.

Ozan: Evet, gerçekten öyle!

Zeynep: Görüşürüz o halde.

Ozan: Görüşürüz.

Dialogue

Listen to the Dialogue and Follow the Translation

Ozan: Hello! Hi Zeynep. This is Ozan.

Zeynep: Hello Ozan. How are you?

Ozan: I am fine thank you. I am leaving the house soon. What are you doing?

Zeynep: I am ready but Ayşe is having a shower and Umut is having dinner.

Ozan: Okay see you in the movie theatre then.

Zeynep: Okay! Oh! What is Duygu doing?

Ozan: Duygu is studying again. She is not coming with us.

Zeynep: She is always studying. She is a very hardworking student.

Ozan: Yes, she is.

Zeynep: See you then.

Ozan: See you.

Exercises

A) Fill in the gaps with the correct form of the verb.

Example: Ben şu an okula <u>yürüyorum</u> (yürü).

1) Sen şu an araba _____ (sür).
2) Ahmet yemek _____ (pişir).
3) Şafak ve Funda haftaya _____ (evlen).
4) Annem her gün spor _____ (yap).

B) Rewrite the sentences in <u>negative</u> form.

Example: Ben şu an okula <u>yürümüyorum</u> (yürü).

Sen araba _____ (sür).

1) Ahmet yemek _____ (pişir).
2) Şafak ve Funda haftaya _____ (evlen).
3) Annem her gün spor _____ (yap).

C) Rewrite the sentences in <u>question</u> form.

Example: Sen şu an okula <u>yürüyor musun</u> (yürü)?

1) Sen araba _____ (sür)?
2) Ahmet yemek _____ (pişir)?
3) Şafak ve Funda haftaya _____ (evlen)?
4) Annem her gün spor _____ (yap)?

♦*Beşir Kitabevi*

Lesson 23

Şimdiki Zamanın Rivayeti (Rumor Present Continuous)

In Turkish the **rumor present continuous** is termed as a **compound tense (bileşik zaman)**. The tense is used to describe actions or states that are heard, transferred to the speaker. In other words the actions or states are not witnessed by the speaker.

Structure Affirmative Sentences

The **rumor present continuous tense** is formed by combining two suffixes: **"- (i / ı / u / ü) yor"** and **"-muş"**. The first suffix is used for the **present continuous** and the second one is used for the **indefinite past tense**. By adding both of these suffixes to the verb we form a sentence in **indefinite past continuous**. For this reason the tense is also classified under the term **"bileşik zaman"** which can be translated as **"compound tense"**. Keep in mind that the verb also takes another suffix regarding the subject of the sentence

Ben eve bak**ıyormuş**um.	([They say that] I **am** look**ing** at the house.)
Sen İzmir'e gel**iyormuş**sun.	([They say that] You **are** com**ing** to İzmir.)
O parkta koş**uyormuş**.	([They say that] He **is** runn**ing** in the park.)

Biz ormanda yürüyormuşuz. ([They say that] We are walking in forest.)

Siz patates yiyormuşsunuz. ([They say that] You are eating potatoes.)

Onlar araba alıyormuş. ([They say that] They are buying a car.)

Negative Sentences

The negative sentences in **rumor present continuous tense** is formed by adding the suffix "**- mi (-mı, -mu, -mü)**" and **-yor**" to the verb. Keep in mind that the verb also takes another suffix regarding the subject of the sentence

Ben eve bakmıyormuşum. ([They say that] I am not looking at the house.)

Sen İzmir'e gelmiyormuşsun. ([They say that] You are not coming to İzmir.)

O parkta koşmuyormuş. ([They say that] He is not running in the park.)

Biz ormanda yürümüyormuşuz. ([They say that] We are not walking in forest.)

Siz patates yemiyormuşsunuz. ([They say that] You are not eating potatoes.)

Onlar araba almıyormuş. ([They say that] They are not buying a car.)

Questions

In order to make a **yes / no question** in **rumor present continuous tense** we use the suffix "**-muş**" after the suffix "**- (i /**

Şimdiki Zamanın Rivayeti (Rumor Present Continuous)

ı / u / ü) yor" which is used to form affirmative sentences. Keep in mind that the question suffix "-**mu**" is also followed by the suffix regarding the subject of the sentence.

Ben eve bakıyormuş muyum?
(**Am** I look**ing** at the house? [I am not sure about it.])
Sen İzmir'e geliyormuş musun?
(**Are** you com**ing** to İzmir? [I am not sure about it.])
O parkta koşuyormuş mu?
(**Is** he runn**ing** in the park? [I am not sure about it.])
Biz ormanda yürüyormuş muyuz?
(**Are** we walk**ing** in forest? [I am not sure about it.])
Siz patates yiyormuş musunuz?
(**Are** you eat**ing** potatoes? [I am not sure about it.])
Onlar araba alıyorlarmış mı?
(**Are** they buy**ing** a car? [I am not sure about it.])

We can also form a question by using a question word -such as "**ne, ne zaman, nasıl, nerede, kim, neden (what, when, how, where, who, why)**"- in the beginning of an affirmative sentence.

Nereye bakıyormuşum?	(**Where** am I looking?)
Nasıl geliyor<u>muşsun</u>?	(**How** are you coming?)
Kim koşuyormuş?	(**Who** is running?)
Neden yürüyormuşuz?	(**Why** are we walking?)
Ne yiyormuşsunuz?	(**What** are you eating?)

♦*Beşir Kitabevi*

Usage

1) In Turkish **rumor present continuous tense** is used to describe an indefinite ongoing action.

- Ahmet evde ders çalış**ıyormuş**.

([They say that] Ahmet **is studying** at home)

- Sen televizyon izliyor**muşsun**.

([They say that] You **are watching** T.V. yesterday evening.)

- Bebek odada **uyuyormuş**.

([They say that] The baby **is sleeping** in the room half an hour ago.)

2) The tense is also used to describe unwitnessed permanent or habitual actions.

- Ayşe **her akşam** parkta koşu**yormuş**.

([They say that] Ayşe **runs** at the park every evening.)

- Kocası bankada çalış**ıyormuş**.

([They say that] Her husband **works** in a bank.)

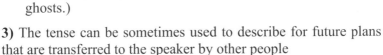

- Ahmet ve Ali hayaletlere inanıyormuş.

([They say that] Ahmet and Ali **believe** in ghosts.)

3) The tense can be sometimes used to describe for future plans that are transferred to the speaker by other people

- Haftaya İzmir'e gel**iyormuşsun**.

([They say that] You **are** com**ing** to İzmir next week.)

Şimdiki Zamanın Rivayeti (Rumor Present Continuous)

- Annem gelecek cuma eve dön**üyormuş**.
([They say that] My mother **is** return**ing** home next Friday.)

Listen and Repeat the Sentences

Ben eve bak**ıyormuşum**.	Ben eve bak**mıyormuşum**.	Ben eve bakıyormuş muyum?
Sen İzmir'e gel**iyormuşsun**.	Sen İzmir'e gel**miyormuşsun**.	Sen İzmir'e geliyormuş musun?
O parkta koş**uyormuş**.	O parkta koş**muyormuş**.	O parkta koşuyormuş mu?
Biz ormanda yür**üyormuymuşuz**.	Biz ormanda yür**üm**üyormuşuz.	Biz ormanda yürüyormuş muyuz?
Siz patates y**iyormuşsunuz**.	Siz patates ye**mi**yormuşsunuz.	Siz patates yiyormuş musunuz?
Onlar araba al**ıyormuş**.	Onlar araba al**mı**yormuş.	Onlar araba alıyormuş mu?

Diyalog

 Listen to the Dialogue and Follow the Script

Serkan: Merhaba Filiz. Uzun zamandır görüşemedik. Neler yapıyorsun?

Filiz: Merhaba Serkan. Her şey bildiğin gibi. Apartmanımıza yeni biri **taşınıyormuş**.

Serkan: Öyle mi? Kimmiş peki? Kadın mı yoksa erkek mi yeni komşunuz?

Filiz: Genç bir **kadınmış**. Bir lisede edebiyat **öğretiyormuş**. Ayrıca çok iyi şarkı **söylüyormuş** ve her cumartesi şehir merkezindeki bir restoranda **sahne alıyormuş**.

Serkan: Çok güzel. Nerede **kalıyormuş** peki şu an?

Filiz: Şu an ailesiyle bu şehirde ama başka bir mahallede **yaşıyormuş**.

Serkan: Ne zaman **taşınıyormuş** buraya?

Filiz: Gelecek hafta sonu **taşınıyormuş**. Çalıştığı okul bu **mahalledeymiş** o yüzden buraya **geliyormuş**.

Serkan: Neden sizin apartmana **taşınıyormuş**?

Filiz: Karşı komşum onu **tanıyormuş**. Zaten onunla aynı okulda **çalışıyorlarmış**.

Serkan: Hm. Bakalım nasıl biri. Tanıyınca göreceğiz.

Filiz: Evet, ben de onu merak ediyorum.

Serkan: O halde beni gelecek hafta ara.

Filiz: Elbette. Şimdilik hoşça kal.

Serkan: Görüşürüz.

Dialogue

Listen to the Dialogue and Follow the Translation

Serkan: Hello Filiz. Long time no see. What are you up to?

Filiz: Hi Serkan. Everything is as you know. (They say that) A new guy is moving to our building.

Serkan: Is that right? Who is it? Is your new neighbor she or he?

Filiz: (They say that) She is a young woman. (They say that) She teaches literature in a high school. (They say that) She also sings very well and performs in a restaurant in the city center every Saturday.

Serkan: That's great. (Do you know) Where is she staying is now?

Filiz: (They say that) She is living with her family in this city but in a different neighborhood now.

Serkan: (Do you know) when is she moving here?

Filiz: She is moving next weekend. (They say that) The school she works is in this neighborhood so she is coming here.

Serkan: (Do you know) why is she moving to your building?

Filiz: (She says that) my next door neighbor knows her. Moreover, (she says that) they work in the same school.

Serkan: Hmm. Let's see how she is. We will see when we meet.

Filiz: Yes, I am curious about her.

Serkan: Then call me next week.

Filiz: Sure. Bye for now.

Serkan: See you!

Exercises

1) Fill in the gaps with the correct form of the verb.

Example: Ben her gün okula yürüyormuşum (yürü).

1) Sen her akşam dişlerini _____ (fırçala).
2) Ahmet yemek _____ (pişir).
3) Onlar her yıl Almanya'ya _____ (git).
4) Davut sabahları spor _____ (yap).

2) Rewrite the sentences in negative form.

Example: Ben her gün okula yürümüyormuşum (yürü).

1) Sen her akşam dişlerini _____ (fırçala).
2) Ahmet yemek _____ (pişir).
3) Onlar her yıl Almanya'ya _____ (git).
4) Davut sabahları spor _____ (yap).

3) Rewrite the sentences in question form.

Example: Ben her gün okula yürüyormuş muyum? (yürü)?

1) Sen her akşam dişlerini _____ (fırçala)?
2) Ahmet yemek _____ (pişir)?
3) Onlar her yıl Almanya'ya _____ (git)?
4) Davut sabahları spor _____ (yap)?

Lesson 24

Present Simple (Geniş Zaman)

Structure

Affirmative Sentences

The tense is formed by adding the suffix **"- r (-ir, -er)"** to the verb. Keep in mind that the verb also takes another suffix regarding the subject of the sentence.

Ben her zaman çok **çalışırım.**	(I always **work** hard.)
Sen kebab **seversin.**	(You **like** kebab.)
O her gün işe erken **gelir.**	(He **comes** to work early every day.)
Biz her yıl tatile **gideriz.**	(We **go** on a holiday ever year.)
Siz her sabah parkta **yürürsünüz.**	(You **walk** in the park every morning.)
Onlar İstanbul'da **yaşar.**	(They **live** in İstanbul.)

Negative Sentences

The negative sentences in simple present is formed by adding the suffix **"-me (-ma)"** to the verb. Keep in mind that the verb also takes another suffix regarding the subject of the sentence

Ben her zaman çok çalış**mam**.   (I **don't** always **work** hard.)
Sen kebab sev**mezsin**.   (You **don't like** kebab.)
O her gün işe erken gel**mez**.   (He **doesn't come** to work early every day.)
Biz her yıl tatile git**meyiz**.   (We **don't go** on a holiday ever year.)
Siz her sabah parkta yürü**mezsiniz**. (You **don't walk** in the park every morning.)
Onlar İstanbul'da yaşa**maz**.   (They **don't live** in İstanbul.)

Questions

In order to make a yes / no question in simple present tense we use the suffix "**-mi, -mı, -mü , -mu**" after the suffix "**- r (-ir, -er)**" which is used to form affirmative sentences. Keep in mind that the question suffixes "**-mi, -mı, -mü , -mu**" is also followed by the suffixes regarding the subject of the sentence.

Ben her zaman çok çalışır **mıyım**?   (**Do** I always **work** hard?)

Sen kebab sever **misin**?   (**Do** you like kebab?)

O her gün işe erken gelir **mi**?   (**Does** he **come** to work early every day?)

Biz her yıl tatile gider **miyiz**?   (**Do** we **go** on a holiday ever year?)

Siz her sabah parkta yürür **müsünüz**? (**Do** you **walk** in the park every morning?)

Onlar İstanbul'da yaşar **mı**?   (**Do** they **live** in İstanbul?)

Present Simple (Geniş Zaman)

We can also form a question by using a question word -such as **"ne, ne zaman, nasıl, nerede, kim, neden (what, when, how, where, who, why)"**- in the beginning of an affirmative sentence.

Nasıl çalışırsın?	(**How** do you work?)
Kim kebab sever?	(**Who** loves kebab?)
Ne zaman gelir?	(**When** will he come?)

Usage

1) In Turkish present simple tense is used to describe repeated actions, permanent states, and general realities.

Ben her gün bir bardak süt içerim.
(I drink a glass of milk every day.)

Ali İstanbul'da yaşar.	(Ali lives in İstanbul.)
Güneş doğudan doğar.	(The sun rises from the east.)

2) The tense is also used to make a request or an offer.

Kapıyı kapatır mısın?   (Would you close the door?)

Bir bardak su içer misiniz? (Would you like to drink a glass of water?)

3) The tense can also be used to describe future actions or states.

Yarın Güneş'i ararım.   (I will call Güneş tomorrow.)

Haftaya İzmir'e dönerim. (I will return to İzmir next week.)

Listen and Repeat the Sentences

Ben her zaman çok çalışırım.	Ben her zaman çok çalışmam.	Ben her zaman çok çalışır mıyım?
Sen kebab seversin.	Sen kebab sevmezsin.	Sen kebab sever misin?
O her gün işe erken gelir.	O her gün işe erken gelmez.	O her gün işe erken gelir mi?
Biz her yıl tatile gideriz.	Biz her yıl tatile gitmeyiz.	Biz her yıl tatile gider miyiz?
Siz her sabah parkta yürürsünüz.	Siz her sabah parkta yürümezsiniz.	Siz her sabah parkta yürür müsünüz?
Onlar İstanbul'da yaşar.	Onlar İstanbul'da yaşamaz.	Onlar İstanbul'da yaşar mı?

Present Simple (Geniş Zaman)

WRITING TASK: *Write a paragraph about your dailt routines using "geniş zaman".*

Diyalog

 Listen to the Dialogue and Follow the Script

Eren: Günaydın. Benim adım Eren. Nasılsınız?

Sedef: Günaydın. Ben de Sedef. Siz nasılsınız?

Eren: Teşekkür ederim. Sizi burada sık görüyorum. Her gün parkta koş**ar** mı**sınız**?

Sedef: Evet, ben her gün koş**arım**. Ya siz?

Eren: Ben sadece hafta sonları koş**arım**. Hafta içi çok yoğun çalış**ırım** ama eşim sizin gibi her gün koş**ar**.

Sedef: Eşiniz spor yapmayı sev**er mi?**

Eren: Aslında o spor yapmayı çok sev**mez**. Yemek yemeyi çok sev**er**. O yüzden her gün spor yap**ar**.

Sedef: Anlıyorum. Umarım eşinizle tanış**ırız** çünkü ben de yemeyi sev**erim**.

Eren: Yarın saat sekizde birlikte buraya geliriz.

Sedef: O zaman yarın görüşürüz.

Eren: Görüşürüz.

Present Simple (Geniş Zaman)

Dialogue

Listen to the Dialogue and Follow the Translation

Eren: Good morning. My name is Eren. How are you?

Sedef: Good morning. I am Sedef. How are you?

Eren: Thank you. I often see you here. Do you run in the park every day?

Sedef: Yes, I run every day. What about you?

Eren: I only run on weekends. I work very hard in weekdays but my wife runs every day like you.

Sedef: Does your wife like doing sports?

Eren: In fact she doesn't like doing sports much but she likes eating. So she does sports every day.

Sedef: I see. I hope I meet your wife because I also love eating.

Eren: We will come here at eight o'clock tomorrow.

Sedef: See you tomorrow then.

Eren: See you.

Exercises

A) Fill in the gaps with the correct form of the verb.

Example: Ben her gün okula yürürüm (yürü).

1) Sen her akşam dişlerini _____ (fırçala).
2) Ahmet yemek _____ (pişir).
3) Onlar her yıl Almanya'ya _____ (git).
4) Davut sabahları spor _____ (yap).

B) Rewrite the sentences in <u>negative</u> form.

Example: Ben her gün okula yürümem (yürü).

1) Sen her akşam dişlerini _____ (fırçala).
2) Ahmet yemek _____ (pişir).
3) Onlar her yıl Almanya'ya _____ (git).
4) Davut sabahları spor _____ (yap).

C) Rewrite the sentences in <u>question</u> form.

Example: Ben her gün okula yürür müyüm? (yürü)?

1) Sen her akşam dişlerini _____ (fırçala)?
2) Ahmet yemek _____ (pişir)?
3) Onlar her yıl Almanya'ya _____ (git)?
4) Davut sabahları spor _____ (yap)?

Lesson 25

Rumor Present Simple (Geniş Zamanın Rivayeti)

In Turkish the **rumor present simple tense** is termed as a **compound tense (bileşik zaman)**. The tense is used to describe actions or states that are heard, transferred to the speaker. In other words the actions or states are not witnessed by the speaker.

Structure

Affirmative Sentences

The tense is formed by combining two different suffixes: **"- r (-ir, -er)"** and **"mış (-miş, -muş, - müş)"**. By adding both of these suffixes to the verb we form a sentence in **rumor simple present.** For this reason the tense is also classified under the term **"bileşik zaman"** which can be translated as **"compound tense"**. Keep in mind that the verb also takes another suffix regarding the subject of the sentence.

Ben her zaman çok **çalışırmışım.**

([They say that] I always **work** hard.)

Sen kebab **severmişsin.**

([They say that] You **like** kebab.)

O her gün işe erken **gelirmiş.**

([They say that] He **comes** to work early every day.)

Biz her yıl tatile **gidermişiz.**
([They say that] We **go** on a holiday ever year.)
Siz her sabah parkta **yürürmüşsünüz.**
([They say that] You **walk** in the park every morning.)
Onlar İstanbul'da **yaşarmış.**
([They say that] They **live** in İstanbul.)

Negative Sentences

A negative sentence is formed by combining two different suffixes: "**-mez (-maz)**" and "**mış (-miş, -muş, - müş)**". Keep in mind that the verb also takes another suffix regarding the subject of the sentence

Ben her zaman çok çalış**mazmışım.**
([They say that] I **don't** always **work** hard.)
Sen kebab sev**mezmişsin.**
([They say that] You **don't like** kebab.)
O her gün işe erken gel**mezmiş.**
([They say that] He **doesn't come** to work early every day.)
Biz her yıl tatile git**mezmişiz.**
([They say that] We **don't go** on a holiday ever year.)
Siz her sabah parkta yürü**mezmişsiniz.**
([They say that] You **don't walk** in the park every morning.)
Onlar İstanbul'da yaşa**mazmış.**
([They say that] They **don't live** in İstanbul.)

Rumor Present Simple (Geniş Zamanın Rivayeti)

Questions

In order to make a yes / no question in **rumor simple present tense** we combine the suffixes **"-mi, -mı, -mü , -mu"** and the suffix **"mış (-miş, -muş, - müş)"**. Keep in mind that the question suffixes are also followed by the suffixes regarding the subject of the sentence.

Ben her zaman çok çalışır **mıymışım?**

(**Do** I always **work** hard? [I am not sure about it.])

Sen kebab sever **miymişsin?**

(**Do** you **like** kebab? [I am not sure about it.])

O her gün işe erken gelir **miymiş?**

(**Does** he **come** to work early every day? [I am not sure about it.])

Biz her yıl tatile gider **miymişiz?**

(**Do** we **go** on a holiday ever year? [I am not sure about it.])

Siz her sabah parkta yürür **müymüşsünüz?**

(**Do** you **walk** in the park every morning? [I am not sure about it.])

Onlar İstanbul'da yaşar **mıymış?**

(**Do** they **live** in İstanbul? [I am not sure about it.])

We can also form a question by using a question word -such as **"ne, ne zaman, nasıl, nerede, kim, neden (what, when, how, where, who, why)"**- in the beginning of an affirmative sentence.

Nasıl çalışırmışsın?	(**How** do you work?)
Kim kebab severmiş?	(**Who** loves kebab?)
Ne zaman gelirmiş?	(**When** will he come?)

Usage

1) In Turkish **rumor present simple tense** is used to describe unwitnessed or heard repeated actions, permanent states, and general realities.

Demet her gün üç bardak süt i**çermiş**.

([They say that] Demet drinks a glass of milk every day.)

Norveç'de güneş aylarca batma**zmış**.

([They say that] Ali lives in İstanbul.)

2) The **rumor present simple tense** is also used to narrate stories.

O ülkede herkes mutlu yaş**armış**.

([They say that] Everybody **lives** happily in that land.)

Devler herkese saldırı**rmış**.

([They say that] The giants **attack** everyone.)

Keep in mind that the tense is also used to talk about heard or unwitnessed past states or habits.

Cemal gençken çok sigara i**çermiş**.

([They say that] Cemal used to smoke a lot.)

Askerler eskiden çok yür**ürmüş**.

([They say that] The soldiers used to walk a lot in the past.)

Rumor Present Simple (Geniş Zamanın Rivayeti)

Listen and Repeat the Sentences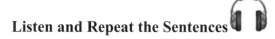

Ben her zaman çok çalışırmışım.	Ben her zaman çok çalışmazmışım.	Ben her zaman çok çalışır mıymışım?
Sen kebab severmişsin.	Sen kebab sevmezmişsin.	Sen kebab sever miymişin?
O her gün işe erken gelirmiş.	O her gün işe erken gelmezmiş.	O her gün işe erken gelir miymiş?
Biz her yıl tatile gidermişiz.	Biz her yıl tatile gitmezmişiz.	Biz her yıl tatile gider miymişiz?
Siz her sabah parkta yürürmüşsünüz.	Siz her sabah parkta yürümezmişsiniz.	Siz her sabah parkta yürür müymüşsünüz?
Onlar İstanbul'da yaşarmış.	Onlar İstanbul'da yaşamazmış.	Onlar İstanbul'da yaşar mıymış?

Diyalog

 Listen to the Dialogue and Follow the Script

Torun: Seninle sohbet etmek çok eğlenceli büyükanne. Bana bu gece hangi masalı anlatacaksın?

Büyükanne: Bu gece Kırmızı Başlıklı Kız masalını anlatacağım.

Torun: En sevdiğim masal bu! Her gece dinleyebilirim.

Büyükanne: O halde başlayalım. Bir zamanlar Kırmızı Başlıklı Kız adında bir küçük kız **yaşarmış**. Annesiyle birlikte yemekler ve pastalar **yaparmış**.

Torun: Büyükannesi de **var mıymış**?

Büyükanne: Evet. Kırmızı Başlıklı Kız'ın bir büyükannesi **varmış**. Ama o kendi evinde **yaşarmış**.

Torun: Büyükannesi kendi evinde yalnız mı **yaşarmış**?

Büyükanne: Evet. Büyükannesi ormanın içindeki kulübesinde yalnız **yaşarmış**. O yüzden Kırmızı Başlıklı Kız ona her gün yemekler **götürürmüş**. Bir gün Kırmızı Başlıklı Kız büyükannesine giderken yolda bir kurt görmüş. Bu kurt her gün Kırmızı Başlıklı Kız'ı **izlermiş** ve **beklermiş**.

Torun: Kurt neden Kırmızı Başlıklı Kız'ı **beklermiş** büyükanne?

Büyükanne: Çünkü kurt çok açmış. Kırmızı Başlıklı Kız'ın sepetinde yemekler olduğunu **düşünürmüş** ve onları yemek **istermiş**.

Torun: Peki ya sonra?

Dialogue

Listen to the Dialogue and Follow the Translation

Granddaughter: Chatting with you is so enjoyable, grandma. Which story are you going to tell me tonight?

Grandmother: I'm going to tell you Little Red Riding Hood tonight.

Granddaughter: It is my favorite story! I can listen to it every night.

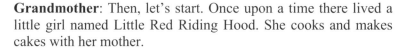

Grandmother: Then, let's start. Once upon a time there lived a little girl named Little Red Riding Hood. She cooks and makes cakes with her mother.

Granddaughter: Does she have a grandmother?

Grandmother: Yes, Little Red Riding Hood has a grandmother. However, she lives in her own house.

Granddaughter: Does her grandmother live alone in her house?

Grandmother: Yes. Her grandmother lives alone in her hut in the forest. So, Little Red Riding Hood brings her food every day. One day while Little Red Riding Hood is going to her grandmother, she meets a wolf on the way. This wolf watches and waits for Little Red Riding Hood every day.

Granddaughter: Why does the wolf wait for Little Red Riding Hood, grandma?

Grandmother: Because, he is very hungry. He thinks Little Red Riding Hood has foods in her basket and wants to eat them.

Granddaughter: And later?

Büyükanne: Kurt, Kırmızı Başlıklı Kız'ı durdurmuş ve ona ormanın karanlık olduğunu söylemiş ve başka yoldan gitmesini önermiş.

Torun: Kurt, Kırmızı Başlıklı Kız'ı **sever miymiş?**

Büyükanne: Elbette hayır! Ona bir oyun oynamış. Ondan önce büyükannesinin evine ulaşıp büyükannenin yerine geçmek istemiş.

Torun: Masalın sonunu biliyorum büyükanne. Kırmızı Başlıklı Kız büyükannesinin evine varmış ve yataktaki kurdu büyükannesi sanmış. Kurt Kırmızı Başlıklı Kız'a saldırmak istemiş ama cesur bir avcı gelip hem Kırmızı Başlıklı Kız'ı hem de büyükannesini kurtarmış.

Büyükanne: Ayrıca avcı kurda büyük bir ceza vermiş ve böylece masal da mutlu sonla bitmiş.

Rumor Present Simple (Geniş Zamanın Rivayeti)

Grandmother: The wolf stops Little Red Riding Hood, tells her that the forest is dark and suggests her to take another way.

Granddaughter: Does the wolf like Little Red Riding Hood?

Grandmother: Certainly not. He tricks on her. The wolf wants to get her grandmother's hut before Little Red Riding Hood and replace her grandmother.

Granddaughter: I know the end of the story, grandma. Little Red Riding Hood arrives in her grandmother's hut and she thinks the wolf in the bed is her grandmother. The wolf wants to attack Little Red Riding Hood but a brave hunter comes and saves both Little Red Riding Hood and her grandmother.

Grandmother: And the hunter punishes the wolf, then the story ends happily.

Exercises

A) Fill in the gaps with the correct form of the verb.

Example: Ben her gün okula yürürmüşüm (yürü).

1) Sen her akşam dişlerini _____ (fırçala).
2) Ahmet yemek _____ (pişir).
3) Onlar her yıl Almanya'ya _____ (git).
4) Davut sabahları spor _____ (yap).

B) Rewrite the sentences in <u>negative</u> form.

Example: Ben her gün okula yürümezmişim (yürü).

1) Sen her akşam dişlerini _____ (fırçala).
2) Ahmet yemek _____ (pişir).
3) Onlar her yıl Almanya'ya _____ (git).
4) Davut sabahları spor _____ (yap).

C) Rewrite the sentences in <u>question</u> form.

Example: Ben her gün okula yürür müymüşüm? (yürü)?

1) Sen her akşam dişlerini _____ (fırçala)?
2) Ahmet yemek _____ (pişir)?
3) Onlar her yıl Almanya'ya _____ (git)?
4) Davut sabahları spor _____ (yap)?

Lesson 26

Definite Past Tense (Bilinen Geçmiş Zaman)

In Turkish the simple past is divided into two categories. The first one is termed as the **definite past** tense which is used to describe actions or states that are certainly known or witnessed by the speaker. The second one is termed as the **indefinite past** which is used to describe actions or states that are heard or transferred by the speaker. (**Lesson 26** only covers the definite past tense. For more information about **indefinite past tense** please see **Lesson 27**.)

Bilinen Geçmiş Zaman (Definite Past Tense)

Structure

Affirmative Sentences

The definite past tense is formed by adding the suffix **"- di (-dı, -du, -dü -ti, -tı, -tu, -tü)"** to the verb. Keep in mind that the verb also takes another suffix regarding the subject of the sentence.

Ben dün çok **çalıştım.**   (I **worked** hard yesterday.)

Sen akşam kebab **yedin.**   (You **ate** kebab yesterday)

O geçen cuma işe erken **geldi.**   (He **came** to work early last Friday.)

Biz geçen yıl tatile **gittik.** (We **went** on a holiday last year.)

Siz dün sabah parkta **yürüdünüz.** (You **walked** in the park yesterday morning.)

Onlar İstanbul'dan ev **aldı.** (They **bought** a house in İstanbul.)

Negative Sentences

The negative sentences in definite past tense is formed by adding the suffix "**-me (-ma)**" to the verb. Keep in mind that the verb also takes another suffix regarding the subject of the sentence

Ben dün çok **çalışmadım.** (I **didn't work** hard yesterday.)

Sen akşam kebab ye**medin.** (You **didn't eat** kebab yesterday.)

O geçen cuma işe erken gel**medi.** (He **didn't come** to work early last Friday.)

Biz geçen yıl tatile git**medin.** (We **didn't go** on a holiday last year.)

Siz dün sabah parkta **yürümediniz.** (You **didn't walk** in the park yesterday morning.)

Onlar İstanbul'dan ev **almadı.** (They **didn't buy** a house in İstanbul.)

Questions

In order to make a yes / no question in definite past tense we use the suffix "**-mi, -mı, -mü , -mu**" at the end of the sentence.

Definite Past Tense (Bilinen Geçmiş Zaman)

Ben dün çok **çalıştım mı?**	(Did I **work** hard yesterday?)
Sen akşam kebab **yedin mi?**	(Did you **eat** kebab yesterday?)
O geçen cuma işe erken **geldi mi?**	(Did he **come** to work early last Friday?)
Biz geçen yıl tatile **gittik mi?**	(Did we go on a holiday last year?)
Siz dün sabah parkta **yürüdünüz mü?**	(Did you walk in the park yesterday morning?)
Onlar İstanbul'dan ev **aldı mı?**	(Did they buy a house in İstanbul?)

We can also form a question by using a question word -such as **"ne, ne zaman, nasıl, nerede, kim, neden (what, when, how, where, who, why)"**- in the beginning of an affirmative sentence.

Nasıl çalıştın?	(**How** did you work?)
Kim kebab yedi?	(**Who** ate kebab?)
Ne zaman geldin?	(**When** did you come?)
Nereye gittin?	(**Where** did you go?)
Neden geri döndün?	(**Why** did you return?)
Hangi arabayı aldın?	(**Which** car did you buy?)

Usage

1) In Turkish definite past tense is used to describe <u>definite completed actions or states</u> that happened in the past.

Dün markete gittim. (I went to the supermarket yesterday.)
Dilvin geçen yıl İzmir'e taşındı.
(Dilvin moved to İzmir last year.)
Sen bu filmi geçen hafta izledin.
(You watched this movie last week.)
Cem ve İsa dün gece futbol oynadı.
(Cem and İsa played football last night.)

Listen and Repeat the Sentences

Ben dün çok çalıştım.	Ben dün çok çalış**madım**.	Ben dün çok çalıştım **mı?**
Sen akşam kebab **yedin**.	Sen akşam kebab ye**medin**.	Sen akşam kebab yedin **mi?**
O geçen cuma işe erken **geldi**.	O geçen cuma işe erken gel**medi**.	O geçen cuma işe erken geldi **mi?**
Biz geçen yıl tatile **gittik**.	Biz geçen yıl tatile git**medin**.	Biz geçen yıl tatile gittik **mi?**
Siz dün sabah parkta **yürüdünüz**.	Siz dün sabah parkta yürü**mediniz**.	Siz dün sabah parkta **yürüdünüz mü?**
Onlar İstanbul'dan ev **aldı**.	Onlar İstanbul'dan ev al**madı**.	Onlar İstanbul'dan ev aldı **mı?**

Definite Past Tense (Bilinen Geçmiş Zaman)

WRITING TASK: *Write a paragraph about your last weekend or last summer holiday, using "bilinen geçmiş zaman".*

Diyalog

 Listen to the Dialogue and Follow the Script

Melih: Merhaba Selin, nasılsın?

Selin: İyiyim, sen nasılsın?

Melih: Ben de iyiyim. Dün akşam Yasemin'in doğumgününe gittiniz mi?

Selin: Evet ben ve kardeşim birlikte gittik. Sen geldin mi?

Melih: Hayır ben gelmedim. Misafirlerimiz vardı.

Selin: Çok şey kaçırdın. Hepimiz çok eğlendik.

Melih: Gerçekten mi? Ne giydiniz?

Selin: Ben açık mavi bir elbise ve beyaz ayakkabı giydim. Kardeşim de koyu yeşil bir elbise giydi.

Melih: Neler yaptınız partide?

Selin: Erdem ve Mert de geldi. Birlikte dans ettik. Yasemin ve eşine bir sürpriz yaptık ve onlara güzel bir hediye aldık.

Melih: Çok üzgünüm, keşke ben de orada olsaydım.

Selin: Üzülme. Gelecek hafta sonu buluşacağız.

Melih: Peki, aramanı bekleyeceğim. Görüşürüz Selin.

Selin: Görüşürüz.

Definite Past Tense (Bilinen Geçmiş Zaman)

Dialogue

Listen to the Dialogue and Follow the Translation

Melih: Hi Selin. How are you?

Selin: I am fine. How are you?

Melih: I am fine, too. Did you go to Yasemin's birthday party last night?

Selin: Yes, my sister and I went together. Did you come?

Melih: No, I didn't come. We had company.

Selin: You missed lots of things. We all had a lot of fun.

Melih: Really? What did you wear?

Selin: I wore a light blue dress and white shoes. My sister wore a dark green dress.

Melih: What did you wear in the wedding?

Selin: Erdem and Mert came too. We danced together. We made a surprise to Yasemin and her husband and bought a beautiful present.

Melih: I am so sorry. I wish I was there.

Selin: Don't be sorry. We will meet next weekend. I will call you, too.

Melih: Okay I will wait for your call. See you Selin.

Selin: See you.

Exercises

A) Fill in the gaps with the correct form of the verb.

Example: Ben dün okula yürüdüm (yürü).

1) Sen dün akşam dişlerini _____ (fırçala).
2) Ahmet geçen hafta yemek _____ (pişir).
3) Onlar geçen yıl Almanya'ya _____ (git).
4) Davut geçen cuma spor _____ (yap).

B) Rewrite the sentences in <u>negative</u> form.

Example: Ben dün okula yürümedim (yürü).

1) Sen dün akşam dişlerini _____ (fırçala).
2) Ahmet geçen hafta yemek _____ (pişir).
3) Onlar geçen yıl Almanya'ya _____ (git).
4) Davut geçen cuma spor _____ (yap).

C) Rewrite the sentences in <u>question</u> form.

Example: Ben dün okula yürüdüm mü? (yürü).

1) Sen dün akşam dişlerini _____ (fırçala)?
2) Ahmet geçen hafta yemek _____ (pişir)?
3) Onlar geçen yıl Almanya'ya _____ (git)?
4) Davut geçen cuma spor _____ (yap)?

Lesson 27

Indefinite Past Tense (Öğrenilen Geçmiş Zaman)

In Turkish the simple past is divided into two categories. As explained in lesson 26 the **definite past** tense which is used to describe actions or states that are certainly known or witnessed by the speaker. However, the **indefinite past** is used to describe actions or states that are heard or transferred by the speaker. (**Lesson 27** only covers the indefinite past tense. For more information about **definite past tense** please see **Lesson 26**.)

Öğrenilen Geçmiş Zaman (Indefinite Past Tense)

Usage

1) In Turkish indefinite past tense is used to describe **indefinite completed actions or states** that happened in the past. Therefore it can be said that a sentence in indefinite past tense expresses a doubt or uncertainty.

Kediler mutfağa gir**miş**.   (The cats have entered the kitchen- but we don't know when they did exactly.)

Arkadaşlarım dün markete git**mi**şler. (My friends went to supermarket – but I learnt this later.)

Meral geçen yıl İzmir'e taşın**mış**.   (Meral moved to İzmir last year- I've just heard this.)

Eve geldikten sonra saatlerce uyu**muş**um.
(I slept for hours after I had got home- I could realize this later.)

Yemek çok lezzetliy**miş**.
(The meal is very delicious – but I didn't think it was so or I have just discovered it is delicious.)

Structure

Affirmative Sentences

The indefinite past tense is formed by adding the suffix "- **miş (-mış, -muş, -müş)**" to the verb. Keep in mind that the verb also takes another suffix regarding the subject of the sentence.

Ben yemeğe çok tuz **koymuşum**. (I **added too much** salt to the meal – **by mistake)**

Sen akşam kebab **yemişsin**. (You **ate** kebab yesterday. I didn't see you while you were eating but I've learnt it.)

O geçen cuma işe erken **gelmiş**. (He **came** to work early last Friday. I didn't see him that day but I heard it later.)

Biz dün geç kalk**mışız**. (We **got up** late yesterday. We realized this later)

Siz bu filmi izle**mişsiniz**. (You've **seen** this film. I've just learnt this or you didn't realize that you had seen it before.)

Onlar İstanbul'dan ev al**mış**. (They **bought** a house in İstanbul. I've just learnt this.)

Negative Sentences

The negative sentences in indefinite past tense is formed by adding the suffix **"-me (-ma)"** to the verb. Keep in mind that the verb also takes another suffix regarding the subject of the sentence.

Ben dün çok **çalışmadım.** yesterday.) (I **didn't work** hard

Sen akşam kebab **yemedin.** yesterday.) (You **didn't eat** kebab

O geçen cuma işe erken **gelmemiş.** (He **didn't come** to work early last Friday. I've just learnt this.)

Biz dün geç kalk**mamışız.** (We **didn't get up** yesterday. We realized this later)

Siz bu filmi izle**memişsiniz.** (You **haven't seen** this film. I've just learnt this or you didn't realize that you hadn't seen it before.)

Onlar İstanbul'dan ev al**mamış.** (They **didn't buy** a house in İstanbul. I've just learnt this.)

Questions

In order to make a yes / no question in indefinite past tense we use the suffix **"-mi, -mı, -mü , -mu"** after the verb. Keep in mind that the verb also takes another suffix regarding the subject of the sentence.

Ben yemeğe çok tuz **koymuş muyum?** (Did I add too much salt to the meal? I'm not sure of myself.)

Sen akşam kebab **yemiş misin?** (Did you eat kebab yesterday? I have doubts about this because I didn't witness.)

O geçen cuma işe erken **gelmiş mi?** (Did he come to work early last Friday? I have doubts about this because I didn't witness.)

Biz dün geç **kalkmış mıyız?** (Did we get up late yesterday? We have still doubts about this)

Siz bu filmi izle**miş misiniz?** (Have you seen this film? Are you sure about this?)

Onlar İstanbul'dan ev al**mışlar mı?** (Did they buy a house in İstanbul? I have doubts about this because I didn't witness.)

We can also form a question by using a question word -such as **"ne, ne zaman, nasıl, nerede, kim, neden (what, when, how, where, who, why)"**- in the beginning of an affirmative sentence.

Nasıl çalışmış?   (**How** did she work?)

Kim kebab yemiş?   (**Who** ate kebab?)

Ne zaman gelmiş?   (**When** did he come?)

Nereye gitmiş?   (**Where** did he go?)

Neden geri dönmüş?   (**Why** did she return?)

Hangi arabayı almış?   (**Which** car did he buy?)

Indefinite Past Tense (Öğrenilen Geçmiş Zaman)

Listen and Repeat the Sentences

Ben yemeğe çok tuz **koymuşum**.	Ben yemeğe çok tuz **koymamışım**.	Ben yemeğe çok tuz **koymuş muyum**?
Sen akşam kebap **yemişsin**.	Sen akşam kebap **yememişsin**.	Sen akşam kebap **yemiş misin**?
O geçen cuma işe erken **gelmiş**.	O geçen cuma işe erken **gelmemiş**.	O geçen cuma işe erken **gelmiş mi**?
Biz dün geç kalk**mışız**.	Biz dün geç **kalkmamışız**.	Biz dün geç **kalkmış mıyız**?
Siz bu filmi izle**mişsiniz**?	Siz bu filmi **izlememişsiniz**.	Siz bu filmi **izlemiş misiniz**?
Onlar İstanbul'dan ev al**mış**.	Onlar İstanbul'dan ev **almamış**.	Onlar İstanbul'dan ev **almış mı**?

♦ *Beşir Kitabevi*

Diyalog

Listen to the Dialogue and Follow the Script

Polis memuru: Neler oluyor? Bu kalabalık neden burada?

Vatandaş: Bir trafik kazası olmuş memur bey.

Polis memuru: Ne zaman olmuş? Bilen var mı?

Vatandaş: Sanırım yarım saat önce olmuş. Şu kırmızı kamyon hızlı gidiyormuş, önüne çıkan otomobili görememiş.

Polis memuru: Çok hızlı olduğu için de duramamış, öyle mi?

Vatandaş: Evet, öyle olmuş.

Polis memuru: Pekala, kazayı bana anlatır mısınız?

Vatandaş: Ben görmedim ama sesi duydum. Kamyon sürücüsü yaralanmış. Ambulans çağırmışlar ve hastaneye götürmüşler.

Polis memuru: Kazayı doğrudan gören hiç kimse var mı burada?

Vatandaş: Hiçkimse görmemiş ama bence otomobil sürücüsü de hatalıydı. Sanırım yola çıkmadan önce alkol almış.

Polis memuru: Alkol almış mı? Nerden biliyorsun bunu? Adamın yanında mıydın? Anlaşıldı. Olayı doğrudan gören hiç kimse yok. Peki, ifade vermek için birkaç kişi benimle gelsin. Diğerleri dağılabilirler.

Indefinite Past Tense (Öğrenilen Geçmiş Zaman)

Dialogue

Listen to the Dialogue and Follow the Translation

Police officer: What's wrong there? Why are all these people here?

Citizen: (They say that) A traffic accident happened, officer.

Police officer: When did it happen? Is there anyone who knows?

Citizen: I think, it happened half an hour ago. (They say that) That red truck was going fast, so the driver didn't see the car.

Police officer: It couldn't stop because of being too fast. Is it right?

Citizen: Yes, it happened as you said.

Police officer: Well, can you tell me about the accident?

Citizen: I didn't see it but I heard the noise. (They say that) The truck driver got injured. They called the ambulance and took him to the hospital.

Police officer: Is there anyone here who saw the accident directly?

Citizen: Nobody saw it but I think the car driver was at fault as well. I think, he had drunk alcohol before he took out.

Police officer: Had he drunk alcohol? How do you know this? Were you with him? I see. There is nobody who saw the accident directly. Now, some of you will come with me for the official report. The others can go.

Exercises

A) Fill in the gaps with the correct form of the verb.

Example: Ben yanlış numarayı aramışım. (ara)

1) Sen dün akşam dişlerini _____ (fırçala).
2) Yeliz geçen hafta yemek _____ (pişir).
3) Onlar geçen yıl Almanya'ya _____ (git).
4) Biz geçen cuma spor _____ (yap).

B) Rewrite the sentences in <u>negative</u> form.

Example: Ben yanlış numarayı aramamışım (ara).

1) Sen dün akşam dişlerini _____ (fırçala).
2) Yeliz geçen hafta yemek _____ (pişir).
3) Onlar geçen yıl Almanya'ya _____ (git).
4) Biz geçen cuma spor _____ (yap).

C) Rewrite the sentences in <u>question</u> form.

Example: Ben yanlış numarayı <u>aramış mıyım?</u> (ara).

1) Sen dün akşam dişlerini _____ (fırçala)?
2) Yeliz geçen hafta yemek _____ (pişir)?
3) Onlar geçen yıl Almanya'ya _____ (git)?
4) Biz geçen cuma spor _____ (yap)?

Lesson 28

Past form of Verb To Be -was / were (Geçmiş Zamanda Olmak)

In Turkish in order to use verb to be in the past **(was / were)** we use different suffixes after a verbal noun or adjective. The suffixes change regarding the subject of the sentence. The vowels of the suffixes may also change according to the **vowel harmony rule.** For more information about the **vowel harmony rule** please check the appendix.

Structure (Positive Sentences)

First Person Singular	First Person Plural
noun/adjective + (y) + **dim** (-dım, -düm, -dum)	noun/adjective + (y) + **duk** (-dik, -duk, -dük)
(Ben) doktor**dum**. I **was** a doctor.	(Biz) doktor**duk**. We **were** doctors.
(Ben) mutlu**ydum**. I **was** happy.	(Biz) mutlu**yduk**. We **were** happy.
Second Person Singular	**Second Person Plural**
noun /adjective + **din** (-dın, -dün, -dun)	noun/adjective + **diniz** (dınız, dünüz, dunuz)
(Sen) doktor**sun**. You **were** a doctor.	(Siz) doktor**dunuz**. You **were** doctors.
(Sen) mutlu**sun**. You **were** happy.	(Siz) mutlu**ydunuz**. You **were** happy.

Third Person Singular	Third Person Plural
noun/adjective + **di** (dı, du, dü)	noun/adjective + **diler** (-dılar, -dular, -düler)
(O) doktor(du). He **was** a doctor.	(Onlar) doktor**dular**. They **were** doctors.
(O) mutlu(dur). He **was** happy.	(Onlar) mutlu**ydular**. They **were** happy.

In order to form a negative sentence we use the word **'değil'** and add the personal suffix after this word.

Structure (Negative Sentences)

First Person Singular	First Person Plural
noun/adjective + **değil** + **dim**	noun/adjective + **değil** + **dik**
(Ben) polis **değildim**. I **was not** a policeman.	(Biz) polis **değildik**. We **were not** policemen.
(Ben) üzgün **değildim**. I **was not** sad.	(Biz) üzgün **değildik**. We **were not** sad.
Second Person Singular	**Second Person Plural**
noun /adjective + **değil**+ **din**	noun/adjective + **değil** + **diniz**
(Sen) polis **değildin**. You **were not** a policeman	(Siz) polis **değildiniz**. You **were not** policemen.
(Sen) üzgün **değildin**. You **were not** sad.	(Siz) üzgün **değildiniz**. You **were not** sad.
Third Person Singular	**Third Person Plural**
noun/adjective + **değil** + **di**	noun/adjective + **değil** + **diler**
(O) polis **değildi**. He **was not** a policeman.	(Onlar) polis **değildiler**. They **were not** policemen.
(O) üzgün **değildi**. He **was not** sad.	(Onlar) üzgün **değildiler**. They **were not** sad.

Past form of Verb To Be -was / were (Geçmiş Zamanda Olmak)

In order to form a question we use the following suffixes: 'mi, mı, mu, mü' after the verb. We also add different suffixes to the suffixes above to form a question.

Structure (Questions)

First Person Singular	First Person Plural
noun/adjective + **mi (mı, mu, mü)** + (y)+ **dim (dım, düm, dum)**	noun/adjective + **mi (mı, mu, mü)** + (y) + **dik (-dık, dük, duk)**
(Ben) öğretmen **miydim? Was** I a teacher?	(Biz) öğretmen **miydik? Were** we teachers?
(Ben) uykulu **muydum? Was** I sleepy?	(Biz) uykulu **muyduk? Were** we sleepy?
Second Person Singular	**Second Person Plural**
noun/adjective + **mi (mı, mu, mü)** + (y)+ **din (dın, dün, dun)**	noun/adjective + **mi (mı, mu, mü)** + (y)+ **diniz (dınız, dünüz, dunuz)**
(Sen) öğretmen **misin? Were** you a teacher?	(Siz) öğretmen **misiniz? Were** you teachers?
(Sen) uykulu **musun? Were** you sleepy?	(Siz) uykulu **musunuz? Were** you sleepy?
Third Person Singular	**Third Person Plural**
noun/adjective + **mi (mı, mu, mü)** + (y)+ **di (dı, dü, du)**	noun/adjective + **mi (mı, mu, mü)** + (y)+ **di (dı, dü, du)**
(O) öğretmen **miydi? Was** he a teacher?	(Onlar) öğretmen **miydi? Were** they teachers?
(O) uykulu **muydu? Was** he sleepy?	(Onlar) uykulu **muydu? Were** they sleepy?

♦*Beşir Kitabevi*

Diyalog

 Listen to the Dialogue and Follow the Script

Osman: Bu kim?

Canan: O benim büyük babam. On yıl önce öldü.

Osman: Başın sağ olsun. Üniforması çok güzel. Asker **miydi**?

Canan: Hayır asker değil**di**. O çok ünlü bir avuka**ttı**.

Osman: Gerçekten mi? Tıpkı senin gibi! Sen de avukat**tın**.

Canan: Evet ama ben iki yıl önce istifa ettim. Bak bu benim annem. İzmir'de çekildi bu resim.

Osman: Çok mutlu**ydun** sanırım. Çok güzel bir gülümseme var yüzünde.

Canan: Evet, İzmir'de çok mutlu**ydum**. Aslında hepimiz çok mutlu**yduk**.

Osman: Tıpkı bizim gibi. Biz de Ankara'da çok mutlu**yduk**. İstanbul çok yorucu bir şehir.

Canan: Evet, gerçekten öyle!

Dialogue

Listen to the Dialogue and Follow the Translation

Osman: Who is this?

Canan: This is my grandfather. He died ten years ago.

Osman: I am sorry for your loss. His uniform is very nice. **Was** he a soldier?

Canan: No, he **was not** a soldier. He **was** a very famous lawyer.

Osman: Really? Just like you! You **were** a lawyer, too.

Canan: Yes, but I resigned two years ago. Look, this is my mother. This picture was taken in İzmir.

Osman: You **were** very happy I guess. You have a beautiful smile on your face.

Canan: Yes, I **was** very happy in İzmir. In fact, we **were** all very happy.

Osman: Just like us. We **were** very happy in Ankara, too. İstanbul is a tiring city.

Canan: Yes, it really is!

Exercises

A) Fill in the blanks with the correct letters.

Example: Ben <u>avukattım</u>. (avukat)   Biz <u>açtık</u>. (aç)

1) Sen ö____n. (öğrenci)
2) Siz i____z. (işçi)
3) O s___i. (sinirli)

Example: Ben <u>çiftçi değildim</u>. (çiftçi)   Biz <u>çalışkan değildik</u>. (çalışkan)

4) Sen z____ d____ (zayıf)
5) Siz ş____ d____ (şişman)
6) O a____ d____ (asker)

Example: Ben <u>hasta mıydım?</u> (hasta)   Onlar yaşlı mıydı? (yaşlı)

7) Sen p____ m____? (pilot)
8) Siz ş____ m____? (şoför)
9) O d____ m____? (deneyimli)

Lesson 29

Past Continuous Tense (Şimdiki Zamanın Hikayesi)

Structure

Affirmative Sentences

The **past continuous** is formed by combining two suffixes: "**- (i / ı / u / ü) yor**" and "**-du**.  The first suffix is used for the **present continuous** and the second one is used for the **definite past tense**. By adding both of these suffixes to the verb we form a sentence in **past continuous**. For this reason the tense is also classified under the term **"bileşik zaman"** which can be translated as **"compound tense"**. Keep in mind that the verb also takes another suffix regarding the subject of the sentence

Ben eve bak**ıyordum**.	(I **was** look**ing** at the house.)
Sen İzmir'e gel**iyordun**.	(You **were** com**ing** to İzmir.)
O parkta koş**uyordu**.	(He **was** runn**ing** in the park.)
Biz ormanda yür**üyoruz**.	(We **were** walk**ing** in the forest.)
Siz patates y**iyordunuz**.	(You **were** eat**ing** potatoes.)
Onlar araba al**ıyordu**.	(They **were** buy**ing** a car.)

♦ *Beşir Kitabevi*

Negative Sentences

The negative sentences in past continuous is formed by adding the suffix "- **(mi / mı / mu / mü) yor**" to the verb. Keep in mind that the verb also takes another suffix regarding the subject of the sentence

Ben eve bak**mıyordum**.	(I was **not** looking at the house.)
Sen İzmir'e gel**miyordun**.	(You were **not** coming to İzmir.)
O parkta koş**muyordu**.	(He was **not** running in the park.)
Biz ormanda yürü**müyorduk**.	(We were **not** walking in the forest.)
Siz patates y**emiyordunuz**.	(You were **not** eating potatoes.)
Onlar araba al**mıyordu**.	(They were **not** buying a car.)

Questions

In order to make a **yes / no question** in past continuous tense we use the suffixes "**-mu**" and "**-du**" after the suffix "- **(i / ı / u / ü) yor**" which is used to form affirmative sentences. Keep in mind that the question suffixes " **-mu**" and "**-du**" are also followed by the suffix regarding the subject of the sentence.

Ben eve bakıyor **muydum**?	(**Was** I looking at the house?)
Sen İzmir'e geliyor **muydun**?	(**Were** you coming to İzmir?)
O parkta koşuyor **muydu**?	(**Was** he running in the park?)
Biz ormanda yürüyor **muyduk**?	(**Were** we walking in the forest?)
Siz patates yiyor **muydunuz**?	(**Were** you eating potatoes?)

Past Continuous Tense (Şimdiki Zamanın Hikayesi)

Onlar araba alıyor **muydu**? (**Were** they buy**ing** a car?)

We can also form a question by using a question word -such as "**ne, ne zaman, nasıl, nerede, kim, neden (what, when, how, where, who, why)**"- in the beginning of an affirmative sentence.

Nereye bakıyord**um**?	(**Where** was I looking?)
Nasıl geliyor**dun**?	(**How** were you coming?)
Kim koşuyordu?	(**Who** was running?)
Neden yürüyorduk?	(**Why** were we walking?)
Ne yiyordunuz?	(**What** were you eating?)

Usage

1) In Turkish **past continuous** tense is used to describe an ongoing action in the past.

Ben **dün gece saat 10 ile 11 arasında ders çalışıyordum.**

(Last night I **was studying between 10 and 11 o'clock.**)

Sen dün akşam televizyon izliyordun.

(You **were watching T.V. yesterday evening.**)

Bebek yarım saat önce odada **uyuyordu.**

(The baby **was sleeping** in the room **half an hour ago**.)

Listen and Repeat the Sentences

Ben eve bakıyordum.	Ben eve bakmıyordum.	Ben eve bakıyor muydum?
Sen İzmir'e geliyordun.	Sen İzmir'e gelmiyordun	Sen İzmir'e geliyor muydun?
O parkta koşuyordu.	O parkta koşmuyordu.	O parkta koşuyor muydu?
Biz ormanda yürüyorduk.	Biz ormanda yürümüyorduk.	Biz ormanda yürüyor muyduk?
Siz patates yiyordunuz.	Siz patates yemiyordunuz.	Siz patates yiyor muydunuz?
Onlar araba alıyordu.	Onlar araba almıyordu.	Onlar araba alıyor muydu?

WRITING TASK: Write at least ten sentences in "şimdiki zamanın hikayesi". Try to use all forms of a sentence (affirmative, negative and question form).

Diyalog

 Listen to the Dialogue and Follow the Script

Tülay: Çocuklar! Mutfaktaki bardakları kim kırdı?

Mustafa: Bilmiyorum. Ben televizyon izliyordum. Beliz de odasında televizyon izliyordu.

Tülay: Beliz matematik çalışmıyor muydu?

Mustafa: Hayır anne, televizyon izliyordu ve arkadaşlarıyla sohbet ediyordu.

Tülay: Tamam. Bu kadar yeter. Son kez soruyorum. Bardakları kim kırdı?

Mustafa: Tamam anne doğruyu söyleyeceğim. Ben ve Beliz sandviç yapıyorduk. Beliz bana kızdı ve beni itti. Elim bardaklara çarptı ve hepsi kırıldı.

Tülay: Gerçekten sandviç mi yapıyordunuz? Acıktınız demek. Peki, sizi affettim o zaman.

Mustafa: Teşekkürler anne.

Past Continuous Tense (Şimdiki Zamanın Hikayesi)

Dialogue

Listen to the Dialogue and Follow the Translation

Tülay: Kids! Who broke the glasses in the kitchen?

Mustafa: I don't know. I was watching T.V and Beliz was watching T.V.

Tülay: Wasn't she studying math?

Mustafa: No, mom. She was watching television and chatting with her frineds.

Tülay: Okay, this is enough. I am asking for the last time. Who broke the glasses?

Mustafa: Okay mother. I will tell you the truth. I and Beliz were making a sandwich. Beliz got mad and pushed me. My hand hit the glasses and they all broke.

Tülay: Were you really making a sandwich? You got hungry then. Okay, I forgive you then. Let's make some sandwiches together.

Mustafa: Thank you mother.

Exercises

A) Fill in the gaps with the correct form of the verb.

Example: Ben dün okula yürüyordum (yürü).

1) Sen dün gece araba _____ (sür).
2) Ahmet yemek _____ (pişir).
3) Şafak ve Funda geçen yıl _____ (gez).
4) Annem geçen hafta parkta spor _____ (yap).

B) Rewrite the sentences in <u>negative</u> form.

Example: Ben dün okula yürümüyordum (yürü).

1) Sen dün gece araba _____ (sür).
2) Ahmet yemek _____ (pişir).
3) Şafak ve Funda geçen yıl _____ (gez).
4) Annem geçen hafta parkta spor _____ (yap).

C) Rewrite the sentences in <u>question</u> form.

Example: Ben dün okula yürüyor muydum (yürü)?

1) Sen dün gece araba _____ (sür)?
2) Ahmet yemek _____ (pişir)?
3) Şafak ve Funda geçen yıl _____ (gez)?
4) Annem geçen hafta parkta spor _____ (yap)?

Lesson 30

Story Present Simple / Used To (Geniş Zamanın Hikayesi)

In order to express **"used to"** in Turkish we use the **compound tense "story present simple"**. The tense combines the suffixes of definite simple past and the simple present.

Structure

Affirmative Sentences

The tense is formed by combining two different suffixes: **"- r (-ir, -er)"** and **"-di (-dı, -du, -dü)"** By adding both of these suffixes to the verb we form a sentence in **story present simple**. For this reason the tense is also classified under the term **"bileşik zaman"** which can be translated as **"compound tense"**. Keep in mind that the verb also takes another suffix regarding the subject of the sentence.

Ben her zaman çok **çalışırdım**.

(I always **used to work** hard.)

Sen kebab **severdin**.

(You **used to like** kebab.)

O her gün işe erken **gelirdi**.

(He **used to come** to work early every day.)

Biz her yıl tatile **giderdik**.

(We **used to go** on a holiday ever year.)

Siz her sabah parkta **yürürdünüz.**

(You **used to walk** in the park every morning.)

Onlar İstanbul'da **yaşardı.**

(They **used to live** in İstanbul.)

Negative Sentences

A negative sentence in **story present simple** is formed by combining two different suffixes: **"-mez (-maz)"** and **"-di (-dı)"** Keep in mind that the verb also takes another suffix regarding the subject of the sentence

Ben çok çalış**mazdım.**

(I **didn't use to work** hard.)

Sen kebab sev**mezdin.**

(You **didn't use to like** kebab.)

O her gün işe erken gel**mezdi.**

(He **didn't use to come** to work early every day.)

Biz her yıl tatile git**mezdik.**

(We **didn't use to go** on a holiday ever year.)

Siz her sabah parkta yürü**mezdiniz.**

(You **didn't use to walk** in the park every morning.)

Onlar İstanbul'da yaşa**mazdı.**

(They **didn't use to live** in İstanbul.)

Questions

In order to make a yes / no question in **story present simple** we combine the suffixes **"-mi, (-mı, -mu, -mü)"** and the suffix **"di (-dı, -du, dü)"** Keep in mind that the question suffixes are also followed by the suffixes regarding the subject of the sentence.

Ben - çok çalışır **mıydım**?
(**Did** I **use to** work hard?)
Sen kebab sever **miydin**?
(**Did** you **use to like** kebab?)
O her gün işe erken gelir **miydi**?

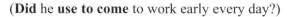

(**Did** he **use to come** to work early every day?)
Biz her yıl tatile gider **miydiniz**?
(**Did** we **use to go** on a holiday ever year?)
Siz her sabah parkta yürür **müydünüz**?
(**Did** you **use to walk** in the park every morning?)
Onlar İstanbul'da yaşar **mıydı**?
(**Did** they **use to live** in İstanbul?)

We can also form a question by using a question word -such as **"ne, ne zaman, nasıl, nerede, kim, neden (what, when, how, where, who, why)"**- in the beginning of an affirmative sentence.

Nasıl çalışırdın?   (**How** did you use to work?)
Kim kebab severdi?   (**Who** used to love kebab?)
Ne zaman gelirdi?   (**When** did he use to come?)

Usage

1) The tense is used to describe old habits or permanent states in the past.

Demet çocukken her gün bir bardak süt **içerdi.**

(Demet **used to drink** a glass of milk every day when she was a child..)

Cemal çok sigara **içerdi.**

(Cemal **used to smoke** a lot.)

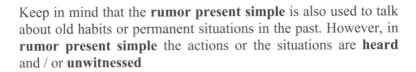

Ali eskiden İzmir'de **yaşardı.**

(Ali **used to live** in İzmir.)

Keep in mind that the **rumor present simple** is also used to talk about old habits or permanent situations in the past. However, in **rumor present simple** the actions or the situations are **heard** and / or **unwitnessed**

Cemal çok sigara **içermiş.**

([They say that] Cemal **used to smoke** a lot.)

Askerler eskiden çok yürü**rmüş.**

([They say that] The soldiers used to walk a lot in the past.)

Listen and Repeat the Sentences

Ben her zaman çok **çalışırdım.**	Ben her zaman çok **çalışmazdım.**	Ben her zaman çok çalışır **mıydım?**
Sen kebab **severdin.**	Sen kebab sev**mezdin.**	Sen kebab sever **miydin?**
O her gün işe erken **gelirdi.**	O her gün işe erken gel**mezdi.**	O her gün işe erken gelir **miydi?**
Biz her yıl tatile **giderdik.**	Biz her yıl tatile git**mezdik.**	Biz her yıl tatile gider **miydik?**
Siz her sabah parkta **yürürdünüz.**	Siz her sabah parkta yürü**mezdiniz.**	Siz her sabah parkta yürür **müydünüz?**
Onlar İstanbul'da **yaşardı.**	Onlar İstanbul'da yaşa**mazdı.**	Onlar İstanbul'da yaşar **mıydı?**

Diyalog

 Listen to the Dialogue and Follow the Script

Dede: Sana askerlik anılarımı anlattım mı daha önce?

Torun: Hayır dedecim anlatmadın. Daha önce hiç gençlik yıllarınla ilgili konuşmadık.

Dede. Öyleyse dinle. Sene 1960. O zamanlar ben, annem, babam ve iki kız kardeşim Ankara'da **yaşardık**. Ankara denize uzak olduğu için denizi çok **merak ederdim** ve deniz kenarında yaşamak **isterdim**. Şanslıydım ve askerlik için İzmir'e gittim.

Torun: O zamanlar neyle seyahat ederdiniz dede?

Dede: O yıllarda insanlar daha çok trenle **seyahat ederlerdi**.

Torun: Peki askerde neler **yapardın** dedecim?

Dede: Askerdeyken çok erken **kalkardık**. Sonra kahvaltı **yapardık** ve her sabah 2 kilometre **koşardık**. Benim o zamanlar bir mesleğim olmadığından temizlik **yapardım**. Bütün gün önce bahçeyi sonra da binanın yerlerini **temizlerdim**.

Torun: Tuvaletleri de **temizler miydin**?

Dede: Hayır, tuvaletleri **temizlemezdim**. Tuvaletleri temizlemek bir cezaydı ve tuvaletleri kurallara uymayanlar **temizlerdi**.

Torun: Sen kurallara uyar mıydın dede?

Dede: Evet kızım, ben kurallar **uyardım** ve başımı belaya **sokmazdım**.

Dialogue

Listen to the Dialogue and Follow the Translation

Grandfather: Have I told you my army memories before?

Grandson: No you haven't grandpa. We have never talked about your youth.

Grandfather: Then listen to me. It was 1960. In those days I, my mother, my father and my two sisters used to live in Ankara. Since Ankara is far from the sea, I always used to wonder the sea and wanted to live by it. I was lucky and I went to Izmir for my military service.

Grandson: How did you use to travel in those times, grandpa?

Grandfather: People used to travel by train in those years.

Grandson: And what did you use to do in the army, grandpa?

Grandfather: When I was in the army, we used to get up very early. Then, we used to have breakfast and run 2 kilometers every morning. I didn't have a certain job in those times so I used to do **the** cleaning. I used to clean the garden **first**, and then I used to clean **the** building's ceiling all day.

Grandson: Did you use to clean the toilets, too?

Grandfather: No, I didn't clean the toilets. Cleaning toilets was a punishment and only the ones who didn't obey the rules used to clean them.

Grandson: Did you obey the rules, grandpa?

Grandfather: Yes, daughter. I used to obey the rules and didn't get into trouble.

Torun: Başka neler **yapardın** askerde?

Dede: Öğleden sonraları boş vaktimiz **olurdu** ve arkadaşlarımızla sohbet **ederdik**, oyunlar oynardık. Haftada bir gün de iznimiz **olurdu** ve şehir merkezine **giderdik**.

Torun: Haftada yalnızca bir gün mü iznimiz **olurdu** dışarı çıkmak için?

Dede: Evet. Genellikle cumartesi ya da pazar şehir merkezine **giderdik**. Orada **alışveriş yapardık**, bazen de fotoğraf **çektirirdik**.

Torun: Fotoğraf makinen var mıydı o zaman?

Dede: Hayır fotoğraf makinem yoktu. Fotoğrafçılar fotoğrafımızı **çekerdi**.

Torun: İlginç deneyimler ama biraz sıkıcı. Günlerce dışarı çıkmamak berbat bir şey olmalı. Üstelik askerde bir tane bile kız yok!

Grandson: What else did you use to do there?

Grandfather: We used to have free time in the afternoons and we used to chat and play games with our friends. We used to have a day off once a week and we used to go to the city center.

Grandson: Did you used to have only one day off to go out?

Grandfather: Yes, we did. We usually used to go to the city center on Saturdays on Sundays. We used to do shopping there and sometimes have our photos taken.

Grandson: Did you have a camera then?

Grandfather: No, I didn't have a camera. The photographers used to take our photos.

Grandson: They are interesting experiences but a bit boring. It must be horrible not to go out for days. Furthermore, there isn't even a single girl in the army!

Exercises

A) Fill in the gaps with the correct form of the verb.

Example: Ben her gün okula <u>yürürdüm</u> (yürü).

1) Sen her akşam dişlerini _____ (fırçala).
2) Ahmet yemek _____ (pişir).
3) Onlar her yıl Almanya'ya _____ (git).
4) Davut sabahları spor _____ (yap).

B) Rewrite the sentences in <u>negative</u> form.

Example: Ben her gün okula <u>yürümezdim</u> (yürü).

1) Sen her akşam dişlerini _____ (fırçala).
2) Ahmet yemek _____ (pişir).
3) Onlar her yıl Almanya'ya _____ (git).
4) Davut sabahları spor _____ (yap).

C) Rewrite the sentences in <u>question</u> form.

Example: Ben her gün okula <u>yürür müydüm?</u> (yürü)?

1) Sen her akşam dişlerini _____ (fırçala)?
2) Ahmet yemek _____ (pişir)?
3) Onlar her yıl Almanya'ya _____ (git)?
4) Davut sabahları spor _____ (yap)?

Lesson 31

Story Indefinite Past Tense / Past Perfect Tense (Öğrenilen Geçmişin Hikâyesi)

In order to make a sentence in **past perfect tense** in Turkish we use the **compound tense "story indefinite past tense"**. The tense combines the suffixes of **indefinite simple past** and the **definite simple past tense**.

Structure

Affirmative Sentences

The **story indefinite past tense** is formed by combining the suffix **"- miş (-mış, -muş, -müş)"** and **"–ti (-tı, -tu, -tü)"** to the verb. Keep in mind that the verb also takes another suffix regarding the subject of the sentence.

Ben yemeğe tuz **koymuştum.**

(I **had added** salt to the meal)

Bize yemeğe gelmeden önce sen kebab **yemiştin.**

(You **had eaten** kebab before coming to us for dinner.)

Patronu Arif'i aradığında o işe **gelmişti.**

(Arif **had come** to work when his boss called him.)

Alarm çaldığında biz çoktan uyan**mıştık.**

(When the alarm went off we **had** already **got up**.)

Biz sinema salonuna vardığınızda siz salondan ayrıl**mıştınız**.

(When we arrived at the movie theater you **had left** the place.)

Biz taşındığımızda onlar İstanbul'dan ev al**mıştı**.

(When we moved they **had bought** a house in İstanbul.)

Negative Sentences

The negative sentences in **story indefinite past tense** is formed by adding the suffix "**-me (-ma)**" to the verb. Keep in mind that the verb also takes another suffix regarding the subject of the sentence.

Ben yemeğe tuz koy**mamıştım**.

(I **hadn't added** salt to the meal)

Bize yemeğe gelmeden önce sen kebab ye**memiştin**.

(You **hadn't eaten** kebab before coming to us for dinner.)

Patronu Arif'i aradığında o işe gel**memişti**.

(Arif **hadn't come** to work when his boss called him.)

Alarm çaldığında biz henüz uyan**mamıştık**.

(When the alarm went off we **hadn't got up** yet.)

Biz sinema salonuna vardığınızda siz salondan ayrıl**mamıştınız**.

(When we arrived at the movie theater you **hadn't left** the place.)

Biz taşındığımızda onlar İstanbul'dan ev al**mamıştı**.

(When we moved they **hadn't bought** a house in İstanbul.)

Story Indefinite Past Tense / Past Perfect Tense (Öğrenilen Geç. Hik.)

Questions

In order to make a yes / no question in **story indefinite past tense** we add the suffix "**- miş (-mış, -muş, -müş)**" then we add the question suffix "**-mi, (-mı, -mu, -mü)**" and lastly we add the definite past tense suffix "**–di (-dı, -du, -dü)**" to the verb. Keep in mind that the verb also takes another suffix regarding the subject of the sentence.

Ben yemeğe tuz koy**muş muydum?**

(**Had** I **added** salt to the meal?)

Bize yemeğe gelmeden önce sen kebap **yemiş miydin?**

(**Had** you **eaten** kebab before coming to us for dinner?)

Patronu Arif'i aradığında o işe **gelmiş miydi?**

(**Had** Arif **come** to work when his boss called him?)

Alarm çaldığında biz uyan**mış mıydık?**

(When the alarm went off **had** we **got up?**)

Biz sinema salonuna vardığınızda siz salondan ayrıl**mış mıydınız?**

(When we arrived at the movie theater **had** you **left** the place?)

Biz taşındığımızda onlar İstanbul'dan ev al**mış mıydı?**

(When we moved **had** they **bought** a house in İstanbul?)

We can also form a question by using a question word -such as "**ne, ne zaman, nasıl, nerede, kim, neden (what, when, how, where, who, why)**"- in the beginning of an affirmative sentence.

Nasıl çalışmıştı?   (**How** had she worked?)

Kim kebab yemişti?   (**Who** had eaten kebab?)

♦*Beşir Kitabevi*   245

Ne zaman gelmişti?	(**When** had he come?)
Nereye gitmişti?	(**Where** had he gone?)
Neden geri dönmüştü?	(**Why** had she returned?)
Hangi arabayı almıştı?	(**Which** car had he bought?)

Usage

In Turkish **story indefinite past tense** is used to describe an action or state that happened **before a specific time in the past.**

Ben eve geldiğimde / Orhan çoktan uyu**muştu**.

(Orhan **had** already **slept** / when I came home.)

Sen beni aradığında / ben evden çık**mıştım**.

(I **had left** the house / when you called me.)

Ben seninle tanıştığımda sen henüz evlen**miştin**.

(When I first met you / you **had** just **got married**.)

Story Indefinite Past Tense / Past Perfect Tense (Öğrenilen Geç. Hik.)

Listen and Repeat the Sentences

Ben yemeğe çok tuz **koymuştum**.	Ben yemeğe çok tuz **koymamıştım**.	Ben yemeğe çok tuz **koymuş muydum**?
Sen akşam kebap **yemiştin**.	Sen akşam kebap **yememiştin**.	Sen akşam kebap **yemiş miydin**?
O geçen cuma işe erken **gelmişti**.	O geçen cuma işe erken **gelmemişti**.	O geçen cuma işe erken **gelmiş miydi**?
Biz dün geç kalk**mıştık**.	Biz dün geç **kalkmamıştık**.	Biz dün geç **kalkmış mıydık**?
Siz bu filmi izle**miştiniz**.	Siz bu filmi **izlememiştiniz**.	Siz bu filmi **izlemiş miydiniz**?
Onlar İstanbul'dan ev al**mıştı**.	Onlar İstanbul'dan ev **almamıştı**.	Onlar İstanbul'dan ev **almış mıydı**?

Diyalog

 Listen to the Dialogue and Follow the Script

Kaan: Acele et Beste! Uçağı kaçıracağız.

Beste: İşte geldim. Hemen çıkalım. Sen arabaya benzin **almış mıydın**?

Kaan: Evet dün akşam eve gelmeden önce benzin **almıştım**.

Beste: Tamam. Bu sabah kahvaltıdan önce mutfağı **temizlemiştim**. Bu yüzüğü buldum. Bunu bana mı **almıştın**?

Kaan: Şey... Evet, elbette sana **almıştım** tatlım.

Beste: Ama üzerinde annenin adı yazıyordu.

Kaan: Tamam kabul ediyorum. Geçen pazar annemin doğum günüydü. Annem bu yüzüğü mağazada **görmüştü** ve çok **beğenmişti**.

Beste: Ve sen de bana sormadan **almıştın**, değil mi?

Kaan: Ama sana da güzel bir kolye **almıştım** sevgilim.

Beste: Tamam, haklısın. Sadece bana söylemediğin için biraz sinirlendim. Önemli değil canım.

Kaan: Bir dakika! Sen evden çıkmadan önce pasaportlarımızı **almış mıydın**?

Beste: İnanmıyorum! Sen **almamış mıydın** onları?

Kaan: Ben sana **söylemiştim**. Neyse, hemen geri dönelim.

Story Indefinite Past Tense / Past Perfect Tense (Öğrenilen Geç. Hik.)

Dialogue

Listen to the Dialogue and Follow the Translation

Kaan: Hurry up Beste! We will miss the plane.

Beste: Here I come. Let's go now. Did you buy any gas for the car?

Kaan: Yes, I had bought some gas before I arrived home last night.

Beste: Okay. I had cleaned the kitchen before the breakfast this morning. I found this ring. Had you bought this for me?

Kaan: Well… Yes, I had bought it for you honey.

Beste: But your mother's name was written on it.

Kaan: Okay, I accept it. Last Sunday was my mother's birthday. My mother had seen this ring in the shop and she had liked it.

Beste: And you had bought it without asking me, hadn't you?

Kaan: But I had bought a beautiful necklace for you honey.

Beste: Okay, you are right. I just got mad because you hadn't told me anything. It doesn't matter dear.

Kaan: Just a minute! Had you taken our passports before we left home?

Beste: I don't believe! Hadn't you taken them?

Kaan: I had told you about it. Anyway, let's go back now.

Exercises

A) Fill in the gaps with the correct form of the verb.

Example: Ben yanlış numarayı aramıştım. (ara)

1) Sen dün akşam dişlerini _____ (fırçala).
2) Yeliz geçen hafta yemek _____ (pişir).
3) Onlar geçen yıl Almanya'ya _____ (git).
4) Biz geçen cuma spor _____ (yap).

B) Rewrite the sentences in <u>negative</u> form.

Example: Ben yanlış numarayı aramamıştım (ara).

1) Sen dün akşam dişlerini _____ (fırçala).
2) Yeliz geçen hafta yemek _____ (pişir).
3) Onlar geçen yıl Almanya'ya _____ (git).
4) Biz geçen cuma spor _____ (yap).

C) Rewrite the sentences in <u>question</u> form.

Example: Ben yanlış numarayı <u>aramış mıydım?</u> (ara).

1) Sen dün akşam dişlerini _____ (fırçala)?
2) Yeliz geçen hafta yemek _____ (pişir)?
3) Onlar geçen yıl Almanya'ya _____ (git)?
4) Biz geçen cuma spor _____ (yap)?

Lesson 32

Simple Future Tense / Will / Be Going To (Gelecek Zaman)

In order to express **"will"** or **"be going to"** in Turkish we use the suffix **"-ecek, (-acak)"**. Note the difference between **"be going to"** and **"will"** in English does not exist in Turkish.

Structure

Affirmative Sentences

The **simple future tense** is formed by adding the suffix **"-ecek, (-acak)"** to the verb. Keep in mind that the verb also takes another suffix regarding the subject of the sentence.

Ben yarın çok çalış**acağım**.

(I **will work** hard tomorrow.)

Sen kebabı çok sev**eceksin**.

(You **will like** kebab so much.)

O yarın işe erken gel**ecek**.

(He **will come** to work early tomorrow.)

Biz gelecek yıl tatile gid**eceğiz**.

(We **will go** on a holiday next year.)

Siz bu akşam parkta yürüy**eceksiniz**.

(You **will walk** in the park this evening.)

Onlar gelecek ay İstanbul'a taşın**acak**.

(They **will move** to İstanbul next month.)

Negative Sentences

A negative sentence in **simple future tense** is formed by adding the suffix:**"-mey (-may)"** to the verb. Keep in mind that the verb also takes the suffix **"-ecek, (-acak)"** and the one regarding the subject of the sentence

Ben yarın çok çalış**mayacağım**.

(I **will not work** hard tomorrow.)

Sen kebabı çok sev**meyeceksin**.

(You **will not like** kebab so much.)

O yarın işe erken gel**meyecek**.

(He **will not come** to work early tomorrow.)

Biz gelecek yıl tatile git**meyeceğiz**.

(We **will not go** on a holiday next year.)

Siz bu akşam parkta yürü**meyeceksiniz**.

(You **will not walk** in the park this evening.)

Onlar gelecek ay İstanbul'a taşın**mayacak**.

(They **will not move** to İstanbul next month.)

Questions

In order to make a yes / no question in **simple future tense** we use the suffixes **"-mi, (-mı)"** after **"-ecek (-acak)"** Keep in mind that the question suffixes are also followed by the suffixes regarding the subject of the sentence.

Simple Future Tense / Will / Be Going To (Gelecek Zaman)

Ben yarın çok çalış**acak mıyım**?
(**Will** I **work** hard tomorrow?)
Sen kebabı sev**ecek misin**?
(**Will** you **like** kebab?)

O yarın işe erken gel**ecek mi**?
(**Will** he **come** to work early tomorrow?)
Biz gelecek yıl tatile gid**ecek miyiz**?
(**Will** we **go** on a holiday next year?)
Siz bu akşam parkta yürü**yecek misiniz**?
(**Will** you **walk** in the park this evening?)

Onlar gelecek ay İstanbul'a taşın**acak mı**?
(**Will** they **move** to İstanbul next month?)

We can also form a question by using a question word -such as **"ne, ne zaman, nasıl, nerede, kim, neden (what, when, how, where, who, why)"**- in the beginning of an affirmative sentence.

Nasıl çalışacaksın?	(**How** will you work?)
Kim kebab yiyecek?	(**Who** will have kebab?)
Ne zaman gelecek?	(**When** will he come?)

Usage

1) The **simple future tense** is used to express actions or states that have not happened yet and expected to happen in the future.

Ben yarın işe **gideceğim**.

(I **will go** to work tomorrow.)

♦*Beşir Kitabevi* 253

Arda bu akşam sinemaya **gidecek**.
(Arda **will go** to the cinema tonight.)
Mehmet ve Semine haftaya **buluşacak**.
(Mehmet and Semine **will meet** next week.)
Sen bizimle **geleceksin**.
(You **will come** with us.)
Yarın hava çok güzel **olacak**.
(The weather **will be** nice toorrow.)

Listen and Repeat the Sentences

Ben yarın çok çalış**acağım**.	Ben yarın çok çalış**mayacağım**.	Ben yarın çok çalış**acak mıyım**?
Sen kebabı çok sev**eceksin**.	Sen kebabı çok sev**meyeceksin**.	Sen kebabı sev**ecek misin**?
O yarın işe erken gel**ecek**.	O yarın işe erken gel**meyecek**.	O yarın işe erken gel**ecek mi**?
Biz gelecek yıl tatile gid**eceğiz**.	Biz gelecek yıl tatile git**meyeceğiz**.	Biz gelecek yıl tatile gid**ecek miyiz**?
Siz bu akşam parkta yürü**yeceksiniz**.	Siz bu akşam parkta yürü**meyeceksiniz**.	Siz bu akşam parkta yürü**yecek misiniz**?
Onlar İstanbul'a taşın**acak**.	Onlar İstanbul'a taşın**mayacak**.	Onlar İstanbul'a taşın**acak mı**?

Simple Future Tense / Will / Be Going To (Gelecek Zaman)

WRITING TASK: *Write a paragraph about your holiday plans using "gelecek zaman".*

Diyalog

 Listen to the Dialogue and Follow the Script

Aysun: Yaz tatili yaklaşıyor. Çok heyecanlıyım.

Mert: Sanırım yaz tatili için planların var Aysun. Tatilde ne **yapacaksın**?

Aysun: Evet bu yaz çok eğlenceli olacak. Gelecek hafta bir haftalığına Almanya'ya **gideceğim**.

Mert: Çok güzel. Almanya'ya yalnız mı **gideceksin**?

Aysun: Hayır, yalnız **gitmeyeceğim**. Kuzenim ve ben **gideceğiz**. Almanya'da teyzemlerde **kalacağız**.

Mert: Bize hediye **getirecek misin** Almanya'dan?

Aysun: Elbette **getireceğim**. Sana sürpriz bir hediye **alacağım**. Peki, sen ne **yapacaksın** bu yaz?

Mert: Ben bu yaz Marmaris'e **gideceğim**. Orada arkadaşımın evi var, birlikte **kalacağız**. **Yüzeceğim**, **dinleneceğim**, akşamları da biraz **eğleneceğim**.

Aysun: Senin tatilin de çok eğlenceli **olacak** sanırım. Ne zaman **döneceksin** buraya?

Mert: Ağustosun başında geri **geleceğim**. Sen ne zaman **döneceksin**?

Aysun: Benim tatilim biraz daha uzun **sürecek**. Eylüle kadar **dönmeyeceğim**.

Mert: O halde eylülde **görüşeceğiz**. İyi tatiller!

Aysun: Evet eylüle kadar **görüşmeyeceğiz**. Sana da iyi tatiller!

Simple Future Tense / Will / Be Going To (Gelecek Zaman)

Dialogue

Listen to the Dialogue and Follow the Translation

Aysun: The summer holiday is soon. I am very excited.

Mert: I think you had plans for the summer holiday Aysun. What are you going to do on your holiday.

Aysun: Yes, this summer will be very enjoyable. I am going to go to Germany for a week.

Mert: Very, good. Will you go alone?

Aysun: No, I won't go alone. Me and my cousin will go together. We will stay in my aunt in Germany.

Mert: Will you bring presents from Germany for us?

Aysun: Of course I will. I will buy you a surprise present. So, what are you going to do this summer.

Mert: I will go to Marmaris. My friend has a house there, we will stay together. I will swim, get rest and have fun in the evenings.

Aysun: Your holiday will also be enjoyable I think. When will you return here?

Mert: I will come back in the beggining of August. When will you come back?

Aysun: My holiday will last a little longer. I won't return until September.

Mert: We will see each other in Septemper then. Have a nice holiday.

Aysun: Yes, we won't see each other until September. Have a nice holiday, too.

Exercises

A) Fill in the gaps with the correct form of the verb.

Example: Ben yarın okula yürüyeceğim (yürü).

1) Sen bu akşam dişlerini _____ (fırçala).
2) Ahmet yemek _____ (pişir).
3) Onlar gelecek yıl Almanya'ya _____ (git).
4) Davut yarın sabah spor _____ (yap).

B) Rewrite the sentences in negative form.

Example: Ben yarın okula yürümeyeceğim (yürü).

1) Sen bu akşam dişlerini _____ (fırçala).
2) Ahmet yemek _____ (pişir).
3) Onlar gelecek yıl Almanya'ya _____ (git).
4) Davut yarın sabah spor _____ (yap).

C) Rewrite the sentences in question form.

Example: Ben yarın okula yürüyecek miyim (yürü)?

1) Sen bu akşam dişlerini _____ (fırçala)?
2) Ahmet yemek _____ (pişir)?
3) Onlar gelecek yıl Almanya'ya _____ (git)?
4) Davut yarın sabah spor _____ (yap)?

Lesson 33

Rumor Future Tense (Gelecek Zamanın Rivayeti)

In Turkish the **rumor future tense** is termed as a **compound tense (bileşik zaman)**. The tense is used for the future actions or states that are heard or transferred to the speaker.

Structure

Affirmative Sentences

The **rumor future tense** is formed by combining two suffixes: "**-ecek, (-acak)**" and "**-miş, (-mış)**". The first suffix is used for the **simple future tense** and the second one is used for the **indefinite past tense**. By adding both of these suffixes to the verb we form a sentence in **rumor future tense**. For this reason the tense is also classified under the term **"bileşik zaman"** which can be translated as **"compound tense"**. Keep in mind that the verb also takes another suffix regarding the subject of the sentence

Ben yarın çok çalış**acakmışım**.

([They say that] I **will work** hard tomorrow.)

Sen çok kebab yiy**ecekmişsin**.

([They say that] You **will eat** a lot of kebab.)

O yarın işe erken gel**ecekmiş**.

([They say that] He **will come** to work early tomorrow.)

Biz gelecek yıl tatile gid**ecekmişiz**.

([They say that] We **will go** on a holiday next year.)

Siz bu akşam parkta yürüy**ecekmişsiniz**.

([They say that] You **will walk** in the park this evening.)

Onlar gelecek ay İstanbul'a taşın**acakmış**.

([They say that] They **will move** to İstanbul next month.)

Negative Sentences

A negative sentence in **simple future tense** is formed by combining three suffixes: **"-mey (-may)"**, **"-ecek, (-acak)"** and **"-miş, (-mış)"** after the verb. Keep in mind that the verb also takes the suffix regarding the subject of the sentence

Ben yarın çok çalış**mayacakmışım**.

([They say that] I **will not work** hard tomorrow.)

Sen kebabı ye**meyecekmişsin**.

([They say that] You **will not eat** kebab.)

O yarın işe erken gel**meyecekmiş**.

([They say that] He **will not come** to work early tomorrow.)

Biz gelecek yıl tatile git**meyecekmişiz**.

([They say that] We **will not go** on a holiday next year.)

Siz bu akşam parkta yürü**meyecekmişsiniz**.

([They say that] You **will not walk** in the park this evening.)

Onlar gelecek ay İstanbul'a taşın**mayacakmış**.

([They say that] They **will not move** to İstanbul next month.)

Rumor Future Tense (Gelecek Zamanın Rivayeti)

Questions

In order to make a yes / no question in **rumor future tense** we use the suffixes **"-mi, (-mı)"** after **"-ecek (-acak)"** and **"-miş, (-mış)"** Keep in mind that the question suffixes are also followed by the suffixes regarding the subject of the sentence.

Ben yarın çok çalış**acakmış mıyım**?
(**Will** I **work** hard tomorrow?)
Sen kebabı sev**ecekmiş misin**?
(**Will** you **like** kebab?)
O yarın işe erken gel**ecekmiş mi**?
(**Will** he **come** to work early tomorrow?)

Biz gelecek yıl tatile gid**ecekmiş miyiz**?
(**Will** we **go** on a holiday next year?)
Siz bu akşam parkta yürüy**ecekmiş misiniz**?
(**Will** you **walk** in the park this evening?)
Onlar gelecek ay İstanbul'a taşın**acakmış mı**?
(**Will** they **move** to İstanbul next month?)

We can also form a question by using a question word -such as **"ne, ne zaman, nasıl, nerede, kim, neden (what, when, how, where, who, why)"**- in the beginning of an affirmative sentence.

Nasıl çalışacakmışsın?	(**How** will you work?)
Kim kebab yiyecekmiş?	(**Who** will have kebab?)
Ne zaman gelecekmiş?	(**When** will he come?)

Usage

1) Like the **simple future tense** the **rumor future tense** is also used to express actions or states that have not happened yet and expected to happen in the future; however, the difference between these two tenses is that in the latter one the information is transferred to the speaker.

Arda bu akşam sinemaya **gidecekmiş**.

(They say that] Arda **will go** to the cinema tonight.)

Mehmet ve Semine haftaya **buluşacakmış**.

([They say that] Mehmet and Semine **will meet** next week.)

Sen bizimle **geleceksin**.

([They say that] You **will come** with us.)

Yarın hava çok güzel **olacak**.

([They say that] The weather **will be** nice tomorrow.)

Rumor Future Tense (Gelecek Zamanın Rivayeti)

Listen and Repeat the Sentences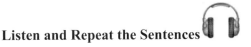

Ben yarın çok çalış**acakmış**ım.	Ben yarın çok çalış**mayacakmış**ım.	Ben yarın çok çalış**acakmış** **mıyım?**
Sen kebabı çok sev**ecekmiş**sin.	Sen kebabı çok sev**meyecekmiş**sin.	Sen kebabı çok sev**ecekmiş** **misin?**
O yarın işe erken gel**ecekmiş**.	O yarın işe erken gel**meyecekmiş**.	O yarın işe erken gel**ecekmiş** **mi?**
Biz gelecek yıl tatile gid**ecekmiş**iz.	Biz gelecek yıl tatile git**meyecekmiş**iz.	Biz gelecek yıl tatile gid**ecekmiş** **miyiz?**
Siz bu akşam parkta yürü**yecekmiş**siniz.	Siz bu akşam parkta yürü**meyecekmiş**siniz.	Siz bu akşam parkta yürü**yecekmiş** **misiniz?**
Onlar İstanbul'a taşın**acakmış**.	Onlar İstanbul'a taşın**mayacakmış**.	Onlar İstanbul'a taşın**acakmış** **mı?**

◆ *Beşir Kitabevi*   263

Diyalog

 Listen to the Dialogue and Follow the Script

Ferit: Haberleri duydun mu? Arka sokaktaki eski binayı yıkacaklarmış!

Mehtap: Neden yıkacaklarmış? Yerine bir şey mi yapacaklarmış?

Ferit: Büyük bir restoran yapacaklarmış.

Mehtap: Ne zaman yapacaklarmış?

Ferit: Gelecek yaza hazırlayacaklarmış. Sahibi çok para harcayacakmış bu restoran için. Çok ünlü aşçılar çalışacakmış.

Mehtap: Ne tür yemekler yapacaklarmış acaba?

Ferit: Farklı ülkelerden yemekler yapacaklarmış.

Mehtap: Personele ihtiyaçları olacak mıymış?

Ferit: Aşçılarını başka şehirden getireceklermiş. Ama birkaç garson ve temizlikçi alacaklarmış.

Mehtap: Otopark da yapacaklar mıymış?

Ferit: Evet, restoranın arkasına büyük bir otopark yapacaklarmış.

Mehtap: Başka ne yapacaklarmış?

Ferit: Restoranın yanına güzel bir oyun parkı yapacaklarmış.

Mehtap: O halde bekleyelim ve görelim. Restorandaki ilk yemekler benden.

Dialogue

Listen to the Dialogue and Follow the Translation

Ferit: Did you hear the news? (They say that) They will pull down the building on the back street.

Mehtap: Why will they pull it down? Will they build another building there?

Ferit: I think, (they say that) they will build a big restaurant there.

Mehtap: When will they build it?

Ferit: (They say that) They will prepare it for the next summer. The owner will spend a lot of Money on that restaurant. Famous chefs will work there.

Mehtap: I wonder what kind of meals they will cook there.

Ferit: (They say that) They will cook different meals from different cuisines.

Mehtap: Will they need extra staff?

Ferit: (They say that) They will bring their chefs from other cities. But they will hire a few waiters and cleaners.

Mehtap: Will they build a car park, too?

Ferit: Yes, (They say that) they will build a large car park behind the restaurant.

Mehtap: What else will they build?

Ferit: (They say that) They will also build a good playground near the restaurant.

Mehtap: Then let's wait and see. First meals at the restaurant are on me.

Exercises

A) Fill in the gaps with the correct form of the verb.

Example: Ben yarın okula yürüyecekmişim (yürü).

1) Sen bu akşam dişlerini _____ (fırçala).
2) Ahmet yemek _____ (pişir).
3) Onlar gelecek yıl Almanya'ya _____ (git).
4) Davut yarın sabah spor _____ (yap).

B) Rewrite the sentences in <u>negative</u> form.

Example: Ben yarın okula yürümeyecekmişim (yürü).

1) Sen bu akşam dişlerini _____ (fırçala).
2) Ahmet yemek _____ (pişir).
3) Onlar gelecek yıl Almanya'ya _____ (git).
4) Davut yarın sabah spor _____ (yap).

C) Rewrite the sentences in <u>question</u> form.

Example: Ben yarın okula yürüyecek miymişim (yürü)?

1) Sen bu akşam dişlerini _____ (fırçala)?
2) Ahmet yemek _____ (pişir)?
3) Onlar gelecek yıl Almanya'ya _____ (git)?
4) Davut yarın sabah spor _____ (yap)?

Lesson 34

Future in the Past (Gelecek Zamanın Hikayesi)

In Turkish the **future in the past** is termed as a **compound tense (bileşik zaman)**. This tense is used to express actions or states which you thought something would happen in the future.

Structure

Affirmative Sentences

The **future in the past** is formed by combining two suffixes: "**-ecek, (-acak)**" and "**-ti, (-tı)**". The first suffix is used for the **simple future tense** and the second one is used for the **definite past tense**. By adding both of these suffixes to the verb we form a sentence in **future in the past.** For this reason the tense is also classified under the term **"bileşik zaman"** which can be translated as **"compound tense"**. Keep in mind that the verb also takes another suffix regarding the subject of the sentence.

Ben dün çok çalış**acaktım.**

(I **was going to work** hard yesterday.)

Sen kebap yiy**ecektin.**

(You **were going to eat** a lot of kebab.)

O geçen cuma işe erken gel**ecekti.**

(He **was going to come** to work early last Friday.)

Biz geçen yıl tatile gid**ecektik.**

(We **were going to go** on a holiday last year.)

Siz dün akşam parkta yürüy**ecektiniz.**

(You **were going to walk** in the park this evening.)

Onlar gelecek ay İstanbul'a taşın**acaktı.**

(They **were going to move** to İstanbul next month.)

Negative Sentences

A negative sentence in **future in the past** is formed by combining three suffixes: **"-mey (-may)"**, **"-ecek, (-acak)"** and **"-ti, (-tı)"** after the verb. Keep in mind that the verb also takes the suffix regarding the subject of the sentence

Ben dün çok çalış**mayacaktım**

(I **was not going to work** hard yesterday.)

Sen kebap ye**meyecektin.**

(You **were not going to eat** a lot of kebab.)

O geçen cuma işe erken gel**meyecekti.**

(He **was not going to come** to work early last Friday.)

Biz geçen yıl tatile git**meyecektik.**

(We **were not going to go** on a holiday last year.)

Siz dün akşam parkta yürü**meyecektiniz.**

(You **were not going to walk** in the park this evening.)

Onlar gelecek ay İstanbul'a taşın**mayacaktı.**

(They **were not going to move** to İstanbul next month.)

Future in the Past (Gelecek Zamanın Hikayesi)

Questions

In order to make a yes / no question in **future in the past** we use the suffixes "**-mi, (-mı)**" after "**-ecek (-acak)**" then lastly we use "**-di, (-dı)**" Keep in mind that the question suffixes are also followed by the suffixes regarding the subject of the sentence.

Ben dün çok çalış**acak mıydım**?

(**Was** I going to **work** hard yesteday?)

Sen kebab yiyecek **miydin**?

(**Were** you **going to eat** kebab?)

O dün işe erken gel**ecek miydi**?

(**Was** he going to **come** to work early yesterday?)

Biz geçen yıl tatile gid**ecek miydik**?

(**Were** we going to **go** on a holiday last year?)

Siz dün akşam parkta yürüy**ecek miydiniz**?

(**Were** you going to **walk** in the park yesterday evening?)

Onlar geçen ay İstanbul'a taşın**acak mıydı**?

(**Were** they going to **move** to İstanbul next month?)

We can also form a question by using a question word -such as "**ne, ne zaman, nasıl, nerede, kim, neden (what, when, how, where, who, why)**"- in the beginning of an affirmative sentence.

Nasıl çalışacaktın?   (**How** were you going to work?)

Kim kebab yiyecekti?   (**Who** was going to have kebab?)

Ne zaman gelecekti?   (**When** was he come?)

Usage

1) The tense is used to express failed past actions. In other words we use **"gelecek zamanın hikayesi" (future in the past)** to talk about the plans that were made in the past but did not happen for some reason.

Arda dün akşam sinemaya **gidecekti** ama erkenden uyuyakaldı.

(Arda **was going to** the cinema yesterday night but he fell asleep early.)

Mehmet ve Semine geçen hafta **buluşacaktı** ama Semine hastalandı.

(Mehmet and Semine **were going to meet** last week but Semine got ill.)

Sen bizimle **gelecektin.** Neden fikrini değiştirdin?

(You **were going to come** with us. Why did you change our mind?)

Future in the Past (Gelecek Zamanın Hikayesi)

Listen and Repeat the Sentences

Ben dün çok çalış**acaktım**.	Ben dün çok çalış**mayacaktım**.	Ben dün çok çalış**acak mıydım**?
Sen kebap yi**yecektin**.	Sen kebap ye**meyecektin**.	Sen kebab yiyecek **miydin**?
O geçen cuma işe erken gel**ecekti**.	O geçen cuma işe erken gel**meyecekti**.	O geçen cuma işe erken gelecek **miydi**?
Biz geçen yıl tatile gid**ecektik**.	Biz geçen yıl tatile git**meyecektik**.	Biz geçen yıl tatile gidecek **miydik**?
Siz dün akşam parkta yürü**yecektiniz**.	Siz dün akşam parkta yürü**meyecektiniz**.	Siz dün akşam parkta yürüyecek **miydiniz**?
Onlar geçen ay İstanbul'a taşın**acaktı**.	Onlar geçen ay İstanbul'a taşın**mayacaktı**.	Onlar geçen ay İstanbul'a taşınacak **mıydı**?

♦*Beşir Kitabevi*

Diyalog

 Listen to the Dialogue and Follow the Script

Burak: Hafta sonun nasıldı? Yorgun görünüyorsun?

Işıl: Berbat bir hafta sonuydu. Planlarım vardı ama hiçbir şey yapamadım.

Burak: Ne oldu, hadi anlat.

Işıl: Cumartesi sabah uyandıktan sonra güzel bir duş alacaktım ve annemle kahvaltı yapacaktım.

Burak: Ne oldu peki?

Işıl: Tüm gün sular kesikti. Ve berbat saçlarımla alışverişe gitmek zorunda kaldım çünkü akşam Mete'yle sinemaya gidecektik. Yeni bir çift ayakkabı ve güzel bir pantolon alacaktım.

Burak: Alabildin mi?

Işıl: Hayır alamadım! Banka kartımı kaybettim ve hafta sonu olduğu için bankadan para çekemedim.

Burak: İnanmıyorum. Ya akşam ne yaptınız?

Işıl: Hiçbir şey! Sinemaya gidecektik ama gitmedik. Pazar günü buluşmaya karar verdik.

Burak: Lütfen onu da yapamadık deme!

Işıl: Yapamadık! Hava çok güzeldi ve açık havada kahvaltı yapacaktık ve sonra da kumsalda yürüyecektik. Ama Mete ailesiyle tartıştı ve tüm gün evden çıkmadı.

Burak: Gerçekten çok üzgünüm. Şimdi nasılsın?

Işıl: Daha iyiyim ama artık asla plan yapmayacağım!

Future in the Past (Gelecek Zamanın Hikayesi)

Dialogue

Listen to the Dialogue and Follow the Translation

Burak: How was your weekend? You look tired.

Işıl: It was a terrible weekend. I had plans but I couldn't do anything.

Burak: What happened? Tell me about it.

Işıl: I was going to take a shower and then have a great breakfast with my mom after waking up.

Burak: What happened then?

Işıl: Water was cut off all day. And I had to go shopping with my horrible hair because I was going to go to the cinema with Mete that night. I was going to buy a new pair of shoes and jeans.

Burak: Did you buy them?

Işıl: No, I couldn't! I lost my debit card and since it was weekend I couldn't withdraw money.

Burak: I don't believe! What did you do that night?

Işıl: Nothing. We were going to go to the cinema but we didn't. We decided to meet on Sunday.

Burak: Please don't tell me you couldn't again!

Işıl: We couldn't! The weather was perfect and we were going to have breakfast outside and then walk on the beach. But Mete argued with his family and he didn't go out all day.

Burak: I am really sorry. How are you now?

Işıl: I am better now but I will never make plans!

Exercises

A) Fill in the gaps with the correct form of the verb.

Example: Ben dün okula <u>yürüyecektim</u> (yürü).
1) Sen dün akşam dişlerini _____ (fırçala).
2) Ahmet yemek _____ (pişir).
3) Onlar geçen yıl Almanya'ya _____ (git).
4) Davut dün sabah spor _____ (yap).

B) Rewrite the sentences in <u>negative</u> form.

Example: Ben dün okula <u>yürümeyecektim</u> (yürü).
1) Sen dün akşam dişlerini _____ (fırçala).
2) Ahmet yemek _____ (pişir).
3) Onlar geçen yıl Almanya'ya _____ (git).
4) Davut dün sabah spor _____ (yap).

C) Rewrite the sentences in <u>question</u> form.

Example: Ben dün okula <u>yürüyecek miydim</u> (yürü)?
1) Sen dün akşam dişlerini _____ (fırçala)?
2) Ahmet yemek _____ (pişir)?
3) Onlar geçen yıl Almanya'ya _____ (git)?
4) Davut dün sabah spor _____ (yap)?

Lesson 35

Future Continuous Tense (Gelecek Zamanda Süreklilik)

Structure

Affirmative Sentences

In order to form a sentence in **future continuous tense** we use two verbs: a main verb and a helping verb. The main verb takes the suffix **"-yor"** and after this verb we use the helping verb **"olacak"**. Keep in mind that the helping verb also takes another suffix regarding the subject of the sentence.

Ben yarın bu saatlerde matematik çalış**ıyor olacağım**.

(I **will be working** math this time tomorrow.)

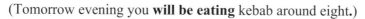

Sen yarın akşam sekiz gibi kebap yi**yor olacaksın**.

(Tomorrow evening you **will be eating** kebab around eight.)

O yarın sabah işe yürü**yor olacak**.

(He **will be walking** to work tomorrow morning.)

Biz haziranda tatil yapı**yor olacağız**.

(We **will be having** a holiday in June.)

Siz bu akşam dokuz gibi parkta koş**uyor olacaksınız**.

(You **will be running** in the park around nine this evening.)

Onlar beş yıl sonra İstanbul'da yaşı**yor olacak.**

(They **will be living in** İstanbul five years later.)

Negative Sentences

Although the tense is usually used in affirmative sentences it is still possible to make negative sentences in **future continuous tense**. A negative sentence in **future continuous tense** is formed by adding the suffix "**-mi (-mı, -mu, -mü)**" and "**-yor**" to the main verb. Keep in mind that the main verb is also followed by the helping verb "**olacak**" and the suffix regarding the subject of the sentence

Ben yarın bu saatlerde matematik çalış**mıyor olacağım.**

(I **will not be working** math this time tomorrow.)

Sen yarın akşam sekiz gibi bizimle ye**miyor olacaksın.**

(Tomorrow evening around eight you **will not be eating** with us.)

O yarın sabah işe yürü**müyor olacak.**

(He **will not be walking** to work tomorrow morning.)

Biz haziranda tatil yap**mıyor olacağız.**

(We **will not be having** a holiday in June.)

Siz bu akşam dokuz gibi parkta koş**muyor olacaksınız.**

(You **will not be running** in the park around nine this evening.)

Onlar beş yıl sonra İstanbul'da yaşa**mıyor olacak.**

(They **will not be living in** İstanbul five years later.)

Questions

In order to make a yes / no question in **future continuous tense** we use the question suffix **"-mı"** after the helping verb **"olacak"** Keep in mind that the question suffixes are also followed by the suffixes regarding the subject of the sentence.

Ben yarın bu saatlerde matematik çalış**ıyor olacak mıyım?**

(**Will** I **be working** math this time tomorrow?)

Sen yarın akşam sekiz gibi evini boyu**yor olacak mısın?**

(**Will you be painting** your house around eight tomorrow evening?)

O yarın sabah işe yürü**yor olacak mı?**

(**Will** he **be walking** to work tomorrow morning?)

Biz haziranda tatil yap**ıyor olacak mıyız?**

(**Will** we **be having** a holiday in June?)

Siz bu akşam dokuz gibi parkta koş**uyor olacak mısınız?**

(**Will** you **be running** in the park around nine this evening?)

Onlar beş yıl sonra İstanbul'da yaş**ıyor olacak mı?**

(**Will** they **be living in** İstanbul five years later?)

We can also form a question by using a question word -such as **"ne, ne zaman, nasıl, nerede, kim, neden (what, when, how, where, who, why)"**- in the beginning of an affirmative sentence.

Yarın **ne** yapıyor olacaksın?   (**What** will you be doing tomorrow?)

Ne zaman uyuyor olacak?   (**When** will he be sleeping?)

Usage

1) The **future continuous tense** is used to express actions that will go on for a certain time in the future. In other words the tense expresses **ongoing actions in the future**.

Ben **yarın bu saatlerde** Çeşme'de **yüzüyor olacağım**.

(**This time tomorrow** I **will be swimming** in Çeşme.)

Ali bu akşam saat on civarında film izliyor olacak.

(Ali **will be watching** a movie around ten tonight.)

Sen gelecek ay boyunca son hikayeni **yazıyor olacaksın**.

(You **will be writing** your latest story during next month.)

Future Continuous Tense (Gelecek Zamanda Süreklilik)

Listen and Repeat the Sentences

Affirmative

Ben yarın bu saatlerde matematik çalış**ıyor olacağım**.
Sen yarın akşam sekiz gibi kebap yi**yor olacaksın**.
O yarın sabah işe yürü**yor olacak**.
Biz haziranda tatil yap**ıyor olacağız**.
Siz bu akşam dokuz gibi parkta koş**uyor olacaksınız**.
Onlar beş yıl sonra İstanbul'da yaş**ıyor olacak**.

Negative

Ben yarın bu saatlerde matematik çalış**mıyor olacağım**.
Sen yarın akşam sekiz gibi kebap ye**miyor olacaksın**.
O yarın sabah işe yürü**müyor olacak**.
Biz haziranda tatil yap**mıyor olacağız**.
Siz bu akşam dokuz gibi parkta koş**muyor olacaksınız**.
Onlar beş yıl sonra İstanbul'da yaşa**mıyor olacak**.

Question

Ben yarın bu saatlerde matematik çalış**ıyor olacak mıyım**?
Sen yarın akşam sekiz gibi evini boyu**yor olacak mısın**?
O yarın sabah işe yürü**yor olacak mı**?
Biz haziranda tatil yap**ıyor olacak mıyız**?
Siz bu akşam dokuz gibi parkta koş**uyor olacak mısınız**?
Onlar beş yıl sonra İstanbul'da yaş**ıyor olacak mı**?

♦*Beşir Kitabevi*

Diyalog

 Listen to the Dialogue and Follow the Script

Veysi Bey: Günaydın Pınar. Ne zaman gidiyorsun Londra'ya?

Pınar Hanım: Günaydın Veysi. Yarın bu saatlerde Londra'ya **uçuyor olacağım.** Ya sen?

Veysi Bey: Ben cumartesi gideceğim. Oraya varır varmaz seni arayacağım.

Pınar Hanım: Cumartesi öğlene kadar toplantı **yapıyor olacağız.** Ben toplantıdan sonra seni ararım, olur mu?

Veysi Bey: Olur tabi. Ben cumartesi bir arkadaşımla öğle yemeği **yiyor olacağım.** Bize katılmak ister misin?

Pınar Hanım: Toplantıdan sonra şehir turu **yapıyor olacağız.** Akşam yemeğine ne dersin?

Veysi Bey: İyi fikir. Belki pazar günü de şu anlaşmaya birlikte bakarız.

Pınar Hanım: Elbette. Ben şimdi çıkmalıyım. İki saat sonra nişanlımın ailesiyle akşam yemeğine **katılıyor olacağım.**

Veysi Bey: Çok sıkıcı. Sana iyi şanslar.

Pınar Hanım: Malesef öyle. Teşekkürler.

Dialogue

Listen to the Dialogue and Follow the Translation

Mr. Veysi: Good morning Pınar. When will you go?

Mrs. Pınar: Good morning Veysi. I will be flying to London at this time tomorrow. And you?

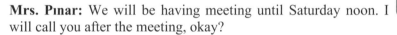

Mr. Veysi: I will go on Saturday. I will call you as soon as I arrive there.

Mrs. Pınar: We will be having meeting until Saturday noon. I will call you after the meeting, okay?

Mr. Veysi: All right. I will be having lunch with a friend on Saturday. Would you like to join us?

Mrs. Pınar: We will be having a city tour after the meeting. What about dinner?

Mr. Veysi: Good idea. Maybe we will check this assignment together on Sunday.

Mrs. Pınar: Sure. I must go now. I will be having dinner with my fiancée's family two hours later.

Mr. Veysi: It is too boring. Good luck.

Mrs. Pınar: Unfortunately it is. Thanks.

Exercises

A) Fill in the gaps with the correct form of the verb.

Example: Ben yarın okula <u>yürüyor olacağım</u> (yürü).

1) Sen bu akşam dişlerini _____ (fırçala).
2) Ahmet yemek _____ (pişir).
3) Onlar gelecek yıl Almanya'da _____ (yaşa).
4) Davut yarın sabah spor _____ (yap).

B) Rewrite the sentences in <u>negative</u> form.

Example: Ben yarın okula <u>yürümüyor olacağım</u> (yürü).

1) Sen bu akşam dişlerini _____ (fırçala).
2) Ahmet yemek _____ (pişir).
3) Onlar gelecek yıl Almanya'da _____ (yaşa).
4) Davut yarın sabah spor _____ (yap).

C) Rewrite the sentences in <u>question</u> form.

Example: Ben yarın okula <u>yürüyor olacakmıyım</u> (yürü)?

1) Sen bu akşam dişlerini _____ (fırçala)?
2) Ahmet yemek _____ (pişir)?
3) Onlar gelecek yıl Almanya'da _____ (yaşa)?
4) Davut yarın sabah spor _____ (yap)?

Lesson 36

Future Perfect Tense (Gelecek Zamanın Rivayeti)

Structure

Affirmative Sentences

In order to form a sentence in **future perfect tense** we use two verbs: a main verb and a helping verb. The main verb takes the suffix **"-miş (-mış, -muş, müş)"** and after this verb we use the helping verb **"olacak"**. Keep in mind that the helping verb also takes another suffix regarding the subject of the sentence.

Ben siz eve gelene kadar uyu**muş olacağım**.

(I **will have fallen asleep** by the time you come home.)

Sen yarına kadar anlaşmayı imzala**mış olacaksın**.

(You **will have signed** the contract by tomorrow.)

O yarın öğlene kadar yeni işine başla**mış olacak**.

(He **will have started** his new job by tomorrow.)

Biz eylülde tatilden dön**müş olacağız**.

(We **will have returned** from the holiday in September.)

Siz bu akşam dokuzdan önce evi boya**mış olacaksınız**.

(You **will have painted** the house before nine o'clock this evening.)

Negative Sentences

Negative sentences in **future perfect tense** is formed by adding the suffix **"-me (-ma)"** and **"-miş (-mış)"** to the main verb. Keep in mind that the main verb is also followed by the helping verb **"olacak"** and the suffix regarding the subject of the sentence

Ben siz eve gelene kadar uyu**mamış olacağım**.

(I **will have fallen asleep** by the time you come home.)

Sen yarına kadar anlaşmayı imzala**mamış olacaksın**.

(You **will have signed** the contract by tomorrow.)

O yarın öğlene kadar yeni işine başla**mamış olacak**.

(He **will have started** his new job by tomorrow.)

Biz eylülde tatilden dön**memiş olacağız**.

(We **will have returned** from the holiday in September.)

Siz bu akşam dokuzdan önce evi boya**mamış olacaksınız**.

(You **will have painted** the house before nine o'clock this evening.)

Future Perfect Tense (Gelecek Zamanın Rivayeti)

Questions

In order to make a yes / no question in **future perfect tense** we use the question suffix **"-mı"** after the helping verb **"olacak"** Keep in mind that the question suffixes are also followed by the suffixes regarding the subject of the sentence.

Ben siz eve gelene kadar uyumuş **olacak mıyım?**
(**Will** I **have fallen asleep** by the time you come home?)
Sen yarına kadar anlaşmayı imzala**mış olacak mısın?**
(**Will** you **have signed** the contract by tomorrow?)
O yarın öğlene kadar yeni işine başla**mış olacak mı?**
(**Will** he **have started** his new job by tomorrow?)
Biz eylülde tatilden dön**müş olacak mıyız?**
(**Will** we **have returned** from the holiday in September?)
Siz bu akşam dokuzdan önce evi boya**mamış olacak mısınız?**
(**Will** you **have painted** the house before nine o'clock this evening?)

We can also form a question by using a question word -such as **"ne, ne zaman, nasıl, nerede, kim, neden (what, when, how, where, who, why)"**- in the beginning of an affirmative sentence.

Yarın **ne** yapmış olacaksın?   (**What** will have you done by tomorrow?)

Ne zaman uyumuş olacaksın?   (**When** will have you fallen asleep?)

Usage

1) The **future perfect tense** is used to describe actions that will be completed before a specific time in the future.

Ben **yarına kadar** ödevimi bitir**miş olacağım.**

(I **will have finished** my homework by tomorrow.)

Ali bu akşam saat onda yeni bir araba al**mış olacak.**

(Ali **will have bought** a new car at ten o'clock tonight.)

Sen gelecek ay son hikayeni **yazmış olacaksın.**

(You **will have written** your latest story by next month.)

Future Perfect Tense (Gelecek Zamanın Rivayeti)

Listen and Repeat the Sentences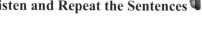

Affirmative

Ben siz eve gelene kadar uyu**muş olacağım**.
Sen yarına kadar anlaşmayı imzala**mış olacaksın**.
O yarın öğlene kadar yeni işine başla**mış olacak**.
Biz eylülde tatilden dön**müş olacağız**.
Siz bu akşam dokuzdan önce evi boya**mış olacaksınız**.

Negative

Ben siz eve gelene kadar uyu**mamış olacağım**.
Sen yarına kadar anlaşmayı imzala**mamış olacaksın**.
O yarın öğlene kadar yeni işine başla**mamış olacak**.
Biz eylülde tatilden dön**memiş olacağız**.
Siz bu akşam dokuzdan önce evi boya**mamış olacaksınız**.

Question

Ben siz eve gelene kadar uyu**muş olacak mıyım?**
Sen yarına kadar anlaşmayı imzala**mış olacak mısın?**
O yarın öğlene kadar yeni işine başla**mış olacak mı?**
Biz eylülde tatilden dön**müş olacak mıyız?**
Siz bu akşam dokuzdan önce evi boya**mış olacak mısınız?**

Diyalog

 Listen to the Dialogue and Follow the Script

Müdür: Nasıl gidiyor projeniz?

Çalışan: Bu hafta sonuna kadar **bitmiş olacak**.

Müdür: Çok iyi. Hafta sonuna kadar tamamen **bitirmiş olacak mısınız**?

Çalışan: Evet bitirmiş olacağız. Zaten yarısını bu akşama kadar **tamamlamış olacağız**.

Müdür: Bunu duyduğuma sevindim çünkü ortaklarımız gelecek hafta **gelmiş olacak**.

Çalışan: Elimizden geleni yapıyoruz, merak etmeyin. Acaba yeni bilgisayarlarımız ne zaman gelecek?

Müdür: Yeni bilgisayarlarınız yarın akşam size **teslim edilmiş olacak**.

Çalışan: Çok teşekkürler. Bir sorum daha var. Maaşlarımızı bu hafta sonuna kadar **almış olacak mıyız**?

Müdür: Elbette. Cumaya kadar maaşlarınız **ödenmiş olacak**.

Çalışan: O halde size iyi çalışmalar.

Müdür: Size de.

Future Perfect Tense (Gelecek Zamanın Rivayeti)

Dialogue

Listen to the Dialogue and Follow the Translation

Manager: How is your project going?

Employee: It will have been finished by this weekend.

Manager: Great. Will you have finish it all by the weekend?

Employee: Yes, we will. We will have completed half of it by this evening.

Manager: Nice to hear that because our partners will have arrived by next week.

Employee: We are doing our best, don't worry. When will our new computers be delivered?

Manager: Your new computers will have been delivered by tomorrow evening.

Employee: Thanks very much. I have one more question. Will we have got our salaries by this weekend?

Manager: Sure. Your salaries will have been paid by Friday.

Employee: OK, then have a nice day.

Manager: You too.

Exercises

A) Fill in the gaps with the correct form of the verb.

Example: Ben yarın öğlene kadar okula <u>gitmiş olacağım</u> (git).

1) Sen ben gelene kadar dişlerini _____ (fırçala).
2) Ahmet biz eve gidene kadar yemek _____ (pişir).
3) Onlar 2025'e kadar Almanya'ya _____ (taşın).
4) Davut gelecek yıla kadar dört madalya _____ (kazan).

B) Rewrite the sentences in <u>negative</u> form.

Example: Ben yarın öğlene kadar okula <u>gitmemiş olacağım</u> (git).

1) Sen ben gelene kadar dişlerini _____ (fırçala).
2) Ahmet biz eve gidene kadar yemek _____ (pişir).
3) Onlar 2025'e kadar Almanya'ya _____ (taşın).
4) Davut gelecek yıla kadar dört madalya _____ (kazan).

C) Rewrite the sentences in <u>question</u> form.

Example: Ben yarın öğlene kadar okula <u>gitmiş olacak mıyım</u> (git)?

1) Sen ben gelene kadar dişlerini _____ (fırçala)?
2) Ahmet biz eve gidene kadar yemek _____ (pişir)?
3) Onlar 2025'e kadar Almanya'ya _____ (taşın)?
4) Davut gelecek yıla kadar dört madalya _____ (kazan)?

Lesson 37

Personal Pronouns (Kişi Zamirleri)

Subject Pronouns

Personal pronouns are pronouns used to refer people or sometimes animals. In Turkish there are six pronouns:

Ben	I
Sen	You
O	He / She / It
Biz	We
Siz	You
Onlar	They

Keep in mind that in all sentences the verb (predicate) is followed by a personal suffix. Below is a table of the personal suffixes. Keep in mind that the vowels in the suffixes may change according to the vowel harmony rules and consonant rules.

Ben ⟹ –m -im
Sen ⟹ –n / -in / -sin
O ⟹ -----
Biz ⟹ –k / -iz
Siz ⟹ –niz / -iniz / -siniz
Onlar ⟹ –ler / –sinler

Ben yürüyoru**m**.	I am walking.
Sen yürüyor**sun**.	You are walking.
O yürüyor.	He / She / It is walking.
Biz yürüyor**uz**.	We are walking.
Siz yürüyor**sunuz**.	You are walking.
Onlar yürüyor**lar**.	They are walking.

In fact, in Turkish we usually omit the personal pronoun since the personal suffix clearly states the subject. The single word "**Yürüyorum.**" is a full sentence as it includes a predicate (**–yürü**) and a personal suffix (**-m**). A pronoun in a sentence is generally used to strengthen the **stress on the subject** of the sentence.

Gender-Neutral Pronoun: O

As it can be seen in the table in Turkish there is only one pronoun for the third person singular. Therefore, the word "**O**" may refer to a man, a woman, or an animal. Only the context can tell us which one the word refers.

- **O** çok mutlu bir anne. (She is a very happy mother.)
- **O** iyi bir koca. (He is a good husband.)
- **O** kuvvetli bir hayvan. (It is a strong animal.)

In addition unlike in English, in Turkish there is a different word **(Siz)** for the second person plural.

- **Sen** beni aradın mı? (Did you call me?)
- **Siz** birlikte çalışyorsunuz (You are working together)

Personal Pronouns (Kişi Zamirleri)

The word **"siz"** is also used for the second person **singular** in **formal conversations**.

- Siz benim en değerli müşterimsiniz.
  (You are my most valuable customer.)

Listen and repeat the sentences below.

Ben	Biz
Sen	Siz
O	Onlar

- **Ben** yürüyor**um**.
- **Sen** yürüyor**sun**.
- **O** yürüyor.
- **Biz** yürüyor**uz**.
- **Siz** yürüyor**sunuz**.
- **Onlar** yürüyor**lar**.
- **O** çok mutlu bir anne.
- **O** iyi bir koca.
- **O** kuvvetli bir hayvan.
- **Sen** beni aradın mı?
- **Siz** birlikte çalışıyorsunuz.
- Siz benim en değerli müşterimsiniz.

Diyalog

 Listen to the Dialogue and Follow the Script

1.Müşteri: Ben iki kilo elma almak istiyorum.

2.Müşteri: Sen benden sonra geldin, sıra bende.

Manav: Bir dakika efendim. **Siz** ne istemiştiniz?

2.Müşteri: Ben biraz marul, bir kilo da soğan istiyorum.

Manav: Buyurun efendim. Bu sizin.

1.Müşteri: Ben elma istemiştim.

Manav: Buyurun efendim, sizin elmalarınız.

1.Müşteri: Ayrıca iki kilo portakal ve bir kilo nar istiyorum.

Manav: Elbette, buyurun hanımefendi.

1.Müşteri: Teşekkürler. **O** sizin çırağınız mı?

Manav: Evet **o** benim çırağım. Dilerseniz size yardım edebilir.

1.Müşteri: Çok sevinirim. İyi günler.

Dialogue

Listen to the Dialogue and Follow the Translation

Customer 1: I want to buy two kilos of apples.

Customer 2: You came after me, it's my turn.

Greengrocer: Just a minute, madam. What do you want to buy?

Customer 2: I want some lettuce and a kilo of onions.

Greengrocer: Here you are, madam. This is yours.

Customer 1: I want to buy apples.

Greengrocer: Here you are madam, your apples.

Customer 1: I also want to buy two kilos of oranges and a kilo of pomegranates.

Greengrocer: Sure, here you are madam.

Customer 1: Thanks. Is he your delivery boy?

Greengrocer: Yes, he is. He can help you if you want.

Customer 1: I will be so glad. Have a nice day.

Exercises

A) Read and rewrite the sentences buy using the proper personal pronoun.

Example: Selin dün eve geldi.

    <u>O</u> dün eve geldi.

1) Ben ve annem çok çalışıyoruz.

    ____ çok çalışıyoruz.

2) Okan ve Recep tatile gitti.

    _____

3) Sen ve Deniz yemeği pişirin.

    _____

4) Özlem çok tembel bir insan.

    _____

B) Fill in the gaps with the correct personal suffix. Use the suffixes in the box.

> -sın / -uz / (-) / -sunuz / (-)

Example: Ben çok uzun boylu<u>yum</u>.

1) Sen iyi bir arkadaş__.
2) O çok yer__.
3) Biz yarın yola çıkıyor__.
4) Siz çok fazla geziyor___.
5) Onlar yarın gelecek___.

Lesson 38

Kişi Zamirleri ve Hal Ekleri

1) Object Pronouns – Accusative Case (İsmin -i hali)

The accusative case is formed by adding the suffix –i to a noun. This case **marks** the **direct object** in a sentence.

- **Evi** boyadım.
  I painted **the house.**
- **Dergiyi** okudun mu?
  Did you read **the magazine?**
- **Kazayı** gördüm.
  I saw **the accident.**

The suffix –i is also used after subject pronouns. In that case the subject pronouns turn into object pronouns. They **mark** the **direct objects** in sentences. The suffix may change into "**–ı**" or "**–u**" in relation to the vowel harmony rules.

beni	me
seni	you
onu	him / her
bizi	us
sizi	you
onları	them

♦*Beşir Kitabevi*

- Polis **onları** görmüş. (The police saw **them**.)
- **Sizi** buraya kim getirdi? (Who brought **you** here?)
- Yeni öğretmen **bizi** sevdi (The new teacher liked **us**.)
- Dün akşam **onu** gördüm. (I saw **him** yesterday night.)
- Patron **seni** görmek istiyor. (The boss wants to see **you**.)
- **Beni** yarın akşam ara. (Call **me** tomorrow night.)

You should also know that the suffix "–i" has another function. It is also used to indicate **possession** after the third person possessive adjective.

- O**nun** kale**mi** kırmızı. (His pen is red.)

In the sentence above the suffix "–i" is used to describe to whom the pen belongs.

- Kale**mi** bana ver. (Give the pen to me.)

In the sentence above the suffix "–i" is used as the accusative case.

For more information about the possessive suffix "–i" please check **Lesson 39.**

2) Object Pronouns – Dative case (İsmin –e hali)

The dative case is formed by adding the suffix "–e" to a noun. This case **marks** the **indirect object** in the sentence.

- Market**e** gitti.
- He went **to the supermarket.**

Kişi Zamirleri ve Hal Ekleri

The suffix –i is also used after subject pronouns. In that case the subject pronouns turn into object pronouns. It **marks** the **indirect object** in the sentences and **usually** refers to a noun to which something is **given**. The suffix may change into "**–a**" or "**–u**" in relation to the vowel harmony rules.

bana	(to / for) me
sana	(to / for) you
ona	(to / for) him / her
bize	(to / for) us
size	(to / for) you
onlara	(to / for) them

Keep in mind that the suffix **–e** changes the vowels in "**ben**" and "**sen**" into "**bana**" and "**sana**" instead of "**bene**" and "**sene**".

- O resimleri **bana** ver. (Give those pictures **to me**.)
- **Sana** hediye aldım. (I bought **you** a present.)
- Bu oyuncağı **ona** götür. (Take this toy **to him**.)
- Bu akşam **bize** gelmeyin. (Don't come **to us** tonight.)
- Ben **size** demiştim. (I have told **you**.)
- Bu araba **onlara** ait. (This car belongs **to them**.)

Gender-Neutral Pronoun: "onu" and "ona"

As it can be seen in the table in Turkish there is only one object pronoun for the third person singular. Therefore, the words "**onu**" and "**ona**" may refer to a man, a woman, or an animal. Only the context can tell us which one the word refers to.

- Dün akşam **onu** gördüm. Pembe bir etek giymişti.
  (I saw her last night. She was wearing a pink skirt.)
- **Onu** rahat bırak. O benim kocam.
  (Leave him alone. He is my husband.)
- **Ona** güzel bir bilezik aldım.
  (I bought her a beautiful bracelet.)

Listen and repeat the sentences below.

Beni	Bizi	Bana	Bize
Seni	Sizi	Sana	Size
Onu	Onları	Ona	Onlara

- Polis **onları** görmüş.
- **Sizi** buraya kim getirdi?
- Yeni öğretmen **bizi** sevdi.
- Dün akşam **onu** gördüm.
- Patron **seni** görmek istiyor.
- **Beni** yarın akşam ara.
- O resimleri **bana** ver.
- **Sana** hediye aldım.
- Bu oyuncağı **ona** götür.
- Bu akşam **bize** gelmeyin.
- Ben **size** demiştim.
- Bu araba **onlara** ait.
- Dün akşam **onu** gördüm. Pembe bir etek giymişti.
- **Onu** rahat bırak. O benim kocam.
- **Ona** güzel bir bilezik aldım.

Diyalog

 Listen to the Dialogue and Follow the Script

Gülçin: Bu akşam **bize** gidelim mi?

Fulya: **Size** gelemem çünkü **bize** de misafir gelecek.

Gülçin: Yarın akşama ne dersin?

Fulya: Yarın olur. Seren de bizde olacak. **Onu** da davet edeyim mi?

Gülçin: Tabiki et. Yarın kuzenlerim gelecek, **onları** da çağıracağım.

Fulya: Kalabalık olacağız. Yemek için **sana** yardım edeyim mi?

Gülçin: Teşekkürler canım. Annem **bana** yardım edecek.

Fulya: Kuzenlerini otogardan kim alacak?

Gülçin: **Onları** babam alacak.

Fulya: O halde yarın sabah **beni** ara. Bir şeye ihtiyacın olursa **sana** yardım ederim.

Kişi Zamirleri ve Hal Ekleri

Dialogue

Listen to the Dialogue and Follow the Translation

Gülçin: Shall we go to us (to my place?)

Fulya: I can't come to you because we have guests tonight.

Gülçin: What about tomorrow night?

Fulya: Tomorrow is okay. Seren will be with us tomorrow. Shall I invite her?

Gülçin: Of course you will. My cousins will come tomorrow and I will invite them, too.

Fulya: It will be crowded. Shall I help you for dinner?

Gülçin: Thanks dear. My mom will help me.

Fulya: Who will take your cousins from the terminal?

Gülçin: My dad will take them.

Fulya: Then, call me tomorrow morning. If you need anything, I will help you.

Exercises

A) Read the dialogue and fill in the gaps with the correct object pronouns.

> sana / beni / bana / size / onu / sizi

Sekreter: Günaydın Turgut Bey.

Turgut: Günaydın. Beni kimse aradı mı?

Sekreter: Hayır efendim. ___ kimse aramadı.

Turgut: Peki. Ahmet Bey raporları ___ teslim etti mi?

Sekreter: Evet, efendim. Dün akşam Ahmet Bey raporları ___ teslim etti.

Turgut: ___ ara ve bu akşam toplantı yapmak istediğimi söyle.

Sekreter: Elbette Turgut Bey. ___ bir de paket geldi. Buyrun.

Turgut: Teşekkürler.

B) Choose the correct pronoun.

Example: Beni / <u>Bana</u> bir kilo elma verir misin?

1) Seni / Sana annen aradı.

2) Bizi / Bize bir paket geldi.

3) Onu / Ona bir hediye almalıyım.

4) Onları / Onlara parkta gördüm.

Lesson 39

Possessive Adjectives (İyelik Sıfatları)

The possessive adjective is formed by adding possessive suffixes "–(i)m, or –(i)n" to subject pronouns. The suffix may change into "–(ı)n, or –(u)n" in relation to the vowel harmony rules. The possessive adjectives describe to whom or to what something **belongs**.

ben**im**	my
sen**in**	your
on**un**	his / her
biz**im**	our
siz**in**	your
onlar**ın**	their

Keep in mind that the noun that follows a possessive pronoun is also followed by a possessive suffix. In that case we may use any of the possessive suffixes listed below:

| -(i)m, -(i)n, -(s)i, -(i)miz, -(i)niz, -(ler)i |

ben**im** cüzdan**ım**	my wallet
sen**in** ceket**in**	your jacket
on**un** elbise**si**	his / her dress
biz**im** ev**imiz**	our house
siz**in** köpeğ**iniz**	your dog
onlar**ın** silah**ı**	their weapon

- Ben**im** cüzdan**ım** çok pahalı.
  (**My** wallet is very expensive.)
- Sen**in** ceket**in** çok eski.
  (**Your** jacket is very old.)
- On**un** elbise**si** bana olmaz.
  (**Her** dress doesn't fit me.)
- Biz**im** ev**imiz** iki kilometre uzakta.
  (**Our** house is two km away.)
- Siz**in** köpeğ**iniz** bahçemize girdi.
  (**Your** dog entered our garden.)
- Onlar**ın** silah**ı** çok tehlikeli.
  (**Their** weapon is very dangerous.)

You should also know that in Turkish we usually omit the possessive pronouns in sentences since the possessive suffix that follows the noun indicate to whom or to what something belongs. In other words instead of saying:

- **Senin** ceket**in** çok eski.
- Ben**im** cüzdan**ım** çok pahalı.

we say:

- Ceket**in** çok eski.
- Cüzdan**ım** çok pahalı.

Possessive Adjectives (İyelik Sıfatları)

Listen and repeat the sentences below.

- Benim
- Bizim
- Senin
- Sizin
- Onun
- Onların

- Ben**im** cüzdan**ım** çok pahalı.
- Sen**in** ceket**in** çok eski.
- On**un** elbise**si** bana olmaz
- Biz**im** ev**imiz** iki kilometre uzakta.
- Siz**in** köpeğ**iniz** bahçemize girdi.
- Onlar**ın** silah**ı** çok tehlikeli.

Diyalog

 Listen to the Dialogue and Follow the Script

Efe: Merhaba Nur, (bizim) sınıfımıza hoş geldin. (Senin) eski okulun neredeydi?

Nur: (Benim) eski okulum Samsun'daydı. (Benim) Babam doktor. Onun işinden dolayı buraya taşındık.

Efe: Benim de annem doktor.

Nur: Sizin eviniz nerede?

Efe: Bizim evimiz okulun tam karşısında. Ya sizin eviniz?

Nur: Gelecek hafta sonu yeni evimize taşınacağız. Şu an akrabalarımızda misafir olarak kalıyoruz.

Efe: Çok memnun oldum Nur. Umarım birlikte güzel bir yıl geçiririz.

Nur: Ben de çok memnun oldum Efe.

Possessive Adjectives (İyelik Sıfatları)

Dialogue

Listen to the Dialogue and Follow the Translation

Efe: Hello Nur, welcome to our class. Where was your former school?

Nur: My former school was in Samsun. My father is a doctor. We have moved here for my father's job.

Efe: My mother is a doctor, too.

Nur: Where is your house?

Efe: Our house is just opposite the school. What about your house?

Nur: We will move into our new house next week. Now, we are staying in our relatives' house as guests.

Efe: Nice to meet you Nur. I hope we will have a nice year together.

Nur: Nice to meet you too, Efe.

Exercises

A) Use the proper possessive adjective by looking at the personal suffix.

Example: <u>Benim</u> araba<u>m</u> kırmızı.

1) _____ ev<u>in</u> çok uzak.

2) _____ okulu<u>muz</u> kalabalık.

3) _____ defter<u>iniz</u> yok mu?

4) _____ kardeşi yok.

B) Use the proper possessive suffix by looking at the possessive adjectives.

Example: Benim bisiklet<u>im</u> sarı.

1) Senin (bıçak) keskin.

2) Bizim (kütüphane) çok büyük.

3) Sizin (kalem) yok mu?

4) Onun (köpek) çok saldırgan.

C) List some of your possessions with their colors.

Example: Siyah.

Benim ayakkabım siyah.

1) Kahverengi

_____

2) Sarı

_____

Lesson 40

Possessive Pronouns (İlgi Zamirleri)

The possessive pronouns are formed by employing the possessive suffixes "–(i)m, or –(i)n" and the possessive pronoun suffix "–ki" to the subject pronouns. The possessive pronoun suffix "-ki" is used to subsituate a noun.

ben**imki**	mine
sen**inki**	yours
on**unki**	his / her
biz**imki**	ours
siz**inki**	yours
onlar**ınki**	theirs

Keep in mind that the possessive pronouns are used to describe a noun that has previously been mentioned. In other words the subsituated noun must be mentioned before the possessive pronoun.

- Se**nin** kale**m**in kırmızı, ben**imki** sarı.

    Your pen is red, **mine** is yellow.

- Ben**im** ev**im** yakın ama sen**inki** uzak.

    My house is close but **yours** is far.

- Biz**im** araba**mız** yeni, on**unki** eski.

    Our car is new, **his** is old.

- **Onların köpeği** çok saldırgan **bizimki** değil.
  Their dog is very aggressive but **ours** is not.
- **Bizim işimiz** çok kolay **Sizinki** nasıl?
  Our job is very easy. What about **yours**?
- **Sizin çocuklarınız** uslu ama **onlarınki** çok yaramaz.
  Your kids are quiet but **theirs** are very naughty.

You should know that **"ki"** is also used as a conjunction in Turkish. The **word "ki"** can be translated into English as **"that"**.

- O kadar yorgundum **ki** hemen yatağa gittim.
  I was so tired **that** I immediately went to bed.
- Annem öyle çok sinirlendi **ki** tabağı duvara fırlattı.
  My mother got so angry **that** she threw the plate to the wall.
- Film öyle acıklıydı **ki** beni ağlattı.
  The movie was so touching **that** it made me cry.

The easiest way to differentiate **"the word ki"** and **"the suffix –ki"** is that the former one is written as a separate word in sentences whereas the latter one is attached to words. Therefore in conversations the stress on **"the word ki"** is usually **stronger**.

Possessive Pronouns (İlgi Zamirleri)

Listen and repeat the sentences below.

- benimki
- seninki
- onunki
- bizimki
- sizinki
- onlarınki

- Senin kalemin kırmızı, benimki sarı.
- Benim evim yakın ama seninki uzak.
- Bizim arabamız yeni, onunki eski.
- Onların köpeği çok saldırgan bizimki değil.
- Bizim işimiz çok kolay sizinki nasıl?
- Sizin çocuklarınız uslu ama onlarınki çok yaramaz.
- O kadar yorgundum ki hemen yatağa gittim.
- Annem öyle ok sinirlendi ki tabağı duvara fırlattı.
- Film öyle acıklıydı ki beni ağlattı.

Diyalog

 Listen to the Dialogue and Follow the Script

Muhsin: Gömleğimi bulamıyorum. Sen gördün mü?

Figen: Yatak odasındaki sandalyenin üzerinde değil mi?

Muhsin: O **benimki** değil. Sanırım **seninki**.

Figen: Hayır **benimki** de değil. Melike'nin olabilir.

Muhsin: **Onunki** bu kadar büyük olamaz.

Figen: Haklısın. Kuru temizlemecide bir hata oldu sanırım.

Muhsin: Belki de. Ben yarın sorarım.

Figen: Teşekkürler canım. Neyse, sen Harun'un yeni arabasını gördün mü? Kocaman!

Muhsin: **Bizimki**nden de büyük mü?

Figen: Evet öyle. Bizim araba **onlarınki**nin yanında bisiklet gibi görünüyor.

Muhsin: Gerçekten merak ettim.

Possessive Pronouns (İlgi Zamirleri)

Dialogue

Listen to the Dialogue and Follow the Translation

Muhsin: I can't find my shirt. Did you see it?

Figen: Isn't in on the chair in the bedroom?

Muhsin: That isn't mine. I think it's yours.

Figen: No, it's not mine either. It may be Melike's.

Muhsin: Hers can't be so large.

Figen: You are right. I think there was a mistake in the dry cleaner's.

Muhsin: Maybe. I will check it tomorrow.

Figen: Thanks dear. Anyway, did you see Harun's new car? It's huge!

Muhsin: Is it bigger than ours?

Figen: Yes it is. Our car seems like a bike compared to theirs.

Muhsin: I am very curious about it.

Exercises

A) Read and answer the questions.

Example: Benim çantam burada. Seninki nerede?
- <u>Benimki</u> okulda kaldı.

1) - Senin annen geldi. Benimki nerede kaldı?
   - _____ az sonra gelecek.
2) - Onların sınavı bitti. Bizimki ne zaman biter?
   - _____ bir saat sonra bitecek.
3) - Ahmet'in ablası geldi mi?
   - _____ gelmeyecek.
4) - Bizim çocuklarımız çok uslu. Onların çocukları da uslu mu?
   - Hayır, _____ çok yaramaz.
5) - Benim babam çok sinirli bir insan.
   - _____ çok sakin. Hiç sinirlenmez.
6) - Onların okulu çok kalabalık.
   - Evet ama _____ de çok gürültülü.

Lesson 41

Reflexive Pronouns (Dönüşlülük Zamirleri)

Reflexive pronouns are pronouns that are used to emphasize that the action in the sentence is made by the subject of the sentence. In Turkish the word "**kendi**" is used for the reflexive pronouns but the word is also **followed by personal suffixes**.

kendi ➡ –m
kendi ➡ –n
kendi ➡ -si
kendi ➡ -miz
kendi ➡ –niz
kendi ➡ –leri

kendi**m**	myself
kendi**n**	yourself
kendi**si**	herself / himself / itself
kendi**miz**	ourselves
kendi**niz**	yourselves
kendi**leri**	theirselves

- Bu ödevi **kendim** yaptım.
  (I did this homework **myself**.)

- Ödevini **kendin** mi yaptın?

  (Did you do your homework by **yourself**?)

- (O) Evini **kendisi** boyadı.

  He painted his home by **himself**.

- **Kendimizi** suçlamamlıyız.

  We shouldn't blame **ourselves**.

- Bu sorunu **kendiniz** çözmelisiniz.

  You should solve this problem by **yourselves**.

- Bu binayı **kendileri** inşa etti.

  They built this building by **themselves**.

Keep in mind that in Turkish we use a personal pronoun before a reflexive pronoun only if we want to **strengthen the stress on the subject**. Therefore, if we do not want an extra stress in the sentence we generally do not use personal pronouns before the reflexive pronouns.

- Bu görev için senden yardım almadım. Herşeyi ben **kendim** yaparım.

  I did not get any help from you for this task. I did everything **by myself.**

Reflexive Pronouns (Dönüşlülük Zamirleri)

Listen and repeat the sentences below.

- Bu sorunu **kendiniz** çözmelisiniz.
- **Kendimizi** suçlamamalıyız.
- Bu binayı **kendileri** inşa etti.
- (O) Evini **kendisi** boyadı.
- Ödevini **kendin** mi yaptın?
- Bu ödevi **kendim** yaptım.
- Bu görev için senden yardım almadım. Herşeyi ben kendim yaptım.
- kendi**leri**
- kendi**niz**
- kendi**miz**
- kendi**si**
- kendi**n**
- kendi**m**

Diyalog

 Listen to the Dialogue and Follow the Script

Satış elemanı: Size nasıl yardımcı olabilirim?

Müşteri: Bu koltukları almak istiyorum ama nasıl taşıyabiliriz?

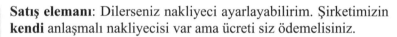

Satış elemanı: **Kendiniz** taşımalısınız efendim.

Müşteri: Ama çok ağırlar, **kendim** nasıl taşıyabilirim?

Satış elemanı: Dilerseniz nakliyeci ayarlayabilirim. Şirketimizin **kendi** anlaşmalı nakliyecisi var ama ücreti siz ödemelisiniz.

Müşteri: Tamam, bunu düşüneceğim.

Satış elemanı: Başka bir sorunuz var mı efendim?

Müşteri: Evet, aslında var. Şu bilardo masasını da beğendim. Onu evde **kendimiz** yapabiliyor muyuz?

Satış elemanı: Elbette. İçinde yapılış talimatı var, **kendiniz** evde kolaylıkla yapabilirsiniz. Çok da hafif bir masadır.

Müşteri: Peki. Masayı şimdi alayım.

Reflexive Pronouns (Dönüşlülük Zamirleri)

Dialogue

Listen to the Dialogue and Follow the Translation

Sales person: How can I help you?

Customer: I want to buy these sofas but how can we carry them?

Sales person: You have to carry them by yourself, sir.

Customer: But they are very heavy, how can I carry them by myself?

Sales person: If you want, I can arrange you a carrier. Our company has its own contracted carrier but you have to pay for it.

Customer: Okay, I will think about it.

Sales person: Do you have any other question, sir?

Customer: Yes, actually I do. I like this pool table. Are we able to install it at home by ourselves?

Sales person: Sure. There is an instruction sheet inside it; you can easily install it by yourself at home. It is also such a light one.

Customer: Okay, I will buy the table now.

Exercises

A) Read the possessive pronoun and write the reflexive mood using the proper suffix.

Example: Ben ⟹ kendi<u>m</u>

1) Sen ⟹ kendi__
2) O ⟹ kendi__
3) Biz ⟹ kendi__
4) Siz ⟹ kendi__
5) Onlar ⟹ kendi__

B) Read the sentences and fill in the gaps.

Example: Bu masayı satın almadım onu <u>kendim</u> yaptım.

1) Tüm bu sorunları _____ yaratıyorsun.
2) Ahmet dayım tüm evi _____ boyadı.
3) Dedem tamirci çağırmadı. Arabayı _____ tamir etti.
4) Başkasının yaptığı yemeği yemem. Yemeğimi her zaman _____ yaparım.
5) Burada herkes yatağını _____ toplar.

Lesson 42

Can/be able to/may/might (Kurallı Bileşik Fiil [Yeterlilik Hali])

Structure

Affirmative Sentences

Bileşik fiil (compound verb) is a term used for verbs that are formed with two different verbs. In order to express **"can / be able to/ may/ might"** in Turkish we use the verb **"bil"** after the main verb. Keep in mind that we also use the vowels **"–e"** or **"–a"** between the main verb and **"bil"**. Finally you should know that the verbs are also followed by tense suffix **"-r"** and personal suffixes.

- Ben **yüzebilirim**. (I can swim.)

> [yüz + –e.bil + ir + im]
> **[main verb + e.bil + tense suffix + personal suffix]**

Negative Sentences

In order to form a negative sentence we use the suffix **–me (-ma)** after the verb. However in modern Turkish the verb **"bil"** is omitted in negative form. In other words instead of saying:

- Ben yüz**ebileme**m. (I can't swim.)

we say:

- Ben yüzemem. (I can't swim.)

However if we use the verb to **express possibility** we use the suffix **–me (-ma)** between the main verb and "e.bil".

- Yarın gelmeyebilirim. (I may not come tomorrow.)

Question Form

In order to form a question we use the question suffix **"–mi"** after the verb. Keep in mind that in question form the tense suffixes are employed after the verb whereas the personal suffixes are positioned after the question suffix **"–mi"**.

- Sen yüzebilir misin? (Can you swim?)

[yüz + –e.bil + ir + mi + sin]

[**main verb + e.bil + tense suffix + question suffix + personal suffix**]

Usage

In English **"can / be able to / may / might"** have different functions; however, in Turkish they are all expressed with the same verb form. Therefore, the differences between these modal verbs can only be inferred from the context.

1) We use the verb "e-bil" to express ability in present.

- Ben çok hızlı **koşabilirim**.

   (I can run very fast.)

- Annem otobüs **sürebilir**.

   (My other can drive a bus.)

Can/be able to/may/might (Kurallı Bileşik Fiil [Yeterlilik Hali])

- Sen bu ağır kutuyu **taşıyamazsın**.
 (You can't carry this heavy box.)
- Biz o takımı **yenebiliriz**.
 (We can beat that team.)

2) We use the verb "e-bil" to express possibility in present or future.

- Ben toplantıya **gecikebilirim**.
 (I may be late for the meeting.)
- Annem bu akşam **gelebilir**.
 (My other may come tonight.)
- Yarın yağmur **yağabilir**.
 (It may rain tomorrow)
- Sen bu sınavı **geçemeyebilirsin**.
 (You may not pass this exam.)

3) We use the verb "e-bil" to make polite requests or to ask for permission.

- Bir bardak çay **alabilir miyim?**
 (**Can** I **have** a cup of tea?)
- Kapıyı **açabilir misin?**
 (**Can** you **open** the door?)
- Bu akşam dışarı **çıkabilir miyiz?**
 (**Can** we **go out** tonight?)

Listen and Repeat the Sentences

- Ben **yüzebilirim**.
- Ben yüz**eme**m.
- Sen yüz**ebilir misin?**
- Yarın **gelmeyebilirim**.
- Ben çok hızlı **koşabilirim**.
- Annem otobüs **sürebilir**.
- Sen bu kutuyu **taşıyamazsın**.
- Biz o takımı **yenebiliriz**.
- Ben toplantıya **gecikebilirim**.
- Annem akşam **gelebilir**.
- Yarın yağmur **yağabilir**.
- Sen bu sınavı **geçemeyebilirsin**.
- Bir bardak çay **alabilir miyim?**
- Kapıyı **açabilir misin?**
- Bu akşam dışarı **çıkabilir miyiz?**

WRITING TASK: *Think about your abilities. Write at least six affirmative and negative sentence using "Kurallı Bileşik Fiil Yeterlilik Hali"*

Diyalog

 Listen to the Dialogue and Follow the Script

İşveren: Günaydın. Özgeçmişinizi okudum ve beğendim. Size birkaç soru daha **sorabilir miyim**?

Aday: Elbette, sizi dinliyorum.

İşveren: Akıcı biçimde Almanca **konuşabiliyor musunuz**?

Aday: Evet **konuşabiliyorum**.

İşveren: Bu çok iyi. Toplantıları **yönetebilir misiniz**?

Aday: Elbette **yönetebilirim**.

İşveren: Ayda bir kez **seyahat edebilirsiniz**. Sizin için sorun olur mu bu?

Aday: Sık **seyahat edebilirim**, ama çok iyi araba **kullanamam**.

İşveren: Sorun değil, ihtiyacınız olmayacak. O halde birlikte çalışacağız. Yarın 9'da toplantı salonunda buluşalım.

Aday: Teşekkürler, iyi günler.

Dialogue

Listen to the Dialogue and Follow the Translation

Employer: Good morning. I have read your resume and I would like to ask you some more questions.

Applicant: Sure, I'm listening to you.

Employer: Can you speak German fluently?

Applicant: Yes, I can.

Employer: This is great. Are you able to conduct the meetings?

Applicant: Sure, I can.

Employer: You may travel once a month. Is this a problem for you?

Applicant: I can travel frequently but I can't drive well.

Employer: No problem, you won't need it. Then we will work together. Let's meet in the meeting hall at 9 a.m. tomorrow.

Applicant: Thank you, have a nice day.

Exercises

A) Read and answer the questions.

Example: Sen yüzebilir misin?
　　　　 Evet, yüzebilirim.

1) Akın evi boyayabilir mi?
　　 Hayır, _____.
2) Onlar arabamı tamir edebilir mi?
　　 Evet, _____.
3) Sen bu kavanozu açabilir misin?
　　 Tabiki _____
4) Ben tek başıma bu paketleri taşıyabilirim.
　　 Hayır, tek başına _____

B) Fill in the gaps with the correct form of the verb.

Yüzme kursum bugün bitti. Ben artık _____ (yüz). Ayrıca çok sağlıklı hissediyorum. İstersem bir saat durmadan _____ (koş). Spor yapmayan insanlar sağlıksız olur ve uzun süre _____ (koş). Bu yüzden bence herkes spor yapmalı.

Lesson 43

**Could / was - were able to
(Bileşik Fiilin Yeterlilik Hali [Geçmiş Zaman])**

Structure

Affirmative Sentences

Bileşik fiil (compound verb) is a term used for verbs that are formed with two different verbs. In order to express **"could / was – were able to"** in Turkish we use the verb **"bil"** and tense suffixes **"-yor"** and **"–di"** after the main verb. In some cases only the suffix **"–di"** is employed **[table 1]** but in some cases we have to use **"-yor"** and **"–di"** together **[table 2]**. As mentioned in **Lesson 42** we also use the vowels **"–e"** or **"–a"** before the verb **"bil"**. Finally you should remember that the verbs are also followed by personal suffixes.

- Ben çocukken **yüzebiliyordum.**

    (I **could swim** when I was a child.)

- Ben küçük adaya kadar **yüzebildim.**

    (I **was able to swim** to the small island.)

[yüz + –e.bil + iyor + du + m]
[main verb + e.bil + tense suffix 1 + tense suffix 2 + personal suffix]
[yüz + –e.bil + di + m]
[main verb + e.bil + tense suffix + personal suffix]

Table 1.

Ben	verb	+ -e.bil (-a.bil) + -di + -m
Sen	verb	+ -e.bil (-a.bil) + -di + -n
O	verb	+ -e.bil (-a.bil) + -di
Biz	verb	+ -e.bil (-a.bil) + -di + -k
Siz	verb	+ -e.bil (-a.bil) + -di + -niz
Onlar	verb	+ -e.bil (-a.bil) + -di

Table 2.

Ben	verb	+ -e.bil (-a.bil) + -iyor + -du + -m
Sen	verb	+ -e.bil (-a.bil) + -iyor + -du + -n
O	verb	+ -e.bil (-a.bil) + -iyor + -du
Biz	verb	+ -e.bil (-a.bil) + -iyor + -du + -k
Siz	verb	+ -e.bil (-a.bil) + -iyor + -du + -nuz
Onlar	verb	+ -e.bil (-a.bil) + -iyor + -du

Negative Sentences

In order to form a negative sentence we use the suffix **–me (-ma)** and two tense suffixes **"-yor"** and **"–di"** after the main verb. Remember that in modern Turkish the verb **"bil"** is omitted in negative form. In other words instead of saying:

- Ben çocukken yüz**ebil**/**miyordum**.

    (I **could swim** when I was a child.)

Could / was - were able to (Bileşik Fiilin Yeterlilik Hali [Geç. Zam.])

we say:

- Ben küçük adaya yüze*bil*medim.
  (I **wasn't able to** swim to the small island.)

- Ben çocukken yüz**emiyordum**.
  (I **could swim** when I was a child.)

- Ben küçük adaya yüz**emedim**.
  (I **wasn't able to** swim to the small island.)

Table 3.

Ben	verb	+ -e.mi (-a.mı) + -yor + -du + -m
Sen	verb	+ -e.mi (-a.mı) + -yor + -du + -n
O	verb	+ -e.mi (-a.mı) + -yor + -du +
Biz	verb	+ -e.mi (-a.mı) + -yor + -du + -k
Siz	verb	+ -e.mi (-a.mı) + -yor + -du + -nuz
Onlar	verb	+ -e.mi (-a.mı) + -yor + -du

Table 4.

Ben	verb	+ -e.me (-a.ma) + -di (-dı) + -m
Sen	verb	+ -e.me (-a.ma) + -di (-dı) + -n
O	verb	+ -e.me (-a.ma) + -di (-dı)
Biz	verb	+ -e.me (-a.ma) + -di (-dı) + -k
Siz	verb	+ -e.me (-a.ma) + -di (-dı) + -nız
Onlar	verb	+ -e.me (-a.ma) + -di (-dı)

Question Form

In order to form a question we use the question suffix "**–mi (-mu)**" after the verb. Keep in mind that in question form "**-di**" is employed after the verb; however, if both "**-yor**" and "**-di**" are to be used together, we use "**-yor**" after the verb and "**-di**" after the question suffix "**–mu**". You should also remember that the question suffix is followed by personal suffixes.

- Sen küçük adaya yüz**ebil<u>din</u> <u>mi</u>**?

    (**Were** you **able to swim** to the small island?)

- Sen çocukken yüze**bil<u>iyor</u> <u>muydun</u>**?

    (**Could** you **swim** when you were a child?)

> [yüz + –e.bil + di + n + mi]
>
> [main verb + e.bil + tense suffix + personal suffix + question suffix]
>
> [yüz + –e.bil + iyor + muy + du + n]
>
> [main verb + e.bil + tense suffix 1 + question suffix + tense suffix 2 + personal suffix]

Table 5.

Ben	verb + -e.bil (-a.bil) + -iyor + mu + [y] + -du + -m?
Sen	verb + -e.bil (-a.bil) + -iyor + mu + [y] + -du + -n?
O	verb + -e.bil (-a.bil) + -iyor + mu + [y] + -du?
Biz	verb + -e.bil (-a.bil) + -iyor + mu + [y] + -du + -k?
Siz	verb + -e.bil (-a.bil) + -iyor + mu + [y] +-du+-nuz?
Onlar	verb + -e.bil (-a.bil) + -iyor + mu + [y] + -du?

Could / was - were able to (Bileşik Fiilin Yeterlilik Hali [Geç. Zam.]

Table 6.

Ben	verb	+ -e.bil (-a.bil) + -di + -m + mi?
Sen	verb	+ -e.bil (-a.bil) + -di + -n + mi?
O	verb	+ -e.bil (-a.bil) + -di + mi?
Biz	verb	+ -e.bil (-a.bil) + -di + -k + mi?
Siz	verb	+ -e.bil (-a.bil) + -di + -niz + mi?
Onlar	verb	+ -e.bil (-a.bil) + -di + mi?

Usage

As mentioned above we use the past form of the verb **"-bil"** either with a single tense suffix (**"-di"**) or with two tense suffixes (**"-yor"** and **"di"**). In other words we have two different verb forms: **"-ebildi"** and **"-ebiliyordu"**. You should keep in mind that these different verb forms have different usages.

1) We use the verb **"-ebiliyordu"** to express **ability in the past**. In this respect it can be said that the form **"-ebiliyordu"** is generally used to express the past modal **"could"** because in English, for past abilities we generally use **"could"** instead of **"was / were able to"**.

- Ben askerken çok hızlı **koşabiliyordum**.

  (I **could run** very fast when I was a soldier.)

- Annem gençken otobüs **sürebiliyordu**.

  (My mother **could drive** a bus when she was young.)

- Sen ağır şeyleri bensiz **taşıyamıyordun**.

  (You **couldn't carry** heavy box without me.)

- Biz eskiden o takımı her zaman **yenebiliyorduk.**
  (We **could** always **beat** that team in the past.)

2) We use the verb **"e-bildi"** to refer to a specific achievement in the past.

- Sonunda patronla **konuşabildim.**
  (At last I **was able to talk** to the boss.)
- Arkadaşım o zor sınavı **geçebildi.**
  (My friend **was able to pass** that difficult exam.)
- Üç uzun günün ardından dağın zirvesine **ulaşabildik.**
  (After three long days, we were able to reach the top of the mountain.)

Listen and Repeat the Sentences

- Ben çocukken **yüzebiliyordum.**
- Ben küçük adaya kadar **yüzebildim.**
- Ben çocukken yüz**emiyordum.**
- Ben küçük adaya yüz**emedim.**
- Sen küçük adaya yüz**ebildin mi?**
- Sen çocukken yüze**biliyor muydun?**
- Ben askerken çok hızlı **koşabiliyordum**.
- Annem gençken otobüs **sürebiliyordu**.
- Sen ağır şeyleri bensiz **taşıyamıyordun.**
- Biz eskiden o takımı her zaman **yenebiliyorduk.**
- Sonunda patronla **konuşabildim.**
- Arkadaşım o zor sınavı **geçebildi.**
- Üç uzun günün ardından dağın zirvesine **ulaşabildik.**

Could / was - were able to (Bileşik Fiilin Yeterlilik Hali [Geç. Zam.]

WRITING TASK: *Write a short paragraph using "Bileşik Fiilin Yeterlilik Hali Geçmiş Zaman"*

Diyalog

 Listen to the Dialogue and Follow the Script

Kız: Sen gençken iyi futbol **oynayabiliyor muydun**?

Baba: Hayır tatlım futbol **oynayamıyordum** ama çok iyi basketbol **oynayabiliyordum**.

Kız: Geçen hafta okulda ben de çok iyi basketbol **oynayabildim**. Öğretmen beni takıma seçti.

Baba: Geçekten mi? Bu çok iyi. Tebrik ederim canım.

Kız: Peki sen çocukken iyi **yüzebiliyor muydun**?

Baba: Evet, ben küçükken iyi **yüzebiliyordum**. Arkadaşlarım ve ben balık bile **tutabiliyorduk**.

Kız: Biz neden balığa gitmiyoruz?

Baba: İstersen gidebiliriz.

Kız: Elbette isterim! Dün akşam çok çalıştım ve tüm ödevlerimi **bitirebildim**. Yarın balığa gidelim mi?

Baba: Tamam. Annene söyleyelim bizim için yiyecek bir şeyler hazırlasın.

Could / was - were able to (Bileşik Fiilin Yeterlilik Hali [Geç. Zam.]

Dialogue

Listen to the Dialogue and Follow the Translation

Daughter: Could you play football well when you were younger?

Father: No, I couldn't but I could play basketball very well.

Daughter: I was able to play basketball well at school last night. The teacher chose me for the team.

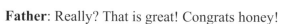

Father: Really? That is great! Congrats honey!

Daughter: Well, could you swim well when you were a child?

Father: Yes, I could swim well when I was a child. My friends and I even could catch fish.

Daughter: Why don't we go fishing?

Father: We can if you want to.

Daughter: Certainly do! I studied hard last night and I was able to finish all my homework. Shall we go fishing tomorrow?

Father: Okay. Let's tell mom and she will make something for us to eat.

Exercises

A) Fill in the gaps with the correct form of the verbs.

Example: Sen eskiden <u>yüzemiyordun</u> ama şimdi çok iyi yüzebiliyorsun. (yüz)

1) Ben çocukken hızlı _____ (koş) ama şimdi çok iyi koşabiliyorum.

2) Anıl uzun süre _____ (yürü) ama kazadan sonra günde sadece bir kaç saat yürüyebiliyor.

3) Devrim bir kaç ay önce İngilizce _____ (konuş) ama artık çok iyi İngilizce konuşabiliyor.

B) Rewrite the verbs with their past forms.

Example: oynayabiliyorum – oynayabiliyordum.

1) taşıyabiliyorsun - _____

2) kaldırabiliyor - _____

3) bulabiliyoruz - _____

4) görebiliyor - _____

Lesson 44

Will be able to
(Bileşik Fiilin Yeterlilik Hali [Gelecek Zaman])

Structure

Affirmative Sentences

Bileşik fiil (compound verb) is a term used for verbs that are formed with two different verbs. In order to express **"will be able to"** in Turkish we use the verb **"bil"** and future tense suffix **"-ecek (-acak)"** after the main verb. As mentioned in **Lesson 42** we also use the vowels **"–e"** or **"–a"** before the verb **"bil"**. Finally you should remember that the verbs are also followed by personal suffixes.

- Ben bu kurstan sonra **yüzebileceğim.**

    (I **will be able to swim** after this course.)

- Okulunu bitirince daha iyi işlerde **çalışabileceksin.**

    (You will be able to work in better jobs when you finish your school.)

> [yüz + –e.bil + eceğ + im]
> **[main verb + e.bil + tense suffix + personal suffix]**

Ben	verb	+ -e.bil (-a.bil) + -eceğ + -im
Sen	verb	+ -e.bil (-a.bil) + --ecek + -sin
O	verb	+ -e.bil (-a.bil) + -ecek
Biz	verb	+ -e.bil (-a.bil) + -eceğ + - iz
Siz	verb	+ -e.bil (-a.bil) + -ecek + -siniz
Onlar	verb	+ -e.bil (-a.bil) + -ecek

Negative Sentences

In order to form a negative sentence we use the suffix –me (-ma) and future tense suffix "-ecek (-acak)" after the main verb. Remember that in modern Turkish the verb "bil" is omitted in negative form. In other words instead of saying:

- Ben kurs bitmeden yüz**ebilmiyeceğim**.

    (I **won't be able to swim** until the end of the course.)

we say:

- Ben kurs bitmeden yüz**emeyeceğim**.

    (I **won't be able to swim** until the end of the course.)

Ben	verb +	-e.me (-a.ma) + -eceğ (-acağ) + -im (-ım)
Sen	verb +	--e.me (-a.ma) + -ecek (-acak) + -sin (-sın)
O	verb +	-e.me (-a.ma) + -ecek (-acak)
Biz	verb +	-e.me (-a.ma) + -eceğ (-acağ) + -iz (-ız)
Siz	verb +	-e.me (-a.ma) + -ecek (-acak)+-siniz (-sınız)
Onlar	verb +	-e.me (-a.ma) + -ecek (-acak)

Will be able to (Bileşik Fiilin Yeterlilik Hali [Gelecek Zaman])

Question Form

In order to form a question we use the question suffix "**–mi (-mı)**" after the verb the future tense suffix "**-ecek (-acak)**". Keep in mind that the question suffix is also followed by personal suffixes.

- Sen küçük adaya yüz**ebilecek misin**?
  (**Will** you **able to swim** to the small island?)

Ben	verb	+ -e.bil (-a.bil) + -ecek + **-mi** + [y] + -im
Sen	verb	+ -e.bil (-a.bil) + --ecek + **-mi** + -sin
O	verb	+ -e.bil (-a.bil) + -ecek + **-mi**
Biz	verb	+ -e.bil (-a.bil) + -ecek + **-mi** + [y] + -iz
Siz	verb	+ -e.bil (-a.bil) + -ecek +**-mi** + -siniz
Onlar	verb	+ -e.bil (-a.bil) + -ecek + **-mi**

Usage

We use **"-ebilecek"** to express an **ability that will be obtained in the future.**

- Parkın yakınına taşınınca her gün **koş**abileceğim.

  (I **will be able to run** every day when we move near the park.)

- Annem ehliyetini alınca araba sür**ebilecek**.

  (My mother **will be able to drive** a car when she gets her licence.)

- Büyüyünce ağır kutuları bensiz **taşıyabileceksin**.
  (When you grow up you **will be able to carry** heavy boxes without me.)
- Biz iki yıl sonra İzmir'den İstanbul'a iki saatte **ulaşabileceğiz**.
  (Two years later we **will be able to** travel from İzmir two İstanbul in two hours.)

Listen and Repeat the Sentences

- Ben bu kurstan sonra yüz**ebileceğim**.
- Okulunu bitirince daha iyi işlerde **çalışabileceksin**.
- Ben kurs bitmeden yüz**emeyeceğim**.
- Sen küçük adaya yüz**ebilecek misin**?
- Parkın yakınına taşınınca her gün **koşabileceğim**.
- Annem ehliyetini alınca araba **sürebilecek**.
- Büyüyünce ağır kutuları bensiz **taşıyabileceksin**.
- Biz iki yıl sonra İzmir'den İstanbul'a iki saatte **ulaşabileceğiz**.

Will be able to (Bileşik Fiilin Yeterlilik Hali [Gelecek Zaman])

WRITING TASK: *Write ten sentences in "Bileşik Fiilin Yeterlilik Hali Gelecek Zaman". Try to make affirmative, negative and question form.*

Diyalog

 Listen to the Dialogue and Follow the Script

Mine: Nasılsın Faruk, yüzme kursun nasıl gidiyor?

Faruk: Çok iyi gidiyor. Bu yaz **yüzebileceğim**.

Mine: Bunu duymak güzel. Ben de bilgisayar programı kursuna gidiyorum. 2 ay sonra kendi başıma bir program **yazabileceğim**.

Faruk: Kardeşim de üniversitede bilgisayar programcılığı okuyor. Mezun olduğunda o da kendi programlarını **hazırlayabilecek**. Senin kardeşin ne yapıyor?

Mine: Benim kardeşim hukuk okuyor. Mezun olduğunda bir arkadaşıyla birlikte kendi işini **kurabilecek**.

Faruk: Çok sevindim. Hafta sonu işin yoksa bir kahve içelim mi? Seçil ve Hakan da gelecek.

Mine: Cumartesi çok meşgulüm ama pazar günü sanırım **görüşebileceğiz**.

Faruk: Tamam. Bu arada sürücülük kursum da bitti. Birkaç ders sonra araba **kullanabileceğim**. Umarım bana katılırsın.

Mine: Elbette. Pazar görüşmek üzere.

Faruk: Görüşürüz.

Will be able to (Bileşik Fiilin Yeterlilik Hali [Gelecek Zaman])

Dialogue

Listen to the Dialogue and Follow the Translation

Mine: How are you Faruk? How is your swimming course going?

Faruk: It's going well. I will be able to swim this summer.

Mine: Glad to hear it. I'm attending a computer programming course. Two months later, I will be able to write a software by myself.

Faruk: My sister studies computer programming at university. She will be able to write her own programs when she graduates. What about your sister?

Mine: My sister studies law at university. When she graduates, she will be able to run her own business with a friend of hers.

Faruk: So good to hear it. If you have time, shall we drink coffee this weekend? Seçil and Hakan will join me, too.

Mine: I will be too busy on Saturday but I think we will be able to meet on Sunday.

Faruk: Okay. By the way, I have finished my driving course. After a few lessons, I will be able to drive car. I hope you will join us.

Mine: Sure. See you on Sunday.

Faruk: See you.

Exercises

A) Fill in the gaps with the correct form of the verbs.

Example: Sen şu an yüzemiyorsun ama kurs bitince yüzebileceksin. (yüz)

1) Ben Veysi kadar hızlı koşamıyorum (koş) ama antrenmanlarım bitince _____.

2) Anıl uzun süre yürüyemez (yürü) ama ameliyattan sonra istediği kadar _____.

3) Devrim bir kaç ay sonra İngilizce _____ (konuş) ama çok çalışması lazım.

B) Rewrite the verbs with their future forms.

Example: oynayabiliyorum – oynayabileceğim.

1) taşıyabiliyorsun - _____

2) kaldırabiliyor - _____

3) bulabiliyoruz - _____

4) görebiliyor - _____

Lesson 45

(Gereklilik Kipi) 1

(Expressing Obligation) must / have to

In English in order to express obligation we use the auxiliary verb must or the verb have to; however, in Turkish we use the suffix **"-meli (-malı)"**. The suffix is termed as **"gereklilik kipi" (necessitative)** and is used to express obligation, necessity and to give advice; therefore, in Turkish there are not different grammar structures to express the differences between "should / ought to / need to / must / have to". The differences can only be inferred from the context. This lesson will only focus on obligation. For further information on necessity and giving advice please check **Lesson 46**.

Structure

Affirmative Sentences

In order to form an affirmative sentence we employ the suffix **"-meli (-malı)"** after the verb. Keep in mind that the suffix is also followed by a personal suffix.

- Bu okulda kravat tak**malısın**.

    (You **must wear** a tie at this school.)

- Kırmızı ışık yandığında dur**malısın**.

    (You **must stop** when the light turns red.)

- Geç oldu. Eve **dönmeliyim**.

    (It is late. I **have to go** home.)

Ben	verb	+ -meli (-malı) + [y] + –im (-ım)
Sen	verb	+ -meli (-malı) + -sin (-sın)
O	verb	+ -meli (-malı)
Biz	verb	+ -meli (-malı) + [y] + -iz (-ız)
Siz	verb	+ -meli (-malı) + -siniz (-sınız)
Onlar	verb	+ -meli (-malı)

Negative Sentences

In order to form a negative sentence we use the suffix **–me (-ma)** and before the suffix **"-meli (-malı)"**.

- Burada sigara **içmemelisin**.

    (You **mustn't smoke** here.)

- Sarhoşken araba **kullanmamalıyız**.

    (We **mustn't drive** when you are drunk.)

- Arabayı buraya park **etmemeliyiz**.

    (We **mustn't park** here.)

Ben	verb	+ **-me (-ma)** + -meli (-malı) + [y] + –im (-ım)
Sen	verb	+ **-me (-ma)** + -meli (-malı) + -sin (-sın)
O	verb	+ **-me (-ma)** + -meli (-malı)
Biz	verb	+ **-me (-ma)** + -meli (-malı) + [y] + -iz (-ız)
Siz	verb	+ **-me (-ma)** + -meli (-malı) + -siniz (-sınız)
Onlar	verb	+ **-me (-ma)** + -meli (-malı)

(Gereklilik Kipi) 1

Question Form

In order to form a question we use the question suffix "**–mi (-mı)**" after the verb the suffix "**-meli (-malı)**". Keep in mind that the question suffix is also followed by a personal suffix.

- Düğünde kravat tak**malı mıyım?**
  (**Do** I **have to wear** a tie to the wedding?)
- O da bizimle gel**meli mi?**
  (**Does** he **have to** come with us?)
- Biz toplantıya katıl**malı mıyız?**
  (**Do** we **have to** attend the meeting?)

Ben	verb + -meli (-malı) + -mi (-mı) + [y] + -im (-ım)
Sen	verb + -meli (-malı) + -mi (-mı) + -sin (-sın)
O	verb + -meli (-malı) + -mi (-mı)
Biz	verb + -meli (-malı) -mi (-mı) + [y] + -iz
Siz	verb + -meli (-malı) mi (-mı) + -siniz
Onlar	verb + -meli (-malı) -mi (-mı)

Usage

1) We use "**-meli, (-malı)**" to express obligations.

- O güçlü nehirde **yüzmemelisin**.
  (You **mustn't swim** in that strong river.)
- Çalışırken baretini **takmalısın**.
  (You must wear a helmet while you are working.)

- Davut motorsiklet sürerken kask **giymeli**.

  (Davut **must wear** a helmet when riding the motorbike.)
- Raporu pazartesine kadar **bitirmeliyiz**.

  (We **must finish** the report by Monday.)

2) We use "**-meli, (-malı)**" to show we are certain that something is true.

- Evde **olmalı**. Bak ışıkları yanıyor.

  He **must be** at home. His lights are on.
- Bütün gün çalıştın. Çok yorgun **olmalısın**.

  You have worked all day. You **must be** very tired.
- İstanbul'da yaşamak güzel **olmalı**.

  It **must be** nice to live in İstanbul.

- Bu lüks evin sahibi çok **zengin olmalı**.

  The owner of this luxurious house **must be** very rich.

Note that we also use "**-meli (-malı)**" to give advice. For detailed information please check **Lesson 46.**

(Gereklilik Kipi) 1

Listen and Repeat the Sentences

- Bu okulda kravat **takmalısın**.
- Kırmızı ışık yandığında dur**malısın**.
- Geç oldu. Eve **dönmeliyim**.
- Burada sigara **içmemelisin**.
- Sarhoşken araba **kullanmamalıyız**.
- Arabayı buraya park **etmemeliyiz**.
- Düğünde kravat tak**malı mıyım**?
- O da bizimle gel**meli mi**?
- Biz toplantıya katıl**malı mıyız**?
- O güçlü nehirde **yüzmemelisin**.
- Çalışrken baretini **takmalısın**.
- Davut motorsiklet sürerken kask **giymeli**.
- Raporu pazartesine kadar **bitirmeliyiz**.
- Evde **olmalı**. Bak ışıkları yanıyor.
- Bütün gün çalıştın. Çok yorgun **olmalısın**.
- İstanbul'da yaşamak güzel **olmalı**.
- Bu lüks evin sahibi çok **zengin olmalı**.

Diyalog

 Listen to the Dialogue and Follow the Script

Sekreter: Günaydın efendim. Yarın sabahki toplantıya tüm çalışanlar **katılmalı mı**?

Patron: Evet **katılmalılar**. Yarın sabah herkes saat 9'da toplantı salonunda **olmalı**.

Sekreter: Anladım efendim. Resmi **giyinmeli miyiz** peki?

Patron: Evet. Yarın yabancı konuklarımız olacak. Koyu renk kıyafetler **giymelisiniz**. Günlük kıyafetlerle toplantıya **katılmamalısınız**.

Sekreter: Toplantıdan sonra konuklar için öğle ya da akşam yemeği programı **yapmalı mıyım**?

Patron: Evet, öğle yemeği programı **yapmalısın**. Ama daha önceki restoran çok kötüydü. Orası **olmamalı**.

Sekreter: Anladım efendim. Ben notlarımı aldım. Arkadaşlara detayları anlatayım.

Patron: İyi çalışmalar.

Sekreter: Teşekkürler, size de efendim.

Dialogue

Listen to the Dialogue and Follow the Translation

Secretary: Good morning sir. Do all employees have to attend the meeting tomorrow morning?

Boss: Yes, they do. Everybody has to be in the meeting hall at 9 tomorrow morning.

Secretary: I see, sir. Do we have to dress up for the meeting?

Boss: Yes, you do. We will have foreign guests tomorrow. You must wear dark suits or dresses. You mustn't join the meeting with causal clothes.

Secretary: Do I have to arrange lunch or dinner for the guests after the meeting?

Boss: Yes, you have to arrange lunch. But, the former restaurant was horrible. (We mustn't go there.)

Secretary: I see, sir. I have taken my notes. I will tell the details to the others.

Boss: Have a nice day.

Secretary: Thank you sir, you too.

Exercises

A) Fill in the gaps with the correct form of the verbs.

Example: Bu okulda üniforma <u>giymelisin</u>. (giy)

1) Ödevimi yarına kadar _____ (bitir).

2) Hırsızlık olayını hemen polise _____ (bildir).

3) Hepimiz yarın yapılacak toplantıya _____ (katıl).

4) Kırmızı ışıkta _____ (dur)

5) Kapalı alanlarda sigara _____ (iç).

B) Rewrite the verbs with the obligation mood.

Example: oynayabiliyorum – oynamalıyım

1) taşıyabiliyorsun - _____

2) kaldırabiliyor - _____

3) bulabiliyoruz - _____

4) görebiliyor - _____

Lesson 46

(Gereklilik Kipi) 2

(Giving Advice) should / ought to / need to

In English in order to give advice we use the auxiliary verb **should** or the verb **ought to** and to express necessity we use **need to**; however, in Turkish we use the suffix **"-meli (-malı)"**. The suffix is termed as **"gereklilik kipi"** (**necessitative**) and is used to give advice, express obligation, and necessity; therefore, in Turkish there are not different grammar structures to express the differences between "should / ought to / need to / must / have to". The differences can only be inferred from the context. This lesson will only focus on giving advice and necessity. For further information on obligation and certainty please check **Lesson 45.**

Structure

Affirmative Sentences

In order to form an affirmative sentence we employ the suffix **"-meli (-malı)"** after the verb. Keep in mind that the suffix is also followed by a personal suffix.

- Bence doktora git**melisin**.

  (I think you should **visit** the doctor.)

- Çok kilo aldın. Biraz spor yap**malısın**.

  (You have put on a lot of weight. You **should do** some exercise.)

- Güneş annesini dinle**meli**.

  (Güneş **should listen** to his mother.)

- Daha iyi bir iş bulmalıyım. Kiramı ödeyemiyorum.

  (I need to find a better job. I can't pay my rent.)

Ben	verb	+ -meli (-malı) + [y] + –im (-ım)
Sen	verb	+ -meli (-malı) + -sin (-sın)
O	verb	+ -meli (-malı)
Biz	verb	+ -meli (-malı) + [y] + -iz (-ız)
Siz	verb	+ -meli (-malı) + -siniz (-sınız)
Onlar	verb	+ -meli (-malı)

Negative Sentences

In order to form a negative sentence we use the suffix **–me (-ma)** before the suffix **"-meli (-malı)"**.

- Arkadaşlarına yalan **söylememelisin**.

  (You **shouldn't lie** to your friends.)

- Bu karanlık sokakta yürümemliyiz.

  (We **shouldn't walk** in this dark street.)

- Baban bu kadar çok tuz yememeli.

  (Your father **shouldn't eat** that much salt.)

(Gereklilik Kipi) 2

Ben	verb	+ **-me (-ma)** + -meli (-malı) + [y] + –im (-ım)
Sen	verb	+ **-me (-ma)** + -meli (-malı) + -sin (-sın)
O	verb	+ **-me (-ma)** + -meli (-malı)
Biz	verb	+ **-me (-ma)** + -meli (-malı) + [y] + -iz (-ız)
Siz	verb	+ **-me (-ma)** + -meli (-malı) + -siniz (-sınız)
Onlar	verb	+ **-me (-ma)** + -meli (-malı)

Question Form

In order to form a question we use the question suffix **"–mi (-mı)"** after the suffix **"-meli (-malı)"**. Keep in mind that the question suffix is also followed by a personal suffix.

- **Gitmeli miyim** yoksa **kalmalı mıyım**?

  (**Should** I **stay** or **should** I **go?**)

- O bu ilacı kullan**malı mı**?

  (**Should** he **use** this medicine?)

- Polisi aramalı mıyız?

  (**Should** we **call** the police?)

Ben	verb	+ **-meli (-malı)** + **-mi (-mı)** + [y] + -im (-ım)?
Sen	verb	+ **-meli (-malı)** + **-mi (-mı)** + -sin (-sın)?
O	verb	+ **-meli (-malı)** + **-mi (-mı)**?
Biz	verb	+ **-meli (-malı)** -mi (-mı) + [y] + -iz?
Siz	verb	+ **-meli (-malı)** mi (-mı) + -siniz?
Onlar	verb	+ **-meli (-malı)** -mi (-mı)?

♦*Beşir Kitabevi*

Usage

1) We use "**-meli, (-malı)**" to give advice.

- Yorgun görünüyorsun. Bence biraz **dinlenmelisin**.
  (You look tired. I think you **should rest** for a while.)
- Ayşe annesinin kalbini kırdı. Ondan **özür dilemeli**.
  (Ayşe broke her mother's heart. She **should apologize** to her.)
- Bu kadar bencil **olmamalıyız**.
  (We **shouldn't be** so selfish.)
- İyi bir iş için çok sıkı **çalışmalıyım**.
  (I **should work** really hard for a good job.)

2) We use "**-meli, (-malı)**" to express necessity.

- Artık büyük bir aileyiz. Yeni bir ev **almalıyız**.
  (We are a big family now. We **need to buy** a new house.)
- Cemil ilk sınavdan kaldı. İkincisine iyi **hazırlanmalı**.
  (Cemil failed in the first exam. He **needs to study** hard for the second one.)
- İstanbul'da yaşıyorsan bir araba **almalısın**.
  (You **need to buy** a car if you live in İstanbul.)
- Çamaşır makinem çalışmıyor. Tamirci **çağırmalıyım**.
  (My washing machine doesn't work. I **need to call** the handyman.)

Note that we also use "-meli (-malı)" to express obligation. For detailed information please check **Lesson 45**.

Listen and Repeat the Sentences

- Bence doktora git**melisin.**
- Çok kilo aldın. Biraz spor yap**malısın.**
- Güneş annesini dinle**meli.**
- Daha iyi bir iş bul**malıyım.** Kiramı ödeyemiyorum.
- Arkadaşlarına yalan **söylememelisin.**
- Bu karanlık sokakta yürümemeliyiz.
- Baban bu kadar çok tuz yememeli.
- **Gitmeli miyim** yoksa **kalmalı mıyım?**
- O bu ilacı kullan**malı mı?**
- Polisi aramalı mıyız?
- Yorgun görünüyorsun. Bence biraz **dinlenmelisin.**
- Ayşe annesinin kalbini kırdı. Ondan **özür dilemeli.**
- Bu kadar bencil **olmamalıyız.**
- İyi bir iş için çok sıkı **çalışmalıyım.**
- Artık büyük bir aileyiz. Yeni bir ev **almalıyız.**
- Cemil ilk sınavdan kaldı. İkincisine iyi **hazırlanmalı.**
- İstanbul'da yaşıyorsan bir araba **almalısın.**
- Çamaşır makinem çalışmıyor. Tamirci **çağırmalıyım.**

Diyalog

 Listen to the Dialogue and Follow the Script

Hülya Hanım: Atkını yanına **almalısın**, dışarısı çok soğuk.

Kübra: Hayır, bence gerek yok. Bana ne yapacağımı söyleme!

Hülya Hanım: Tamam, nasıl istersen. Ama çıkmadan bir şeyler **yemelisin**.

Kübra: Anne aç değilim. Aç olmadığım halde bir şeyler mi **yemeliyim**?

Hülya Hanım: Pekala. Umarım ödevlerin bitmiştir. Dışarı çıkmadan hepsini **bitirmelisin**.

Kübra: Geri geldiğimde yapacağım anne, söz veriyorum.

Hülya Hanım: Ama o zaman çok geç yatıyorsun. Bu kadar geç **yatmamalısın**.

Kübra: Uyumadan önce süt de **içmeli miyim**?

Hülya Hanım: Elbette **içmelisin**.

Kübra: Anne yeter! Bence sen bana bu kadar akıl **vermemelisin**.

(Gereklilik Kipi) 2

Dialogue

Listen to the Dialogue and Follow the Translation

Mrs. Hülya: You should take your scarf. It is freezing outside.

Kübra: No, mom I don't need to. Don't tell me what to do!

Mrs. Hülya: Okay, as you wish. But you should eat something before you leave.

Kübra: Mum, I'm not hungry. Should I eat something although I'm not hungry?

Mrs. Hülya: Well. I hope your homework has been finished. You should finish all of them before going out.

Kübra: I will do them when I get back home, I promise.

Mrs. Hülya: You go to bed too late then. You shouldn't go to bed so late.

Kübra: Should I drink milk before sleeping?

Mrs. Hülya: Sure, you should.

Kübra: That's enough mum! I think, you shouldn't give that much advice.

Exercises

A) Fill in the gaps with the correct form of the verbs.

Example: Bu okulda çok <u>çalışmalsın</u>. (çalış)

1) Ödevlerini düzenli olarak _____ (yap).
2) Bence ona doğruyu _____ (söyle).
3) Hepimiz düzenli olarak spor _____ (yap).
4) Aşırı alkol _____ (tüket)
5) Çok sağlıksız görünüyorsun. Bence sigara _____ (iç).

B) Write advice sentences.

Example: Soğuk su <u>içmemelisin</u>.

1) _____
2) _____
3) _____
4) _____

Lesson 47

Lack of Necessity don't have to / don't need to / needn't (gerek yok / zorunda değil)

In Turkish there is not any specific grammar structure for **"don't have to / don't need to / needn't"**; however, we can use certain expressions such as: **"gerek yok"** or **"zorunda değil"** to express the lack of necessity.

Structure

The first important thing about the form of these phrases is that both **"yok"** and **"değil"** are used as predicates; therefore, they are always used with a "mastar" (infinitives or gerunds).

- Hediye almana gerek yok.

    (You don't need to buy a gift.)

- Kravat takmak zorunda değilsin.

    (You don't need to wear a tie.)

The underlined words above are classified as mastar (infinitive and gerund) in Turkish. For more detailed information about the term **"mastar"** please check Lesson 63.

Both **"gerek yok"** and **"zorunda değil"** are used at the end of the sentence. The phrase **"gerek yok"** is not followed by any suffixes because the personal suffix is employed after the infinitve. Unlike **"gerek yok"**, the phrase **"zorunda değil"** is always followed by a personal suffix.

- Bence doktora **gitmene gerek yok**.

  (I think you **don't need to visit** the doctor.)

- Bu akşam takım elbise **giymek zorunda değilsin**.

  (You **don't have to wear** a suit tonight.)

- Taylan'ın **gelmesine gerek yok**.

  (Taylan **doesn't need to come**.)

- Otele erken **gitmek zorunda değiliz**.

  (We **don't have to go** to the hotel early.)

Keep in mind that the phrases **"gerek yok"** and **"zorunda değil"** can also be used in affirmative sentences and questions. In other words they can be used as alternatives for the suffix **–meli (-malı)** to express obligation and necessity. (Lesson 45 - 46)

Affirmative Sentences

In affirmative sentences we use **"gerek var"** instead of **"gerek yok"** and we use **"zorunda"** as a verb and employ a personal suffix after it.

- Hediye **almana gerek var**.

  (You **need to buy** a gift.)

- Kravat **takmak zorundasın**.

  (You **have to wear** a tie.)

Lack of Necessity don't have to/don't need to/needn't (ger. yok/zor. değ.)

Questions

In questions we use the question suffixes –mi (–mı).

- Doktora **gitmeme gerek var mı?**
  (**Do I need to visit** the doctor?)
- Bu akşam takım elbise **giymek zorunda mıyım?**
  (**Do I have to wear** a suit tonight?)

Listen and Repeat the Sentences

- Hediye **almana gerek yok.**
- Kravat **takmak zorunda değilsin.**
- Bence doktora **gitmene gerek yok.**
- Bu akşam takım elbise **giymek zorunda değilsin.**
- Taylan'ın **gelmesine gerek yok.**
- Otele erken **gitmek zorunda değiliz.**
- Hediye **almana gerek var.**
- Kravat **takmak zorundasın.**
- Doktora **gitmene gerek var mı?**
- Bu akşam takım elbise **giymek zorunda mıyım?**

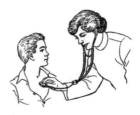

Diyalog

 Listen to the Dialogue and Follow the Script

Berk: Yarın için hazır mısın?

Irmak: Evet hazırım. Çantamı çoktan topladım. Bu arada yemeği **düşünmene gerek yok** ben getireceğim.

Berk: Bu çok iyi. Bende de fazla bir çadır var, seninkini **taşımana gerek yok**.

Irmak: Çok teşekkürler, bunu duyduğuma gerçekten sevindim.

Berk: Rica ederim. Kardeşine de söyledin mi kamp planımızı?

Irmak: Ona **söylemek zorunda değilim**. Eminim zaten biliyordur. İsterse bizimle gelir.

Berk: Tamam. Sence yanımıza harita almalı mıyız?

Irmak: **Gerek yok**, benim telefonumda zaten var.

Berk: Tamam o zaman. Eve gitmeden bir şeyler yiyelim mi?

Irmak: Çok iyi fikir. Şurada güzel bir kafe var.

Berk: Hadi gidelim.

Lack of Necessity don't have to/don't need to/needn't (ger. yok/zor. değ.)

Dialogue

Listen to the Dialogue and Follow the Translation

Berk: Are you ready for tomorrow?

Irmak: Yes I am. I have already packed my bag. By the way, you don't need to worry about the meal, I will bring it.

Berk: That's great. And also I have an extra tent so you don't need to carry yours.

Irmak: Thanks very much, it is nice to hear that.

Berk: You are welcome. Did you informed your brother about our camping plan?

Irmak: I don't have to tell him. I'm sure he has already known about it. He will join us if he wants.

Berk: Okay. Do you think we need to take a map with us?

Irmak: We don't, I already have one in my phone.

Berk: Okay, then. Shall we eat something before going home?

Irmak: That's a good idea. There is a good café over there.

Berk: Let's go.

Exercises

A) Fill in the gaps with the correct form of the verbs.

Example: Bu okulda üniforma <u>giymene gerek yok</u>. (giy)

1) Ödevimi yarına kadar _____ (bitir). İki gün fazla sürem var.

2) Bu basit olayı polise _____ (bildir).

3) Hepimizin yarın yapılacak toplantıya _____ (katıl). İki kişi katılsak yeterli olur.

4) Yeşil ışıkta _____ (dur).

B) Write sentences about lack of necessity.

Example: Onu aramak <u>zorunda değilsin</u>.

1) _____
2) _____
3) _____
4) _____

Lesson 48

Had Better / would rather / prefer (iyi olur / tercih etmek)

In Turkish there is not any specific grammar structure for "**had better / would rather / prefer**"; however, we can use the phrase "**iyi olur**" or the verb "**tercih et(mek)**" to express preference, strong advice or warning.

Structure

Affirmative Sentences

The first important thing about the form of these phrases is that both "**iyi olur**" and "**tercih et(mek)**" are used as predicates; therefore, they are always used with a "**mastar**" (infinitives or gerunds).

- Hediye <u>alsan</u> **iyi olur.**
  (You **had better buy** a gift.)
- Buraya izinsiz **girmese iyi olur.**
  (He **had better not enter** here without permission.)
- Kravat <u>takmayı</u> tercih ederim.
  (I **woud rather wear** a tie.)
- Babam konsere seninle **gitmeyi tercih eder.**
  (My father **would rather go** to the concert with you.)

The underlined words above are classified as **"mastar"** (infinitive and gerund) in Turkish. For more detailed information about the term **"mastar"** please check Lesson 63.

Both **"iyi olur"** and **"tercih et(mek)"** are used at the end of the sentence. The phrase **"iyi olur"** is not followed by any suffixes because the personal suffix is employed after the **"mastar"** of the sentence (gerund or infinitive). Unlike **"iyi olur"** the phrase **"tercih et(mek)"** is always followed by a personal suffix.

- Bence doktora **gitsen iyi olur.**

    (I think you **had better visit** the doctor.)

- Etek giymeyi tercih ederim.

    (I **would rather wear** a skirt.)

- Etek **giymeyi** kot pantolon giymeye **tercih ederim.**

    (I **would rather wear** a skirt than a pair of jeans.)

Negative Sentences

a) **"tercih etmek"**

In order to make a negative sentence with the verb **"tercih etmek"** we use the suffix –me (-ma) with the **"mastar"** (gerund or infinitive) of the sentence. Read the examples below to understand the difference between the negative and affirmative forms.

- Okulda kravat **takmayı tercih ederim.**

    (I **would rather wear** a tie at school.)

- Okulda kravat tak**ma**mayı **tercih ederim.**

    (I **would rather not wear** a tie at school.)

The second sentence has a negative meaning because the suffix – **me (-ma)** is employed after the verb stem **"tak"** which is the "**mastar**" of the sentence.

- Duygu okulda üniforma **giymeyi tercih eder**.

    (Duygu would rather wear a uniform at school.)

- Duygu okulda üniforma **giy<u>me</u>meyi tercih eder**.

    (Duygu **would rather <u>not</u> wear** a uniform at school.)

b) "iyi olur"

In order to make a negative sentence with **"iyi olur"** we use the suffix **–me (-ma)** with the **"mastar"** (gerund or infinitive) of the sentence. Read the two examples below to understand the difference between the negative and affirmative forms.

- Hediye **alsan iyi olur**.

    (You **had better buy** a gift.)

- Hediye a<u>lma</u>san iyi olur.

    (You **had better <u>not</u> buy** a gift.)

The second sentence has a negative meaning because the suffix **–me (-ma)** is employed after the verb stem **"al"** which is the "**mastar**" of the sentence.

Usage

1) We use **"iyi olur"** to give **strong advice** or to **warn** someone about something.

- Ders sırasında cep telefonunu **kullanmasan iyi olur**.

    (You **had better not use** your cell phone during the lesson.)

- Elindeki yara çok ciddi görünüyor. Doktoru **görsen iyi olur.**

    (The scar on your hand looks horrible. You **had better see** a doctor.)

2) We use "**tercih et(mek)**" to express **preference**.

- Altın kolye **almayı tercih ederim**.

    (I **would rather buy** a gold necklace.)

- Altın kolye **almayı** gümüş kolye almaya **tercih ederim**.

    (I **would rather buy** a gold necklace than a silver one.)

Note that we also use the verb "**tercih et(mek)**" with nouns as we use it in English with the verb "prefer".

- **Altın kolyeyi** tercih ederim.

    (I prefer the **gold necklace**.)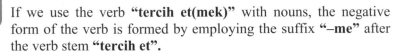

- **Kırmızı arabayı** tercih ederim.

    (I prefer **the red car**.)

If we use the verb "**tercih et(mek)**" with nouns, the negative form of the verb is formed by employing the suffix "**–me**" after the verb stem "**tercih et**".

- Altın kolyeyi **tercih et<u>me</u>m.**

    (I **don't** prefer the gold necklace.)

- Kırmızı arabayı **tercih et<u>me</u>m.**

    (I **don't** prefer the red car.)

Had Better / would rather / prefer (iyi olur / tercih etmek)

Listen and Repeat the Sentences

- Hediye alsan iyi olur.
- Buraya izinsiz girmese iyi olur.
- Kravat takmayı tercih ederim.
- Babam konsere seninle gitmeyi tercih eder.
- Bence doktora gitsen iyi olur.
- Etek giymeyi tercih ederim.
- Etek giymeyi kot pantolon giymeye tercih ederim.
- Okulda kravat takmayı tercih ederim.
- Okulda kravat takmamayı tercih ederim.
- Duygu okulda üniforma giymeyi tercih eder.
- Duygu okulda üniforma giymemeyi tercih eder.
- Hediye almasan iyi olur.
- Ders sırasında cep telefonunu kullanmasan iyi olur.
- Elindeki yara çok ciddi görünüyor. Doktoru görsen iyi olur.
- Altın kolye almayı tercih ederim.
- Altın kolye almayı gümüş kolye almaya tercih ederim.
- Altın kolyeyi tercih ederim.
- Kırmızı arabayı tercih ederim.
- Altın kolycyi tercih etmem.
- Kırmızı arabayı tercih etmem.

Diyalog

 Listen to the Dialogue and Follow the Script

Gökçe: Akşam yemeği için ne pişirelim?

Erdal: Ben hafif bir şeyler **tercih ederim**. Balık ve salata olabilir.

Gökçe: Ben patates kızartması yapmak istiyorum.

Erdal: Sen de yediklerine **dikkat etsen iyi olur**, son zamanlarda biraz kilo aldın.

Gökçe: Haklısın. Ama ben balık sevmem; sebzeyi **balığa tercih ederim**.

Erdal: Olabilir. Patates istiyorsan haşlanmış **yesen iyi olur**.

Gökçe: İyi fikir. Yemekten sonra ne yapalım?

Erdal: Bugün yorgunum ve yarın erken kalkmalıyım. Evde **otursak iyi olur**.

Gökçe: Tamam o zaman, film izleriz. Nasıl bir film **tercih edersin**?

Erdal: Çok iyi fikir. Güzel bir aksiyon filmini **her şeye tercih ederim** doğrusu.

Dialogue

Listen to the Dialogue and Follow the Translation

Gökçe: What shall we cook for dinner?

Erdal: I prefer a light meal. It may be fish and salad.

Gökçe: I want to fry some potatoes.

Erdal: You had better pay attention to your diet; you have put on a little weight recently.

Gökçe: You are right. However, I don't like fish. I prefer vegetables to fish.

Erdal: Maybe. If you want to eat potatoes, you had better eat boiled potatoes.

Gökçe: That is a good idea. Then, what shall we do after dinner?

Erdal: I am tired today and I need to wake up early tomorrow. We had better stay at home.

Gökçe: Alright then, we will watch something. What kind of film do you prefer?

Erdal: It is a good idea. I prefer a good action film.

Exercises

A) Make positive or negative sentences with the expression 'iyi olur' according to the situations below.

Example: İşe geç kaldım.   Taksiye binsem iyi olur.

1) Evde hiç ekmek yok.   _____
2) Bugün hava çok soğuk.   _____
3) Kardeşimin dişi ağrıyor.   _____
4) Matematik sınavım kötüydü.   _____
5) Arabası bozulmuş.   _____
6) Biraz kilo almışsın.   _____

B) Make sentences with the expression 'tercih etmek' using the words below. Pay attention to the smileys.

Example: Patates kızartması ☺   Sebze ☹

Patates kızartmasını sebzeye tercih ederim.

1) Yaz ☺   Kış ☹
2) Futbol oynamak ☺   Tenis oynamak ☹
3) Komedi filmi ☺   Korku filmi ☹
4) Çilekli dondurma ☺   Çikolatalı dondurma ☹

Lesson 49

**Regrets and Criticisms About Past
(Gereklilik Kipinin Hikayesi)**

**should + have + V3
shouldn't + have + V3**

In order to express the English modal verb structure **"should + have + V3"** we use a mode termed as **"gereklilik kipinin hikayesi"** (the past form of necessitative mode). Like most other modes **"gereklilik kipinin hikayesi"** is also formed with the combination of two different suffixes.

Structure

Affirmative Sentences

To form a sentence in this mode we employ the necessitative suffix **"-meli (-malı)"** and definite past simple suffix **"-di (-dı)"** after the verb stem. Keep in mind that the suffixes are also followed by personal suffixes.

- Projeyi dün gece bitir**meliydin**.

    (You **should have finished** the project yesterday night.)

- Oya yine gecikti. Evden daha erken çık**malıydı.**

    (Oya is late again. She **shoud have left** the house earlier.)

- Dün partide herkes çok eğlenmiş. Biz de git**meliydik**.
  (Everybody had a lot of fun in the party yesterday. We **should have gone**, too.)
- Arabam sürekli bozuluyor. Motorsiklet al**malıydım**.
  (My car keeps breaking down. I **should have bought** a motorbike.)

Ben	verb	+ -meli (-malı) + [y] + –di (-dı) + m
Sen	verb	+ -meli (-malı) + [y] + –di (-dı) + n
O	verb	+ -meli (-malı) + [y] + –di (-dı)
Biz	verb	+ -meli (-malı) + [y] + –di (-dı) + k
Siz	verb	+ -meli (-malı) + [y] + –di (-dı) + nız (-nız)
Onlar	verb	+ -meli (-malı) + [y] + –di (-dı)

Negative Sentences

In order to form a negative sentence we employ the suffix **–me (-ma)** before the suffixes "**-meli (-malı)**" and "**-di (-dı)**. Keep in mind that the suffixes are also followed by personal suffixes.

- Arkadaşlarına yalan söy**lememeliydin**.
  (You **shouldn't have lied** to your friends.)
- Bu eski arabayı al**mamalıydım**. Sürekli bozuluyor.
  (I **shouldn't have bought** this old car. It keeps breaking down.)
- Midem bulanıyor. O kadar çok ye**memeliydik**.
  (I feel sick. We shouldn't have eaten that much.)

Regrets and Criticisms About Past (Gereklilik Kipinin Hikayesi)

Ben	verb	+ -me (-ma) + -meli (-malı) + [y] + –di (-dı) + m
Sen	verb	+ -me (-ma) + -meli (-malı) + [y] + –di (-dı) + n
O	verb	+ -me (-ma) + -meli (-malı) + [y] + –di (-dı)
Biz	verb	+ -me (-ma) + -meli (-malı) + [y] + –di (-dı) + k
Siz	verb	+ -me (-ma) + -meli (-malı) + [y] + –di (-dı) + niz (-nız)
Onlar	verb	+ -me (-ma) + -meli (-malı) + [y] + –di (-dı)

Question Form

In order to form a question we employ the question suffix **"–mi (-mı)"** after the suffix **"-meli (-malı)"**. Keep in mind that the question suffix is also followed by a both the definite past tense suffix **"–di (-dı)"** and a personal suffix.

- Herkes partiye gitti. Ben de git**meli miydim**?

    (Everybody went to the party? **Should I have gone**, too?

- Öğretmen çok kızgın görünüyor. Acaba dün ödevimizi yap**malı mıydık**?

    (The teacher looks very angry. **Should** we **have done** our homework yesterday?)

Ben	verb	+ -meli (-malı) + -mi (-mı) + [y] + –di (-dı) + m
Sen	verb	+ -meli (-malı) + -mi (-mı) + [y] + –di (-dı) + n
O	verb	+ -meli (-malı) + -mi (-mı) + [y] + –di (-dı)
Biz	verb	+ -meli (-malı) + -mi (-mı) + [y] + –di (-dı) + k
Siz	verb	+ -meli (-malı) + -mi (-mı) + [y] + –di (-dı) + niz (-nız)
Onlar	verb	+ -meli (-malı) + -mi (-mı) + [y] + –di (-dı)

Usage

1) We use **"gereklilik kipinin hikayesi"** to express regrets about past actions or states.

- Yalan söylediğim için çok kızgın. Ona doğruyu **söylemeliydim**.
  (She is very angry because I lied to her. I **should have told** her the truth.)
- Bu şehri hiç sevmiyorum. Buraya hiç **taşınmamalıydık**.
  (I don't like this city at all. We **shouldn't have moved** here.)
- Çok kilo aldım. Spor yapmaya **devam etmeliydim**.
  (I gained a lot of weight. I **should have continued** doing exercises.)

- Raporu yetiştiremedim. Daha fazla **çalışmalıydım**.
  (I couldn't finish the report. I **should have worked** more.)

2) We use **"gereklilik kipinin hikayesi"** to express criticism about past actions or states.

- Şenay'ın kalbini çok kırdın. Ona yalan **söylememeliydin**.
  (You broke Şenay's heart. You **shouldn't have lied** to her.)
- Ufuk bu sınavdan da kaldı. Biraz daha fazla **çalışmalıydı**.
  (Ufuk failed the exam again. He **should have studied** more.)

Regrets and Criticisms About Past (Gereklilik Kipinin Hikayesi)

Listen and Repeat the Sentences

- Projeyi dün gece bitir**meliydin**.
- Oya yine gecikti. Evden daha erken çık**malıydı**.
- Dün partide herkes çok eğlenmiş. Biz de git**meliydik**.
- Arabam sürekli bozuluyor. Motorsiklet al**malıydım**.
- Arkadaşlarına yalan söyle**memeliydin**.
- Bu eski arabayı al**mamalıydım**. Sürekli bozuluyor.
- Midem bulanıyor. O kadar çok ye**memeliydik**.
- Herkes partiye gitti. Ben de git**meli miydim**?
- Öğretmen çok kızgın görünüyor. Acaba dün ödevimizi yap**malı mıydık**?
- Yalan söylediğim için çok kızgın. Ona doğruyu **söylemeliydim**.
- Bu şehri hiç sevmiyorum. Buraya hiç **taşınmamalıydık**.
- Çok kilo aldım. Spor yapmaya **devam etmeliydim**.
- Raporu yetiştiremedim. Daha fazla **çalışmalıydım**.
- Şenay'ın kalbini çok kırdın. Ona yalan **söylememeliydin**.
- Ufuk bu sınavdan da kaldı. Biraz daha fazla **çalışmalıydı**.

Diyalog

 Listen to the Dialogue and Follow the Script

Esra: Sana söylemiştim, yola çıkmadan önce adresi **not etmeliydik**.

Yiğit: Haklısın, Bir kağıda yazmalıydım. Aklımda tutarım sandım ama unuttum sanırım.

Esra: Peki şimdi ne yapacağız?

Yiğit: Bilmiyorum. Şarjım da bitti. Senin telefonunu versene.

Esra: Şarjın mı bitti? Dün gece **şarj etmeliydin**, söyledim sana.

Yiğit: Tamam tamam, çok haklısın ama unuttum işte. Senin telefonun nerede?

Esra: İşte burada. Kimi arayacaksın?

Yiğit: Arkadaşımı arayıp adresi yeniden alacağım.

Esra: Aklına iyi bir fikir geldiğine sevindim ama çok acıktım. Seninle **yola çıkmamalıydım**.

Yiğit: Tamam arkadaşımı arayayım sonra bir şeyler yiyelim.

Esra: Ama etrafta yiyecek bir şeyler görünmüyor. Yanıma **yiyecek almalıydım**.

Yiğit: Neyse artık bulacağız bir şeyler, endişelenme.

Dialogue

Listen to the Dialogue and Follow the Translation

Esra: I told you, we should have noted down the address before leaving home.

Yiğit: You are right. I should have written it on a piece of paper. I thought I could keep in my mind but I think I forgot it.

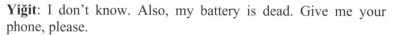

Esra: Well, what are we going to do?

Yiğit: I don't know. Also, my battery is dead. Give me your phone, please.

Esra: Your battery is dead? You should have charged it last night, I had told you.

Yiğit: Okay, You are right, but I forgot it. Where is your phone?

Esra: Here it is. Who are you going to call?

Yiğit: I am going to call my friend and get the address again

Esra: I am happy that you have found a good idea but I am starving. I shouldn't have gone out with you.

Yiğit: Okay, I will call my friend then let's eat something.

Esra: It seems there is no place to eat. I should have taken something to eat with me.

Yiğit: Anyway, we will find something to eat; don't worry.

Exercises

A) Circle the correct alternative.

1) Dün hava çok sıcaktı. Şapkasız dışarı **çıkmalıydın / çıkmamalıydın.**
2) Yemek çok lezzetliydi. Mutlaka **yemeliydin / yememeliydin.**
3) Dün babamla tartıştım, çok üzgünüm. Ona **bağırmalıydım / bağırmamalıydım.**
4) Teyzemler evde yoklar. Gelemeden once onları **aramalıydık / aramamalıydık.**
5) Çantam çok ağır. Yanıma bu kadar eşya **almalıydım / almamalıydım.**

B) Make the affirmative sentences into nrgative and question forms.

1) Bu filmi izlemeliydin.

   (-)   (?)

2) Öğrenciler derse erken gelmeliydi.

   (-)   (?)

3) İlaçlarını zamanında almalıydı.

   (-)   (?)

Lesson 50

**Certainty and Impossibility About Past
(-miş olmalı / -miş olamaz)**

**must + have + done
can't + have + done**

In order to express the English modal verb structures **"must + have + V3"** and **"can't + have + v3"** we use the rumor past tense suffix **–miş (-mış)** after the main verb stem and the helping verb **"olmalı" / "olamaz"** after the main verb. In other words to express the above mentioned states we use two verbs (a main and a helping verb) in the same sentence.

Structure

Affirmative Sentences

As mentioned above to form a sentence in this mode we employ the rumor past tense suffix **–miş (-mış)** after the main verb stem and the helping verb **"olmalı"** after the main verb. Keep in mind that the helping verb **"olmalı"** is followed by personal suffixes.

- Altı gündür gece gündüz çalışıyorsun. Projeyi **bitirmiş olmalısın.**

    (You have been working day and night for six days. You **must have finished** the project.)

- Ev tamamen karanlık. Fatma evden **çıkmış olmalı**.
  (The house is completely dark. Fatma **must have left** the house.)
- Herkes çok mutlu görünüyor. Partide çok **eğlenmiş olmalılar**.
  (Everybody looks very happy. They **must have had** a lot of fun at the party.)
- Arabamda derin bir çizik var. Oğlum bir yere **çarpmış olmalı**.
  (There is a deep scratch on my car. My son **must have hit** somewhere.)

Ben	verb	+ -miş (-mış, -muş, -müş) + olmalı + [y] + ım
Sen	verb	+ - miş (-mış, -muş, -müş) + olmalı + sın
O	verb	+ -miş (-mış, -muş, -müş) + olmalı
Biz	verb	+ -miş (-mış, -muş, -müş) + olmalı +[y] + iz
Siz	verb	+ -miş (-mış, -muş, -müş) + olmalı + sınız
Onlar	verb	+ -miş (-mış, -muş, -müş) + olmalı

Negative Sentences

In order to form a negative sentence we employ the rumor past tense suffix **–miş (-mış)** after the main verb stem and the helping verb **"olamaz"** after the main verb. Keep in mind that the helping verb **"olamaz"** is followed suffixes by personal suffixes.

- Gizem'i **görmüş olamazsın**. O hala İspanya'da.
  (You **can't have seen** Gizem. He is still in Spain.)

Certainty and Impossibility About Past (-miş olmalı / -miş olamaz)

- Namık projeyi **bitirmiş olamaz.** Bir kaç dakika önce hala proje üzerinde çalışıyordu.

  (Namık **can't have finished** the project. He was still working on it just a minute ago.)

- Evli olduğunu bilmiyordum. Bana bunu **söylemiş olamazsın.**

  (I didn't know you were married. You **can't have told** me that.)

Ben	verb	+ -miş (-mış, -muş, -müş) + olama + m
Sen	verb	+ - miş (-mış, -muş, -müş) + olamaz + sin
O	verb	+ -miş (-mış, -muş, -müş) + olamaz
Biz	verb	+ -miş (-mış, -muş, -müş) + olama +[y] + ız
Siz	verb	+ -miş (-mış, -muş, -müş) + olamaz + siniz
Onlar	verb	+ -miş (-mış, -muş, -müş) + olamaz

Usage

1) We use the form **"-miş olmalı"** to express certainty about past actions or states.

- Ofiste kimse telefonu cevaplamadı. Herkes **çıkmış olmalı.**

  (No one answered the phone in the office. Everybody **must have left.**)

- Orhan çok mutlu görünüyor. Ehliyet sınavını **geçmiş olmalı.**

  (Orhan looks very happy. He **must have passed** the driving test.)

- Kerem çok geç kaldı. Treni **kaçırmış olmalı.**

  (Kerem is late. He **must have missed** the train.)

- Dün gece telefonu hep meşguldü. Uzun süre biriyle telefonda **konuşmuş olmalı.**

  (His phone was busy all night. He **must have talked** to someone for a long time.)

2) We use the form "**-miş olamaz**" to express impossibility about past actions or states

- Emre İngiltere'ye **gitmiş olamaz.** Onu az önce gördüm.

  (Emre **can't have gone** to England. I saw him a short time ago.)

- Kerem çok geç kaldı. Saat 5'deki treni **yakalamış olamaz.**

  (Kerem is late. He **can't have caught** the train at 5 o'clock.)

- Piyangoyu **kazanmış olamaz.** Hala dolmuşa biniyor.

  (He **can't have won** the lottery. He is still using the public buses.)

- Bütün köfteleri sen **yemiş olamazsın.** Burada altmış köfte vardı.

  (You **can't have eaten** all the meatballs. There were fifty meatballs here.)

Certainty and Impossibility About Past (-miş olmalı / -miş olamaz)

Listen and Repeat the Sentences

- Altı gündür gece gündüz çalışıyorsun. Projeyi bitirmiş olmalısın.
- Ev tamamen karanlık. Fatma evden çıkmış olmalı.
- Herkes çok mutlu görünüyor. Partide çok eğlenmiş olmalılar.
- Arabamda derin bir çizik var. Oğlum bir yere çarpmış olmalı.
- Gizem'i görmüş olamazsın. O hala İspanya'da.
- Namık projeyi bitirmiş olamaz. Bir kaç dakika önce hala proje üzerinde çalışıyordu.
- Evli olduğunu bilmiyordum. Bana bunu söylemiş olamazsın.
- Ofiste kimse telefonu cevaplamadı. Herkes çıkmış olmalı.

- Orhan çok mutlu görünüyor. Ehliyet sınavını geçmiş olmalı.
- Kerem çok geç kaldı. Treni kaçırmış olmalı.
- Dün gece telefonu hep meşguldü. Uzun süre biriyle telefonda konuşmuş olmalı.
- Emre İngiltere'ye gitmiş olamaz. Onu az önce gördüm.
- Kerem çok geç kaldı. Saat 5'deki treni yakalamış olamaz.
- Piyangoyu kazanmış olamaz. Hala dolmuşa biniyor.
- Bütün köfteleri sen yemiş olamazsın. Burada altmış köfte vardı.

Diyalog

 Listen to the Dialogue and Follow the Script

Melike: Merhaba Rana, nasılsın?

Rana: Selam Melike. Çok iyiyim ya sen?

Mclike: Ben de çok iyiyim. Dün sanırım kardeşini gördüm ama o beni farketmedi.

Rana: Kardeşimi **görmüş olamazsın**. O geçen hafta Londra'ya gitti.

Melike: Öyle mi? İyi bir öğrenciydi. Okul için **gitmiş olmalı**.

Rana: Evet, yabancı dil öğrenmek için gitti.

Melike: Çok sevindim. Bu arada, seni buralarda göremiyorum. **Taşınmış olmalısın**.

Rana: Evet başka şehre taşındım ama arada sırada buraya geliyorum.

Melike: O zaman buluşalım bir gün.

Rana: Olur elbette. Seni geçen hafta aradım ama sanırım telefona başkası cevap verdi.

Melike: Beni **aramış olamazsın** çünkü telefonum bir aydır bozuk. Ben sana ulaşırım, merak etme.

Rana: Peki, görüşürüz. Kendine iyi bak.

Melike: Görüşürüz, sen de.

Dialogue

Listen to the Dialogue and Follow the Translation

Melike: Hello Rana, how are you?

Rana: Hi Melike. I am great, and you?

Melike: I am very well, too. I think I saw your sister yesterday but she didn't notice me.

Rana: You can't have seen my sister. She went to London last week.

Melike: Really? She was a good student. She must have gone there for studying.

Rana: Yes, she went there to learn foreign language.

Melike: I am glad to hear that. By the way, I can't see you around here. You must have moved to another place.

Rana: Yes, I moved to another town but I occasionally come here.

Melike: Okay then, we shall meet one day.

Rana: Sure. I called you last week but I think a stranger answered the phone.

Melike: You can't have called me because my phone has been broken for a month. I will call you, don't worry.

Rana: Okay, see you then. Take care.

Melike: See you, you too.

Exercises

A) Circle the correct alternative.

1) Telefona cevap vermiyor. **Uyumuş olmalı / uyumuş olamaz.**
2) Pencere açık. İçeri kedi **girmiş olmalı / girmiş olamaz.**
3) Pasta dolapta duruyor. Mete **yemiş olmalı / yemiş olamaz.**
4) Pelin ve Didem üşümüşlerdi. Montlarını **giymiş olmalılar / giymiş olamazlar.**
5) Kitap çok kalındı. Okumayı **bitirmiş olmalısın / bitirmiş olamazsın.**

B) Make the affirmative sentences into negative forms.

Example: Annem pazara gitmiş olmalı.

    (-) Annem pazara gitmiş olamaz.

1) İşçiler geç çıkmış olmalı.

    (-)

2) Dedemi görmüş olmalısın.

    (-)

3) Tüm evi siz temizlemiş olmalısınız.

    (-)

Lesson 51

Uncertainty About Past (-miş olabilir)

may + have + done
may not + have + done

In order to express the English modal verb structures **"may + have + V3"** and **"may not + have + v3"** we use the rumor past tense suffix **–miş (-mış)** after the main verb stem and the helping verb **"olabilir"** after the main verb. In other words to express the above mentioned states we use two verbs (a main and a helping verb) in the same sentence.

Structure

Affirmative Sentences

As mentioned above to form a sentence in this mode we employ the rumor past tense suffix **–miş (-mış)** after the main verb stem and the helping verb **"olabilir"** after the main verb. Keep in mind that the helping verb **"olabilir"** is followed by personal suffixes.

- Meral biraz üzgün. Dün geç geldiği için ona biraz sert **davranmış olabilirim.**

    (Meral is a little down. I **may have been** a bit hard on her for being late yesterday.)

- Fatma telefonu açmadı. Evden **çıkmış olabilir**.
  (Fatma didn't answer the phone. She **may have left** the house.)
- Emin değilim ama kapıyı açık **bırakmış olabilirim**.
  (I am not sure but I **may have left** the door unlocked.)
- Üç saattir odasından çıkmadı. **Uyumuş olabilir**.
  (He hasn't left his room for three hours. He **may have fallen** asleep.)

Ben	verb	+ -miş (-mış, -muş, -müş) + olabilir + im
Sen	verb	+ - miş (-mış, -muş, -müş) + olabilir + sin
O	verb	+ -miş (-mış, -muş, -müş) + olabilir
Biz	verb	+ -miş (-mış, -muş, -müş) + olabilir + iz
Siz	verb	+ -miş (-mış, -muş, -müş) + olabilir + siniz
Onlar	verb	+ -miş (-mış, -muş, -müş) + olabilir

Negative Sentences

In order to form a negative sentence in this mode we employ the suffix –me (-ma) before the rumor past tense suffix –**miş (-mış)** and then we use the helping verb **"olabilir"** after the main verb. Keep in mind that the helping verb **"olabilir"** is followed by personal suffixes.

Uncertainty About Past (-miş olabilir)

- Gizem seni **görmemiş olabilir**. Yoksa mutlaka sana selam verirdi.

    (Gizem **may not have seen** you. Otherwise she would certainly say hello to you.)

- Son araştırmalara göre Erdem suçu **işlememiş olabilir**.

    (Regarding the last investigations Emre **may not have committed** the crime.)

- Onu bir kez daha dinlemelisin. Sınavda kopya **çekmemiş olabilir**.

    (You should listen to him once more. He **may not have cheated** in the exam.)

Ben	verb	+ **-me (-ma)** + -miş (-mış, -muş, -müş) + olabilir + im
Sen	verb	+ **-me (-ma)** + -miş (-mış, -muş, -müş) + olabilir + sin
O	verb	+ **-me (-ma)** + -miş (-mış, -muş, -müş) + olabilir
Biz	verb	+ **-me (-ma)** + -miş (-mış, -muş, -müş) + olabilir + iz
Siz	verb	+ **-me (-ma)** + -miş (-mış, -muş, -müş) + olabilir + siniz
Onlar	verb	+ **-me (-ma)** + -miş (-mış, -muş, -müş) + olabilir

Questions

Although it is not very common in daily usage of English we may also form questions with the form above. In order to form a question we employ the question suffix **"–mi"** after the helping verb **"olabilir"**. Keep in mind that the question suffix is also followed by personal suffixes.

- O kadını gerçekten Halil **öldürmüş olabilir mi?**

    (**May** Halil **have** really **murdered** that woman?)

- İnsanlarla dinazorlar aynı zamanda **yaşamış olabilir mi**?
  (**May** dinosaurs and humans **have co-existed**?)
- Arabanla oğlun kaza **yapmış olabilir mi**?
  (**May** your son **have had** an accident with your car?)

Ben	verb	+ -miş (-mış, -muş, -müş) + olabilir + **-mi** + [y] + im ?
Sen	verb	+ -miş (-mış, -muş, -müş) + olabilir + **-mi** + sin ?
O	verb	+ -miş (-mış, -muş, -müş) + olabilir + **-mi** ?
Biz	verb	+ -miş (-mış, -muş, -müş) + olabilir + **-mi** + [y] + iz ?
Siz	verb	+ -miş (-mış, -muş, -müş) + olabilir + **-mi**+ siniz ?
Onlar	verb	+ -miş (-mış, -muş, -müş) + olabilir + **-mi** ?

Usage

We use the form **"-miş olabilir"** or its negative form to express uncertainty about past actions or states.

- Ofiste ışıkların çoğu sönük. Şafak **çıkmış olabilir**.
  (Most lights are off in the office. Şafak **may have left**.)

- Orhan biraz üzgün görünüyor. Ehliyet sınavını **geçmemiş olabilir**.
  (Orhan looks a bit down. He **may have not passed** the driving test.)

- Kerem hala aramadı. Treni **kaçırmış olabilir**.
  (Kerem hasn't called yet. He **may have missed** the train.)

Uncertainty About Past (-miş olabilir)

Listen and Repeat the Sentences

- Meral biraz üzgün. Dün geç geldiği için ona biraz sert davranmış olabilirim.
- Fatma telefonu açmadı. Evden çıkmış olabilir.
- Emin değilim ama kapıyı açık bırakmış olabilirim.
- Üç saattir odasından çıkmadı. Uyumuş olabilir.
- Gizem seni gör<u>me</u>miş olabilir. Yoksa mutlaka sana selam verirdi.
- Son araştırmalara göre Erdem suçu işlememiş olabilir.
- Onu bir kez daha dinlemelisin. Sınavda kopya çekmemiş olabilir.
- O kadını gerçekten Halil öldürmüş olabilir <u>mi</u>?
- İnsanlarla dinazorlar aynı zamanda yaşamış olabilir <u>mi</u>?
- Arabanla oğlun kaza yapmış olabilir <u>mi</u>?
- Ofiste ışıkların çoğu sönük. Şafak çıkmış olabilir.
- Orhan biraz üzgün görünüyor. Ehliyet sınavını geçememiş olabilir.
- Kerem hala aramadı. Treni kaçırmış olabilir.

Diyalog

 Listen to the Dialogue and Follow the Script

Ayça: Biraz üzgün görünüyorsun, sorun nedir?

Bengü: Annemi düşünüyorum. Bu sabah biraz tartıştık, onu **kırmış olabilirim**.

Ayça: Endişelenme, o senin annen. Özür dilersin ve gönlünü alırsın.

Bengü: Haklısın ama çok **ileri gitmiş olabilirim**. Neyse, beni boş ver. Sen de az önce çok telaşlıydın. Ne oldu?

Ayça: Evet, aklım evde kaldı. Aceleyle çıktım ve ütüyü prizde **unutmuş olabilirim**.

Bengü: Gerçekten mi? Neden gidip bakmıyorsun peki?

Ayça: Eşimi aradım, o bakacak. Çünkü sanırım anahtarlarımı da içerde **unutmuş olabilirim**. Hiçbir yerde bulamıyorum.

Bengü: Sen biraz fazla mı çalışıyorsun son zamanlarda?

Ayça: Sanırım öyle. Yarın patronla konuşup izin alacağım.

Bengü: Lütfen kendine dikkat et.

Ayça: Sen de. Üzme kendini, her şey yoluna girer.

Dialogue

Listen to the Dialogue and Follow the Translation

Ayça: You look a little upset. What is wrong with you?

Bengü: I am thinking about my mom. We had a row with her this morning, I might have hurt her.

Ayça: Don't worry, she is your mother. You will apologize and make up with her.

Bengü: You are right but I might have gone too far. Anyway, forget about me. You were worried, too. What happened?

Ayça: Yes, I was worried about my house. I left in a hurry and I might have left the iron on.

Bengü: Really? Why don't you go and check it?

Ayça: I have called my husband; he will check it because I might have forgotten my keys at home. I couldn't find them anywhere.

Bengü: Have you worked too much recently?

Ayça: I think I have. I will talk to the boss tomorrow and take some time off.

Bengü: Please, take care of yourself.

Ayça: You, too. Things will get better.

Exercises

A) Circle the correct alternative.

1) Benimle konuşmuyor. Bana **küsmüş/ küsmemiş olabilir.**
2) Sınava çalışamadım. Sınavı **geçmiş / geçememiş olabilirim.**
3) Cüzdanını bulamıyor. **Düşürmüş/ düşürmemiş olabilir.**
4) Telefonun çaldı. Eşin **aramış / aramamış olabilir.**

B) Make the affirmative sentences into negative and question forms.

1) Bu paket açılmış olabilir.

(-)   (?)

2) Evlerine hırsız girmiş olabilir.

(-)   (?)

3) Arabayla kaza yapmış olabilirler.

(-)   (?)

4) Odanın rengini beğenmiş olabilir.

(-)   (?)

Lesson 52

Past Possible Actions That Did Not Happen (-ebilirdin / -miş olabilirdin)

could + have + V3

In order to express the English modal verb structure **"could + have + V3"** we use the compound verb termed as **"bileşik fiilin yeterlilik hali"**. As mentioned in **Lessons 42** and **45 bileşik fiil** (compound verb) is a term used for verbs that are formed with two different verbs.

Structure

Affirmative Sentences

In order to form an affirmative sentence we use the verb **"bil"** and tense suffixes **"-r"** and **"–di"** after the main verb. Keep in mind that we also use the vowels **"–e"** or **"–a"** before the verb **"bil"**. Finally you should remember that the verbs are also followed by personal suffixes.

- Hergün bir saat daha çalışsaydın projeyi zamanında **bitirebilirdin.**

  (You **could have finished** the project on time if you had studied one more hour every day.)

- Kapıyı kilitlemeyi unutmuşsun. Eve hırsız **girebilirdi.**

  (You have forgotten to lock the door. A thief **could have entered** in.)

- Treni kaçırsaydık geç **kalabilirdik**.

    (We **could have been** late if we had missed the train.)

- Kasksız motorsiklet kullanmamlıydın. O kazada **ölebilirdin**.

    (You shouldn't have ridden the motorbike without a helmet. You **could have killed** yourself.)

Ben	verb	+ -e.bil (-a.bil) + -ir + -di + m
Sen	verb	+ -e.bil (-a.bil) + -ir + -di + n
O	verb	+ -e.bil (-a.bil) + -ir + -di
Biz	verb	+ -e.bil (-a.bil) + -ir + -di + -k
Siz	verb	+ -e.bil (-a.bil) + -ir + -di + -niz
Onlar	verb	+ -e.bil (-a.bil) + -ir + -di

Negative Sentences

In order to form the negative modal structure couldn't + have + V3 we employ the suffix "**–e.mez (-a.maz)**" and the suffix "**-di (-dı)**" after the verb stem. Keep in mind that these suffixes are also followed suffixes by personal suffixes.

- Çok güzel bir tatildi. Açıkçası daha iyi **olamazdı**.

    (It was a very nice holiday. Honestly it **couldn't have been** better.)

- Beni davet etmediniz diye üzüldüm ama yurtdışında olduğum için zaten **gelemezdim**.

    (I felt upset because you did not invite me but I **couldn't have come** anyway as I was abroad.)

Past Possible Actions That Did Not Happen (-ebilirdin/-miş olabilir.)

(Namık **can't have finished** the project. He was still working on it just a minute ago.)

- Treni kaçırmasan da zamanında buraya **gelemezdin**.

(You **couldn't have come** here on time even if you hadn't missed the train.)

Ben	verb	+ -e.mez (-.maz) + -di (-dı) + m
Sen	verb	+ -e.mez (-.maz) + -di (-dı) + n
O	verb	+ -e.mez (-.maz) + -di (-dı)
Biz	verb	+ -e.mez (-.maz) + -di (-dı) + k
Siz	verb	+-e.mez (-.maz) + -di (-dı) + niz
Onlar	verb	+ -e.mez (-.maz) + -di (-dı)

Questions

In order to form a question we use the question suffix **"-mi (-mı)"** between the suffixes **"-e.bil (-a.bil)"** and **"-di"** You should also remember that the suffixes are also followed by personal suffixes.

- Ben olmadan bu yemeği **hazırlayabilir miydin?**

  (**Could** you **have prepared** this meal without me?)

- Bir önceki işimde daha başarılı **olabilir miydim?**

  (**Could** I **have been** more successful in my previous job?)

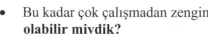

- Bu kadar çok çalışmadan zengin **olabilir miydik?**

  (**Could** we **have been** rich without working that hard?)

Ben	verb	+ -e.bil (-a.bil) + -ir + -mi + [y] + -di + -m ?
Sen	verb	+ -e.bil (-a.bil) + -ir + -mi + [y] + -di + -n ?
O	verb	+ -e.bil (-a.bil) + -ir + -mi + [y] + -di ?
Biz	verb	+ -e.bil (-a.bil) + -ir + -mi + [y] + -di + -k ?
Siz	verb	+ -e.bil (-a.bil) + -ir + -mi + [y] + -di + -niz ?
Onlar	verb	+ -e.bil (-a.bil) + -ir + -mi + [y] + -di ?

The structure **"could + have + V3"** can also be expressed by using the suffix **–miş (-mış)** after the main verb stem and the helping verb **"olabilirdi"** after the main verb. In other words to express the above mentioned structure we can also use two verbs (a main and a helping verb) in the same sentence.

E.g.

- Hergün bir saat daha çalışsaydın projeyi zamanında **bitirmiş olabilirdin.**

    (You **could have finished** the project on time if you had studied one more hour every day.)

- Kasksız motorsiklet kullanmamlıydın. O kazada **ölmüş olabilirdin.**

    (You shouldn't have ridden the motorbike without a helmet. You **could have killed** yourself.)

- Kapıyı kilitlemeyi unutmuşsun. Eve hırsız **girmiş olabilirdi.**

    (You have forgotten to lock the door. A thief **could have entered** in.)

Past Possible Actions That Did Not Happen (-ebilirdin/-miş olabilir.)

Usage

1) We use the affirmative form **"-ebilirdi (-abilirdi)"** to express possible past actions or states that did not happen.

- O kadar açtım ki bir atı bile **yiyebilirdim**.
  (I was so hungry that I **could have eaten** a horse.)
- Kaza çok kötüydü fakat daha kötü **olabilirdi**.
  (The accident was very bad but it **could have been** worse.)

- Davetiyen vardı. Düğüne sen de **gidebilirdin**.
  (You had an invitation. You **could have gone** to the wedding.)
- Tüm gece telefonun meşguldü. İsteseydin beni **arayabilirdin**.
  (Your phone was busy all night. You **could have called** me if you had wanted.)
- O bozuk bisikletle bacağını **kırabilirdin**.
  (You **could have broken** your leg with that broken bicycle.)

2) We use the form **"-emezdi (-amazdı)"** to express past actions or states that were not possible to happen.

- O rengarenk elbiseyi **giyemezdim**. Herkes bana gülerdi.
  (I **couldn't have worn** that colorful dress. Everybody would laugh at me.)
- İşi almam imkansız. Mülakatım daha kötü **olamazdı**.
  (There is no way I could get that job. My interview **couldn't have been** worse.)

- Kütüphanede çalışıyordum.
  Seninle telefonda **konuşamazdım**.
  (I was studying at the library. I couldn't have talked to you on the phone.)

Listen and Repeat the Sentences

- Hergün bir saat daha çalışsaydın projeyi zamanında **bitirebilirdin**.
- Kapıyı kilitlemeyi unutmuşsun. Eve hırsız **girebilirdi**.
- Treni kaçırsaydık geç **kalabilirdik**.
- Kasksız motorsiklet kullanmamalıydın. O kazada **ölebilirdin**.
- Çok güzel bir tatildi. Açıkçası daha iyi **olamazdı**.
- Beni davet etmediniz diye üzüldüm ama yurtdışında olduğum için zaten **gelemezdim**.
- Treni kaçırmasam da zamanında buraya **gelemezdim**.
- Ben olmadan da yemeği **hazırlayabilir miydin**?
- Bir önceki işimde daha başarılı **olabilir miydim**?
- Bu kadar çok çalışmadan zengin **olabilir miydik**?
- Hergün bir saat daha çalışsaydın projeyi zamanında **bitirmiş olabilirdin**.
- Kasksız motorsiklet kullanmamalıydın. O kazada **ölmüş olabilirdin**.

Past Possible Actions That Did Not Happen (-ebilirdin/-miş olabilir.)

- Kapıyı kilitlemeyi unutmuşsun. Eve hırsız **girmiş olabilirdi.**
- O kadar açtım ki bir atı bile yiyebilirdim.
- Kaza çok kötüydü fakat daha kötü olabilirdi.
- Davetiyen vardı. Düğüne sen de gidebilirdin.
- Tüm gece telefonun meşguldü. İsteseydin beni arayabilirdin.
- O bozuk bisikletle bacağını kırabilirdin.
- O rengarenk elbiseyi giyemezdim. Herkes bana gülerdi.
- İşi almam imkansız. Mülakatım daha kötü olamazdı.
- Kütüphanede çalışıyordum. Seninle telefonda konuşamazdım.

Diyalog

 Listen to the Dialogue and Follow the Script

Berna: Şimdi nasılsın?

Orçun: Daha iyiyim ama hala şoktayım.

Berna: Bizi çok korkuttun. Daha ciddi **yaralanmış**, hatta **ölmüş olabilirdin**.

Orçun: Biliyorum, çok üzgünüm.

Berna: Üstelik yanına bir arkadaşını da alabilirdin, yol çok uzun. Ama sen yalnız gitmeyi tercih etmişsin.

Orçun: Hava koşulları kazaya neden oldu. Yollar çok karlıydı.

Berna: O halde neden aileni aramadın? Onları arayıp yardım isteyebilirdin.

Orçun: Çok haklısın ama düşünemedim işte.

Berna: Neyse, umarım dersini almışsındır.

Orçun: Evet aldım, inan bana. Ayrıca çok teşekkürler, sen olmasan bunu **atlatamazdım**.

Berna: Önemli değil, senin iyi olman her şeyden önemli.

Past Possible Actions That Did Not Happen (-ebilirdin/-miş olabilir.)

Dialogue

Listen to the Dialogue and Follow the Translation

Berna: How do you feel now?

Orçun: I feel better but I am still shocked.

Berna: You made me scared. You could have injured worse or even died.

Orçun: I know, I'm sorry.

Berna: Besides, you could have taken a friend with you. It is a long way (to travel). But you chose to go alone.

Orçun: Weather conditions caused the accident. The roads were too snowy.

Berna: Then, why didn't you call your family? You might have called and asked for help from them.

Orçun: You are right but I couldn't think of it.

Berna: Anyway, I hope you have leant your lesson.

Orçun: Yes, I have. Believe me. And, thank you very much. I couldn't have got over it without you.

Berna: No problem. Your life is more important than anything.

Exercises

A) Circle the correct alternative.

Example: Yeterli param yoktu. İstesem de o tatile **gidebilirdim /gidemezdim**.

1) Çok şanslısın. Kazada ciddi şekilde **yaralanabilirdin/ yaralanamazdın**.
2) Evden erken çıksaydı buraya zamanında **gelebilirdi/ gelemezdi**.
3) Çok gürültü yapmışsınız. Komşular şikayet **edebilirdi/ edemezdi**.

B) Make the affirmative sentences into negative and question forms.

1) Ormanda kaybolabilirdin.

   (-)   (?)

2) Dün gece çok zengin olabilirdik.

   (-)   (?)

3) Odasını temizlemiş olabilirdi.

   (-)   (?)

4) Bu evi ben satın almış olabilirdim.

   (-)   (?)

Lesson 53

Passive Voice 1 (Edilgen Fiil)

Although "edilgen fiil" is used with all tenses and modal modes, Lesson 53 will only focus on present tenses (is done / is being done) for other tenses please check Lessons 54, 55 and 56.

Structure

Affirmative Sentences

In order to form passive sentences in Turkish we use the suffixes **"–il"** or **"–in"** after the verb stem. For present simple tense we use the suffix **"-r"** after **"–il"** or **"–in" (Table 1)** and for present continuous tense we use the suffix **"-yor"** after **"–il"** or **"–in" (Table 2)**. Keep in mind that these suffixes are also followed by personal suffixes.

- Okulumuz her yıl boya**nır**.

    (Our school is painted every year.)

- Evimiz her hafta temizle**nir**.

    (This house is cleaned every week.)

- Okulumuz (şu an) boya**nıyor**.

    (Our school is being painted (at the moment.))

- Evimiz (şimdi) temizle**niyor**.

    (Our house is being cleaned (now.))

Table 1

Ben	verb	+ -il / in + -ir (-ır) + - m
Sen	verb	+ -il / in + -ir (-ır) + sın
O	verb	+ -il / in + -ir (-ır)
Biz	verb	+ -il / in + -ir (-ır) + -iz (-ız)
Siz	verb	+ -il / in + -ir (-ır) + -sınız (-siniz)
Onlar	verb	+ -il / in + -ir (-ır)

Table 2

Ben	verb	+ -il / in + -i.yor (-ı.yor) + -um
Sen	verb	+ -il / in + -i.yor (-ı.yor) + sun
O	verb	+ -il / in + -i.yor (-ı.yor)
Biz	verb	+ -il / in + -i.yor (-ı.yor) + -uz
Siz	verb	+ -il / in + -i.yor (-ı.yor) + -sunuz
Onlar	verb	+ -il / in + -i.yor (-ı.yor)

Negative Sentences

In order to make negative sentences in present simple passive form, we use the suffixes "**-maz, -mez**" after the suffix "**–il**" or "**–in**". Keep in mind that these suffixes are also followed by personal suffixes.

- Okulumuz her yıl boya**n**maz.

    (Our school isn't painted every year.)

- Bu ev her hafta temizle**n**mez.

    (This house isn't cleaned every week.)

Passive Voice 1 (Edilgen Fiil)

Ben	verb	+ -il / in + -me (-ma) + -m
Sen	verb	+ -il / in + -mez (-maz) + -sın (-sin)
O	verb	+ -il / in + -mez (-maz)
Biz	verb	+ -il / in + -me (-ma) + [y] + -iz (-ız)
Siz	verb	+ -il / in + -mez (-maz) + -sınız (-siniz)
Onlar	verb	+ -il / in + -mez (-maz)

When we make negative sentences in present continuous passive form, we use the suffixes "**-mi, -mı**" between the suffixes "**-il, / -in**" and "**yor**". Keep in mind that these suffixes are also followed by personal suffixes.

- Okulumuz (şu an) boya**nmı**yor.

    (Our school isn't being painted (at the moment.))

- Evimiz (şimdi) temizle**nmi**yor.

    (Our house isn't being cleaned (now.))

Ben	verb	+ -il / in + -mi (-mı) + -yor + -um
Sen	verb	+ -il / in + -mi (-mı) + -yor + -sun
O	verb	+ -il / in + -mi (-mı) + -yor
Biz	verb	+ -il / in + -mi (-mı) + -yor -uz
Siz	verb	+ -il / in + -mi (-mı) + -yor + -sunuz
Onlar	verb	+ -il / in + -mi (-mı) + -yor

Questions

In order to make interrogative sentences in present simple passive form, we use the suffixes "**mı, mi**" after the suffixes "**-r**". Keep in mind that these suffixes are also followed by personal suffixes.

- Okulumuz her yıl boya**nır** **mı**?

   (Is our school painted every year?)

- Eviniz her hafta temizle**nir** **mi**?

   (Is your house cleaned every week?)

Ben	verb + -il / in + -ir (-ır) + **-mı (-mi)** + [y] + -ım ?
Sen	verb + --il / in + -ir (-ır) + **-mı (-mi)** + sın?
O	verb + -il / in + -ir (-ır) + **-mı (-mi)**?
Biz	verb + -il / in + -ir (-ır) + **-mı (-mi)** + [y] -iz (-ız)?
Siz	verb + -il / in + -ir (-ır) + **-mı (-mi)** + -sınız (-siniz)?
Onlar	verb + -il / in + -ir (-ır) + **-mı (-mi)**?

When we make interrogative sentences in present continuous passive form, we use the question suffix "**mu**" after the suffix "**-yor**". Keep in mind that these suffixes are also followed by personal suffixes.

- Okulumuz (şu an) boyan**ıyor** **mu**?

   (Our school is being painted (at the moment.))

- Evimiz (şimdi) temizle**niyor** **mu**?

   (Our house is being cleaned (now.))

Passive Voice 1 (Edilgen Fiil)

Ben	verb	+ -il / in + -i.yor (ı.yor) + -mu + [y] + -um?
Sen	verb	+ -il / in + -i.yor (ı.yor) + -mu + -sun?
O	verb	+ -il / in + -i.yor (ı.yor) + -mu?
Biz	verb	+ -il / in + -i.yor (ı.yor) + -mu + [y] + -uz?
Siz	verb	+ -il / in + -i.yor (ı.yor) + -mu + -sunuz?
Onlar	verb	+ -il / in + -i.yor (ı.yor) + -mu?

Usage

We use passive voice when the focus is on the action. It is usually not known or not important who or what is responsible for the action. However; we want to express the agent, we usually write the agent and then add "tarafından" that have the same meaning with "by" after it. The place of this phrase can be changed according to the emphasis in the sentence.

- Türkiye'de zeytin yetiştirilir.

  (Olive is grown in Turkey.)

- Zeytin **çiftçiler tarafından** yetiştirilir.

  (Olive is grown **by the farmers.**)

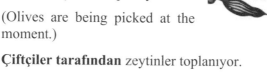

- Şu anda zeytinler toplanıyor.

  (Olives are being picked at the moment.)

- **Çiftçiler tarafından** zeytinler toplanıyor.

  (Olives are being picked by the farmers.)

- Türkiye'de kahve yetiştirilmez.

  (Coffee is not grown in Turkey.)

Listen and Repeat the Sentences Below

- Okulumuz her yıl boyanır.
- Evimiz her hafta temizlenir.
- Okulumuz (şu an) boyanıyor.
- Evimiz (şimdi) temizleniyor.
- Okulumuz her yıl boyanmaz.
- Bu ev her hafta temizlenmez.
- Okulumuz (şu an) boyanmıyor.
- Evimiz (şimdi) temizlenmiyor.
- Okulumuz her yıl boyanır mı?
- Eviniz her hafta temizlenir mi?
- Okulumuz (şu an) boyanıyor mu?
- Evimiz (şimdi) temizleniyor mu?
- Türkiye'de zeytin yetiştirilir.
- Şu anda zeytinler toplanıyor.
- Türkiye'de kahve yetiştirilmez.

WRITING TASK: *Write at least ten sentences in passive form using present tenses.*

Diyalog

🎧 *Listen to the Dialogue and Follow the Script*

Simge Hanım: Merhaba, işleriniz nasıl gidiyor?

Usta: Merhaba Simge Hanım, şu an odalar **boyanıyor**.

Simge Hanım: Tamam, iyi çalışmalar. Dikkatli olun lütfen bu dolaplar her yıl **onarılır** ama biraz eskidir.

Usta: Elbette, dikkat ederiz.

Simge Hanım: Mutfak **boyanıyor** mu hala?

Usta: Hayır, mutfağı bitirdik. Şu an yatak odaları **boyanıyor**. Bir yandan da mutfak **temizleniyor**.

Simge Hanım: Çok iyi. Merdivenler ne durumda?

Usta: Merdivenlerin onarımına iki saat içinde **başlanıyor**. Umarım yarın tüm işler **bitirilir**.

Simge Hanım: Peki, o halde yarın görüşürüz.

Usta: İyi günler.

Passive Voice 1 (Edilgen Fiil)

Dialogue

Listen to the Dialogue and Follow the Translation

Mrs. Simge: Hello, how is your work going?

Handyman: Hello Mrs. Simge, the rooms are being painted right now.

Mrs. Simge: Okay, good luck with it. Please be careful, the cupboards are fixed every year but they are a little old.

Handyman: Sure, we will.

Mrs. Simge: Is the kitchen still being painted?

Handyman: No, we have finished it. The bedrooms are being painted right now. At the same time, the kitchen is being cleaned.

Mrs. Simge: Well, what about the stairs?

Handyman: The repair will be started in two hours. I hope everything will be finished tomorrow.

Mrs. Simge: Okay then, see you tomorrow.

Handyman: Have a good day.

Exercises

A) Make the active sentences below into the passive form. Use the agent if it is necessary.

Example: Annem her hafta sonu evi temizler.

    Her hafta sonu ev temizlenir.

1) İnsanlar burada balık tutar.
2) Şu an işçiler bahçeyi temizliyor.
3) Çocuklar çiçekleir suluyor.
4) Nesrin Hanım her yaz bu evi kiralar.
5) Bu makinalar kitapları basıyor.

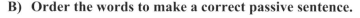

B) Order the words to make a correct passive sentence.

Example: ediliyor/ tarafından/ tamirci/ Araba /tamir/.

    Araba tamirci tarafından tamir ediliyor.

1) dil / biçok / Türkiye'de/ konuşulur.
2) yetiştirilir/ Mersin'de/ limonlar/ bu.
3) yemekler/ şu/ yapılır/ lezzetli/ restoranda/ yapılıyor.

Lesson 54

Passive Voice 2 (Edilgen Fiil)

Although "edilgen fiil" is used with all tenses and modal modes Lesson 54 will only focus on past tenses (was/were done - was/were being done) for other tenses please check Lessons 53, 55and 56.

Structure

Affirmative Sentences

In order to form passive sentences in Turkish we use the suffixes "**–il**" or "**–in**" after the verb stem. (We employ "**-il**" after consonants and "**-il**" vowels). To make a passive form in past simple tense, we use the suffix"**-di, (-dı, -du, -dü)**" after "**–il**" or "**–in**". (**Table 1**) For present continuous tense, we use the suffixes "**-yor**" and "**-du**" after "**–il**" or "**–in**". (**Table 2**) Keep in mind that these suffixes are also followed by personal suffixes.

- Matbaa Çinliler tarafından **icat edil<u>di</u>**.

    (Printing machine was invented by the Chinese.)

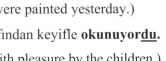

- Bahçedeki banklar dün **boyan<u>dı</u>**.

    (The benches in the garden were painted yesterday.)

- Yeni kitaplar öğrenciler tarafından keyifle **okunuyor<u>du</u>.**

    (New books are being read with pleasure by the children.)

- Eve geldiğimde akşam yemeği **hazırlanıyordu**.

    (When I arrived home, the dinner was being prepared.)

Table 1

Ben	verb	+ -il / in + di, (-dı, -du, -dü) + - m
Sen	verb	+ -il / in + di, (-dı, -du, -dü) + -n
O	verb	+ -il / in + di, (-dı, -du, -dü)
Biz	verb	+ -il / in + di, (-dı, -du, -dü) + -k
Siz	verb	+ -il / in + di, (-dı, -du, -dü) + - niz
Onlar	verb	+ -il / in + di, (-dı, -du, -dü)

Table 2

Ben	verb	+ -il / in + -i.yor (-ı.yor) + di (-dı, -du, -dü) -m
Sen	verb	+ -il / in + -i.yor (-ı.yor) + di (-dı, -du, -dü) -n
O	verb	+ -il / in + -i.yor (-ı.yor) + di (-dı, -du, -dü)
Biz	verb	+ -il / in + -i.yor (-ı.yor) + di (-dı, -du, -dü)-niz
Siz	verb	+ -il / in + -i.yor (-ı.yor) + di (-dı, -du, -dü) -k
Onlar	verb	+ -il / in + -i.yor (-ı.yor) + di (-dı, -du, -dü)

Negative Sentences

In order to make negative sentences in passive form of past simple, we use the suffix **"ma, -me"** between the suffixes **"–il"** or **"–in"** and **"-dı, -di"**. Keep in mind that these suffixes are also followed by personal suffixes.

- Bu kitap, Türk bir yazar tarafından **yazılmadı**.

    (This book wasn't written by a Turkish author.)

Passive Voice 2 (Edilgen Fiil)

- Takımınız geçen hafta elen**me**di.

   (Your team wasn't eliminated.)

Ben	verb	+ -il / in + -me (-ma) + -di (-dı) -m
Sen	verb	+ -il / in + -me (-ma) + di (-dı) - n
O	verb	+ -il / in + -me (-ma) +di (-dı)
Biz	verb	+ -il / in + -me (-ma) + di (-dı)- k
Siz	verb	+ -il / in + -me (-ma) + di (-dı)- niz (-nız)
Onlar	verb	+ -il / in + -me (-ma) + di (-dı)

When we make negative sentences in passive form of past continuous, we use the suffixes "**-mi, -mı**" between the suffixes "**-il, / -in**" and "**yor**". Also, we employ the suffix"**-du**" in the end. Keep in mind that these suffixes are also followed by personal suffixes.

- Geçen yıl burada oyunlar oynan**mı**yordu.

   (Games weren't being played here last year.)

- Sen burdayken bahçede sebze yetiştiril**mi**yordu.

   (Vegetables weren't grown in the garden when you were here.)

Ben	verb	+ -il / in + -mi (-mı) + -yor + -du - m
Sen	verb	+ -il / in + -mi (-mı) + -yor + -du- n
O	verb	+ -il / in + -mi (-mı) + -yor +du
Biz	verb	+ -il / in + -mi (-mı) + -yor –du - k
Siz	verb	+ -il / in + -mi (-mı) + -yor + -du - nuz
Onlar	verb	+ -il / in + -mi (-mı) + -yor + du

Questions

In order to make questions in passive form of past simple, we use the suffix **"mı, (mi, mu, mü)"** after the suffix **"-dı, (-di, -du, -dü)"**. Keep in mind that personal suffixes are placed just after one of these suffixes in this form.

- Anahtarlar **bulundu mu**?

  Were the keys found?

- Hediyeleriniz **verildi mi**?

  Were your presents given?

Ben	verb	+ -il / in +-dı (-di, -du, -dü) + -m + mı (mi, mu, mü)?
Sen	verb	+ --il / in + dı (-di, -du, -dü) + -n + mı (mi, mu, mü)?
O	verb	+ -il / in + dı (-di, -du, -dü) + mı (mi, mu, mü)?
Biz	verb	+ -il / in + -dı (-di, -du, -dü) + -k + mı (mi, mu, mü)?
Siz	verb	+ -il / in + -dı (-di, -du, -dü) + -nız mı (mi, mu, mü)?
Onlar	verb	+ -il / in + - dı (-di, -du, -dü) + mı (mi, mu, mü)?

When we make questions in passive form of past continuous, we use the question suffix **"mu"** and **"du"** after the suffix **"-yor"**. Keep in mind that these suffixes are also followed by personal suffixes.

- Geçen yıl buarada oyunlar **oynanıyor muydu**?

  (Were games being played here last year?)

- Sen burdayken bahçede sebze **yetiştiriliyor muydu**?

  (Were vegetables being grown in the garden when you were here?)

Passive Voice 2 (Edilgen Fiil)

Ben	verb	+ -il / in + -i.yor (ı.yor) + **-mu** + [y] + du -m?
Sen	verb	+ -il / in + -i.yor (ı.yor) + **-mu** + [y] + du -n?
O	verb	+ -il / in + -i.yor (ı.yor) + **-mu** + [y] +du?
Biz	verb	+ -il / in + -i.yor (ı.yor) + **-mu** + [y] +du+ k?
Siz	verb	+ -il / in + -i.yor (ı.yor) + **-mu** + [y] +du+ nuz?
Onlar	verb	+ -il / in + -i.yor (ı.yor) + **-mu+** [y] +du?

Usage

We use passive voice when the focus is on the action. It is usually not known or not important who or what is responsible for the action. However; we want to express the agent, we usually write the agent and then add "tarafından" that have the same meaning with "by" after it. The place of this phrase can be changed according to the emphasis in the sentence.

- Matbaa Çinliler tarafından **icat edil<u>di</u>**.

   (Printing machine was invented by the Chinese.)

- Bu kitap, Türk bir yazar tarafından **yazıl<u>ma</u>dı**.

   (This book wasn't written by a Turkish author.)

- Eskiden burada ağaç kesiliyor muydu?

   (Were trees being cut here in the past?)

Listen and Repeat the Sentences Below

- Matbaa Çinliler tarafından **icat edildi**.
- Bahçedeki banklar dün **boyandı**.
- Yeni kitaplar öğrenciler tarafından keyifle **okunuyordu**.
- Eve geldiğimde akşam yemeği **hazırlanıyordu**.
- Bu kitap, Türk bir yazar tarafından **yazılmadı**.

WRITING TASK: *Write at least ten sentences in passive form using past tenses.*

Diyalog

 Listen to the Dialogue and Follow the Script

Sevil Hanım: Günaydın Müslüm Bey.

Müslüm: Günaydın efendim.

Sevil Hanım: Hangi işler tamamlandı?

Müslüm: Evin tamamı boyandı. Ayrıca mutfak ve çatı onarıldı.

Sevil Hanım: Akşamüstü kapılar onarılıyordu. O iş tamamlanmadı mı?

Müslüm: Hayır Sevil Hanım, kapılar onarılmadı.

Sevil Hanım: Nedenini sorabilir miyim?

Müslüm: Çünkü kapılardan biri kırıldı. Yanlış ekipman kullanılmış.

Sevil Hanım: Anlıyorum ama yarın öğeden sonraya kadar tüm işler tamamlanmalı.

Müslüm: Peki, Sevil Hanım.

Sevil Hanım: İyi akşamlar.

Müslüm: İyi akşamlar.

Dialogue

Listen to the Dialogue and Follow the Translation

Mrs. Sevil: Good morning, Mr. Müslüm.

Müslüm: Good morning, madam.

Mrs. Sevil: Which tasks were completed?

Müslüm: The house was painted, also the kitchen and the roof was fixed.

Mrs. Sevil: The doors were being fixed in the evening. Wasn't that job completed?

Müslüm: No, madam, the doors weren't fixed.

Mrs. Sevil: Can I ask why?

Müslüm: Because one of the doors was broken. Wrong equipment was used.

Mrs. Sevil: I see but everything must be finished by tomorrow evening

Müslüm: All right, madam.

Mrs. Sevil: Have a good evening.

Müslüm: Good evening.

Exercises

A) Make the active sentences below into the passive form. Use the agent if it is necessary.

Example: Öğrenciler sınıfı temizledi.

   Sınıf (öğrenciler tarafından) temizlendi.

1) Doktorlar hastaları muayene etti.
2) Arkadaşım bilgisayarımı tamir etti.
3) İnsanlar duvarlara resimler çiziyorlardı.
4) Kuşlar bizim balkona yuva yapıyorlardı.

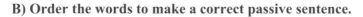

B) Order the words to make a correct passive sentence.

Example: yüksek/ Sınıfta/ okundu/ kitap.

   Sınıfta yüksek sesle kitap okundu.

1) yaşlı/ adama/ bir/ satıldı/ Araba.
2) yemeği/ Aşçılar /hazırlanıyordu/ akşam/ tarafından.
3) ziyaret/ ve/ parklar/ edildi/ Müzeler.

Lesson 55

Passive Voice 3 (Edilgen Fiil)

Although "edilgen fiil" is used with all tenses and modal modes Lesson 55 will mainly focus on future tenses and will also include brief information about the other tenses. For other tenses and usages please check lesson 53, 54 and 56.

Structure

Affirmative Sentences

In order to form passive sentences in Turkish we use the suffixes **"–il"** or **"–in"** after the verb stem. (We employ **"-il"** after consonants and **"-il"** vowels). For passive form of future tenses, we use the suffix **"-acak, -ecek"** after **"–il"** or **"–in"**. Keep in mind that these suffixes are also followed by personal suffixes.

- Paketler yarın **teslim edilecek**.

    (The packages will be delivered tomorrow.)

- Market bir saat sonra **kapatılacak**.

    (Market will be closed an hour later.)

Ben	verb	+ -il / in + -acak (-ecek) + -ı (i) m
Sen	verb	+ -il / in + -acak (-ecek) + -sın (-sin)
O	verb	+ -il / in + -acak (-ecek)
Biz	verb	+ -il / in + -acak (-ecek)+ -ız, (-iz)
Siz	verb	+ -il / in + -acak (-ecek) + -sınız (-siniz)
Onlar	verb	+ -il / in + -acak (-ecek)

Negative Sentences

In order to make negative sentences in future passive forms, we use the suffix **"ma, -me"** between the suffix **"–il"** or **"–in"** and **"-acak, -ecek"**. Keep in mind that these suffixes are also followed by personal suffixes.

- Partide bu elbise **giyil<u>me</u>yecek**.

    This dress won't be worn in the party.

- Limonlar bu hafta **toplan<u>ma</u>yacak.**

    Lemons won't be picked up this week.

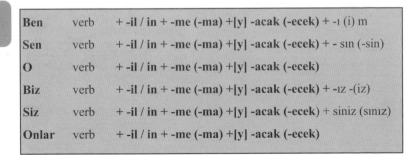

Ben	verb	+ -il / in + -me (-ma) +[y] -acak (-ecek) + -ı (i) m
Sen	verb	+ -il / in + -me (-ma) +[y] -acak (-ecek) + - sın (-sin)
O	verb	+ -il / in + -me (-ma) +[y] -acak (-ecek)
Biz	verb	+ -il / in + -me (-ma) +[y] -acak (-ecek) + -ız -(iz)
Siz	verb	+ -il / in + -me (-ma) +[y] -acak (-ecek) + siniz (sınız)
Onlar	verb	+ -il / in + -me (-ma) +[y] -acak (-ecek)

Passive Voice 3 (Edilgen Fiil)

Questions

In order to make interrogative sentences in future passive forms, we use the suffixes **"mı, mi"** after the suffixes **"-acak, -ecek"**. Keep in mind that personal suffixes are placed just after one of these suffixes in this form.

- Yarın ziyaret **edilecek misiniz?**
  (Will you be visited tomorrow?)
- Bu akşam tüm ödevler yapılacak mı?
  (Will all the homework be done tonight?)

Ben	verb	+ -il / in + -acak (-ecek)	mı +[y] ım (mi[y]-im)?
Sen	verb	+ -il / in + -acak (-ecek)	mı + sın (mi-sin)?
O	verb	+ -il / in + -acak (-ecek)	mı (mi)?
Biz	verb	+ -il / in + -acak (-ecek)	mı [y]ız (mi [y] iz)?
Siz	verb	+ -il / in + -acak (-ecek)	mısınız (misiniz?)
Onlar	verb	+ -il / in + -acak (-ecek)	mı (mi)?

Usage

We use passive voice when the focus is on the action. It is usually not known or not important who or what is responsible for the action. However; we want to express the agent, we usually write the agent and then add "tarafından" that have the same meaning with "by" after it. The place of this phrase can be changed according to the emphasis in the sentence.

- Odamız yarın sabah **düzenlenecek.**
  (Our room will be tidied tomorrow morning.)

- Gömleğin **ütülenmeyecek**.

 (Your shirt won't be ironed.)

- Kahvaltı **hazırlanacak mı**?

 (Will the breakfast be prepared?)

Other Tenses

As mentioned in previous lessons, the passive form in Turkish is applicable to all tenses. Below are some examples for several tenses:

Indefinite Past Simple

- Şehirde yeni bir köprü **yapılmış**.

 ((They say that) A new bridge was built in the town.)

Rumor form of Present Continuous Tense

- Bu kek evde **yapılıyormuş.**

 ((They say that) This cake is being made at home.)

Passive Voice 3 (Edilgen Fiil)

Listen and Repeat the Sentences Below

- Paketler yarın **teslim edil<u>ecek</u>**.
- Market bir saat sonra **kapatıl<u>acak</u>**.
- Limonlar bu hafta **toplan<u>may</u>acak**.
- Partide bu elbise **giyil<u>mey</u>ecek**.
- Bu akşam tüm ödevler yapılacak mı?
- Yarın ziyaret **edilecek <u>mi</u>siniz?**
- Odamız yarın sabah **düzenlen<u>ecek</u>**.
- Gömleğin **ütülen<u>mey</u>ecek**.
- Kahvaltı **hazırlanacak <u>mı</u>?**
- Bu kek evde **yapılıyormuş**.
- Şehirde yeni bir köprü **yapılmış**.

Diyalog

 Listen to the Dialogue and Follow the Script

Müge: Toplantının konusu nedir biliyor musun?

Selda: Hayır, ben de bilmiyorum.

Müge: Maaşlara zam **yapılacak mı** sence?

Selda: Emin değilim ama öyle umuyorum.

Müge: Tüm çalışanlar toplantıya **çağırılacak** dediler; herkesle ilgili olmalı.

Selda: Ofisler **değiştirilecek** sanırım ve çalışma saatleri yeniden **konuşulacak**.

Müge: Umarım bizim için daha kötü olmaz.

Selda: Sanmam. Bir de yeni başlayan çalışanlar **tanıştırılacak** yarın.

Müge: Anlaşıldı. Zam meselesi yine **çözülmeyecek**. Neyse, yarını bekleyip görelim.

Selda: Haklısın. Yarın görüşmek üzere.

Müge: Görüşürüz.

Passive Voice 3 (Edilgen Fiil)

Dialogue

Listen to the Dialogue and Follow the Translation

Müge: Do you know what the meeting is about?

Selda: No, I don't know either.

Müge: Do you think, will the salaries be raised?

Selda: I am not sure but I hope so.

Müge: They said that all the employees would be called for the meeting. It must be related to everyone.

Selda: I think the offices will be changed and the working hours will be discussed.

Müge: I hope it won't be worse for us.

Selda: I don't think so. And also the new guys will be introduced tomorrow.

Müge: I see. The raise issue won't be solved again. Anyway, let's wait and see tomorrow.

Selda: You are right. See you tomorrow.

Müge: See you.

Exercises

A) Make the active sentences below into the passive form. Use the agent if it is necessary.

Example: Misafirleri burada ağırlayacağız.

      Misafirler burada ağırlanacak.

1) Yarın projeyi bitireceksin.
2) Haftaya odamı boyayacağım.
3) Arkadaşlarım güzel bir kahvaltı hazırlayacak.
4) Amcam bu arsaya yeni bir ev yapıyormuş.

B) Order the words to make a correct passive sentence.

Example: sıcak /Çamaşırlar/yıkanacak/suyla.

      Çamaşırlar sıcak suyla yıkanacak.

1) müzik/ klasik/Yemekte/dinlenecek.
2) tavanarasına/taşınacak/eşyalar/Bu.
3) ayakkabılar/Beğendiğim/satılmış.

Lesson 56

Passive Voice 4 (Edilgen Fiil)

Although **"edilgen fiil"** is used with all tenses and modal modes Lesson 56 will only focus on modal modes (can be done / must be done / should be done etc.) for other tenses please check Lessons 53, 54 and 55.

Structure

Affirmative Sentences

In order to form passive sentences in Turkish we use the suffixes **"–il"** or **"–in"** after the verb stem. (We employ **"-il"** after consonants and **"-in"** after vowels.) In order to make a passive sentence with the suffix **"–meli (-malı)"**, which is used to express necessity, obligation or advice, we employ it after **"–il"** or **"–in"**.

- Okulumuz her yıl boy**anmalı.**

  (Our school **should be painted** every year.)

- Evimiz her hafta temiz**lenmeli.**

  (Our house **should be cleaned** every week.)

Ben	verb	+ -il / in + -meli (-malı) + [y] + - im (-ım)
Sen	verb	+ -il / in + -meli (-malı) + sin (-sın)
O	verb	+ -il / in + -meli (-malı)
Biz	verb	+ -il / in + -meli (-malı) + [y] + -iz (-ız)
Siz	verb	+ -il / in + -meli (-malı) + -siniz (-sınız)
Onlar	verb	+ -il / in + -meli (-malı)

In order to make a passive sentence with the compound verb "-e.bil (-a.bil)", which is used to express ability, possibility, requests or offers, we employ it after "–il" or "–in". Keep in mind that these suffixes are also followed by the tense suffix "-r" and personal suffixes.

- Bu koltuk yıka**nabilir.**

    (This armchair **can be washed**.)

- Bu duvar kağıdı boya**nabilir.**

    (This wall paper **can be painted**.)

Ben	verb	+ -il / in + -e.bil (-a.bil) + [i] + -r + -im
Sen	verb	+ -il / in + -e.bil (-a.bil) + [i] + -r + sin
O	verb	+ -il / in + -e.bil (-a.bil) + [i] + -r
Biz	verb	+ -il / in + -e.bil (-a.bil) + [i] + -r + iz
Siz	verb	+ -il / in + -e.bil (-a.bil) + [i] + -r + -siniz
Onlar	verb	+ -il / in + -e.bil (-a.bil) + [i] + -r

Negative Sentences

In order to make a negative sentence with the suffix **"–meli (-malı)"** we employ the suffix **"-me (-ma)"** between **"–il"** or **"–in"** and **"–meli (-malı)"**.

- Okulumuz her yıl boy**anmamalı**.
  (Our school **should not be painted** every year.)
- Evimiz her hafta temiz**lenmemeli**.
  (Our house **should not be cleaned** every week.)

Ben	verb	+ -il / in + -me (-ma) + -meli (-malı) + [y] + - im (-ım)
Sen	verb	+ -il / in + -me (-ma) + -meli (-malı) + sin (-sın)
O	verb	+ -il / in + -me (-ma) + -meli (-malı)
Biz	verb	+ -il / in + -me (-ma) + -meli (-malı) + [y] + -iz (-ız)
Siz	verb	+ -il / in + -me (-ma) + -meli (-malı) + -siniz (-sınız)
Onlar	verb	+ -il / in + -me (-ma) + -meli (-malı)

In order to make a negative sentence with the compound verb **"-e.bil (-a.bil)"** we employ **"–e.mez (-a.maz)"** after **"–il"** or **"–in"**. Keep in mind that in negative form these suffixes are only followed personal suffixes. In other words the tense suffix **"–r"** is omitted.

- Bu koltuk yıka**namaz**.
  (This armchair **cannot be washed**.)
- Bu duvar kağıdı boya**namaz**.
  (This wall paper **cannot be painted**.)

Ben	verb	+ -il / in + -e.me (-a.ma) + -m
Sen	verb	+ -il / in + -e.mez (-a.maz) + sin
O	verb	+ -il / in + -e.mez (-a.maz)
Biz	verb	+ -il / in + -e.me (-a.ma) + [y] + iz
Siz	verb	+ -il / in + -e.mez (-a.maz) + -siniz
Onlar	verb	+ -il / in + -e.mez (-a.maz)

Questions

In order to make a question with the suffix **"–meli (-malı)"** we employ the suffix **"mi (mı)"** after it.

- Okulumuz her yıl **boyanmalı mı?**

    (**Should** our school **be painted** every year?)

- Evimiz her hafta **temizlenmeli mi?**

    (**Should** our house **be cleaned** every week?)

Ben	verb	+ -il / in + -meli (-malı) + **mi (mı)** + [y] + - im (-ım)?
Sen	verb	+ -il / in + -meli (-malı) + **mi (mı)** + sin (-sın)?
O	verb	+ -il / in + -meli (-malı) + **mi (mı)**?
Biz	verb	+ -il / in + -meli (-malı) + **mi (mı)** + [y] + -iz (-ız)?
Siz	verb	+ -il / in + -meli (-malı) + **mi (mı)** + -siniz (-sınız)?
Onlar	verb	+ -il / in + -meli (-malı) + **mi (mı)**?

In order to make a question with the compound verb **"-e.bil (-a.bil)"** we employ the question suffix **"mi (mı)"** after the tense

Passive Voice 4 (Edilgen Fiil)

suffix **"-r"** Keep in mind the question suffix is also followed by personal suffixes.

- Bu koltuk **yıkanabilir mi?**

  (**Can** this armchair **be washed**?)

- Bu duvar kağıdı **boyanabilir mi?**

  (**Can** this wall paper **be painted**?)

Ben	verb	+ -il / in + -e.bil (-a.bil) + [i] + -r + **mi (mı)** + [y] + -im?
Sen	verb	+ -il / in + -e.bil (-a.bil) + [i] + -r + **mi (mı)** + sin?
O	verb	+ -il / in + -e.bil (-a.bil) + [i] + -r + **mi (mı)**?
Biz	verb	+ -il / in + -e.bil (-a.bil) + [i] + -r + **mi (mı)** + [y] + iz?
Siz	verb	+ -il / in + -e.bil (-a.bil) + [i] + -r + **mi (mı)** + -siniz?
Onlar	verb	+ -il / in + -e.bil (-a.bil) + [i] + -r + **mi (mı)**?

We use passive voice when the focus is on the action. It is usuallynot known or not important who or what is responsible for the action.

- Türkiye'de kivi yetiştirilebilir.

  (Kiwi can be grown in Turkey.)

- Bugün zeytinler toplanmalı.

  (Today olives should be collected.)

- Türkiye'de kahve yetiştirilemez.

  (Coffee cannot be grown in Turkey.)

Listen and Repeat the Sentences Below

- Okulumuz her yıl boy**anmalı**.
- Evimiz her hafta temiz**lenmeli**.
- Bu koltuk yıka**nabilir**.
- Bu duvar kağıdı boya**nabilir**.
- Okulumuz her yıl boy**anmamalı**.
- Evimiz her hafta temiz**lenmemeli**.
- Bu koltuk yıka**namaz**.
- Bu duvar kağıdı boya**namaz**.
- Okulumuz her yıl **boyanmalı mı?**
- Evimiz her hafta **temizlenmeli mi?**
- Bu koltuk **yıkanabilir mi?**
- Bu duvar kağıdı **boyanabilir mi?**
- Türkiye'de kivi yetiştirilebilir.
- Bugün zeytinler toplanmalı.
- Türkiye'de kahve yetiştirilemez.

WRITING TASK: *Write at least ten sentences in passive form using various modal moods.*

Diyalog

 Listen to the Dialogue and Follow the Script

Ufuk: Bence bu kutular bodruma **taşınmalı**.

Yeliz: Haklısın ama çok fazla kutu var. Nasıl taşıyacağız?

Ufuk: Teker taker **taşınabilir** bence. Hepsini bugün taşımak zorunda da değiliz üstelik.

Yeliz: Tamam o halde. Ama önce bodrumda yer **açılmalı** bunlar için.

Ufuk: Sorun değil. Bir arkadaşımı yardıma çağıracağım.

Yeliz: Bu çok iyi bir fikir. Üç kişiyle daha kolay **yapılabilir**.

Ufuk: Anlaştık. Şimdi bir şeyler yiyelim, sonra arkadaşımı ararım.

Yeliz: Makarnaya ne dersin? Çabuk **hazırlanabilir**.

Ufuk: Domates varsa çok güzel olur.

Yeliz: Peki. Ben makarnayı pişiriyorum sen de domates sosu yap.

Dialogue

Listen to the Dialogue and Follow the Translation

Ufuk: I think these boxes should be carried to the cellar.

Yeliz: You are right but there are too many boxes. How can we carry them?

Ufuk: I think, they can be carried one by one. Also, we don't need to carry them all today.

Yeliz: Okay, then. But first some room must be made in the cellar for these.

Ufuk: No problem. I will call one of my friends for help.

Yeliz: That's a good idea. It can be done more easily by three people.

Ufuk: Deal. Now, let's eat something and then I will call my friend.

Yeliz: What about pasta? It can be prepared quickly.

Ufuk: If there are some tomatoes, it will be good.

Yeliz: Okay. I will cook the pasta and you can make the tomato sauce.

Exercises

A) Make the active sentences below into the passive form. Use the agent if it is necessary.

Example: İnsanlar bu gölde yüzebilir.

    Bu gölde yüzülebilir.

1) Burada herkes gözlüklerini takmalı.
2) Bu yastıkları makinede yıkayabilirsiniz.
3) İnsanlar sık sık taze sebze ve meyve yemeli.
4) Bu binada sigara içemezsiniz.

B) Order the words to make a correct passive sentence.

Example: Her/ sonra/ dişler/ yemekten/ fırçalanmalı.

    Her yemekten sonra dişler fırçalanmalı.

1) yenebilir/ izlerken/ Film/ mısır/ patlamış.
2) çıkarken/ Evden/ kapılar/ kilitlenmeli.
3) hafta sonu/ziyaret/ Kütüphane/ edilebilir.

Lesson 57

Ettirgen /Oldurgan Fiil

(Have / get something done)

When we want to turn an intransitive verb into a transitive one, we use certain suffixes ("-dir", "-t" or "-r".) and this structure is termed as **"Oldurgan fiil"**. Another structure similar to the one mentioned above is termed as **"Ettirgen fiil"** which functions to strengthen the transitivity of the verb. These are verb structures used to form the causative mood in Turkish.

Structure

Affirmative Sentences

Both **ettirgen** and **oldurgan fiil** are formed by employing the suffixes "-dir", "-t" or "-r". These suffixes follow the vowel harmony rules and can be also changed according to the last consonants. Keep in mind that this suffix is also followed by tense and the personal suffixes. The tables and examples below show the structure only in present simple tense; however, the structre can be formed in all tenses in Turkish.

Ben	verb	+ -dir (-dır, -dür,-dur ,-tir ,-tır ,-tür ,-tur) +(-ir) + -im
Sen	verb	+ -dir (-dır, -dür,-dur ,-tir ,-tır ,-tür ,-tur) + (-ir)+ -sin
O	verb	+ -dir (-dır, -dür,-dur ,-tir ,-tır ,-tür ,-tur) + (-ir)
Biz	verb	+ -dir (-dır, -dür,-dur ,-tir ,-tır ,-tür ,-tur) +(-ir) + -iz
Siz	verb	+ -dir (-dır, -dür,-dur ,-tir ,-tır ,-tür ,-tur) +(-ir) + -siniz
Onlar	verb	+ -dir (-dır, -dür,-dur ,-tir ,-tır ,-tür ,-tur) + (-ir)

♦*Beşir Kitabevi*

- Sonucu bil**dir**irim.

  I **report** the result (make the result known)

- İşini yap**tır**ır.

  He **has/ gets** his work **done**.

- Böceği öl**dür**ürsün.

  You **kill** the bug.

Ben	verb	+ t + (-ir) + (-im)
Sen	verb	+ t + (-ir) + (-sin)
O	verb	+ t + (-ir)
Biz	verb	+ t + (-ir) + (-iz)
Siz	verb	+ t + (-ir) + (-siniz)
Onlar	verb	+ t + (-ir)

- Her hafta arabamı yıka**tır**ım.

  I **have** my car **washed** every week.

- Kardeşim odasını her yıl boya**tır**.

My sister **has** her room **painted** every year.

- O beni her zaman bekle**tir**.

  She always **makes** me **wait**.

Ettirgen /Oldurgan Fiil

Ben	verb	+ r+ (-ir) + (-im)
Sen	verb	+ r + (-ir) + (-sin)
O	verb	+ r + (-ir)
Biz	verb	+ r + (-ir) + (-iz)
Siz	verb	+ r + (-ir) + (-siniz)
Onlar	verb	+ r + (-ir)

- Annesi çocuğa süt **içirir**.
  Her mother **makes** /**lets** the child **drink** milk
- Evde çorbayı ben **pişiririm**.
  I **cook** the soup at home.
- Pilotlar uçakları **uçurur**.
  Pilots **fly** the planes.

Negative Sentences

In order to make a negative sentence with **"Ettirgen and Oldurgan fiil"**, we use negative suffixes **"-me (-ma)"** between the causative and personal suffixes.

Ben	verb	+ -dir (-dır, -dür,-dur ,-tir ,-tır ,-tür ,-tur) + (-me) + (-m)
Sen	verb	+ -dir (-dır, -dür,-dur ,-tir ,-tır ,-tür ,-tur) + (-mez)+ (-sin)
O	verb	+ -dir (-dır, -dür,-dur ,-tir ,-tır ,-tür ,-tur) + (-mez)
Biz	verb	+ -dir(-dır, -dür,-dur ,-tir ,-tır ,-tür ,-tur) + (-me) +(-yiz)
Siz	verb	+ -dir (-dır, -dür,-dur ,-tir ,-tır ,-tür ,-tur) + (-mez)+(-siniz)
Onlar	verb	+ -dir(-dır, -dür,-dur ,-tir ,-tır ,-tür ,-tur) + (-mez)

- Sonucu bil**dirmem**.
  I **don't report** the result (make the result known)
- İşini **yaptırmaz**.
  He **doesn't** his work **done**.
- Böceği **öl_dürmez_sin**.
  You **don't kill** the bug.

Ben	verb	+ r+ (-me) + (-m)
Sen	verb	+ r + (-mez) +(-sin)
O	verb	+ r + (-mez)
Biz	verb	+ r + (-me) + (-yiz)
Siz	verb	+ r + (-mez) + (-siniz)
Onlar	verb	+ r + (-mez)

- Her hafta arabamı **yıka_tmam_**.
  I **don't have** my car **washed** every week.
- Kardeşim odasını her yıl **boya_tmaz_**.
  My sister **doesn't have** her room **painted** every year.
- O beni genellikle **bekle_tmez_**.
  She usually **doesn't make** me **wait**.

Ettirgen /Oldurgan Fiil

Ben	verb	+ t + (-me) + (-m)
Sen	verb	+ t + (-mez) +(-sin)
O	verb	+ t + (-mez)
Biz	verb	+ t + (-me) + (-yiz)
Siz	verb	+ t + (-mez) + (-siniz)
Onlar	verb	+ t + (-mez)

- Annesi çocuğa süt **içirmez**.
  Her mother **doesn'tmake /let** the child **drink** milk.
- Evde çorbayı ben **pişirmem**.
  I **don't cook** the soup at home.
- Doktorlar uçakları **uçurmaz**.
  Doctors **don't fly** the planes.

Questions

In order to make a question sentence with **"Ettirgen and Oldurgan fiil"**, we should pay attention to the tense rules in Turkish. As we mentioned before, we employ the question suffix **"mi (mı)"** to make question forms. Therefore, keep in mind that we should also follow these rules when forming this structure.

Ben	verb + -dir (-dır, -dür,-dur ,-tir ,-tır ,-tür ,-tur) + (-ir)	(mi)+ (-yim)?
Sen	verb + -dir (-dır, -dür,-dur ,-tir ,-tır ,-tür ,-tur) + (-ir)	(mi) +(-sin)?
O	verb + -dir (-dır, -dür,-dur ,-tir ,-tır ,-tür ,-tur) + (-ir)	(mi)?
Biz	verb + -dir (-dır, -dür,-dur ,-tir ,-tır ,-tür ,-tur) + (-ir)	(mi)+(-yiz)?
Siz	verb + -dir (-dır, -dür,-dur ,-tir ,-tır ,-tür ,-tur) + (-ir)	(mi)+(-siniz)?
Onlar	verb + -dir (-dır, -dür,-dur ,-tir ,-tır ,-tür ,-tur) + (-ir)	(mi) ?

Should our house **be cleaned** every week?

- Sonucu **bil<u>dir</u>ir** <u>misin</u>?
  Can you **report** the result (make the result known)?
- O işini **yaptırır mı**?
  Does he **have/ get** his work **done**?
- Sen böceği **öl<u>dür</u>ür müsün**?
  Can you **kill** the bug?

Ben	verb	+ t + (-ir) (mi)+ (yim)?
Sen	verb	+ t + (-ir) (mi)+ (sin)?
O	verb	+ t + (-ir) (mi) ?
Biz	verb	+ t + (-ir) (mi)+ (yiz)?
Siz	verb	+ t + (-ir) (mi)+ (siniz)?
Onlar	verb	+ t + (-ir) (mi) ?

- Her hafta arabanı **yıkatır mısın?**
  Do you **have** your car **washed** every week?
- Kardeşim odasını her yıl **boyatır mı?**
  Does my sister **have** her room **painted** every year?
- O seni her zaman **bekletir mi?**
  Does she usually **make** you **wait?**

Ettirgen /Oldurgan Fiil

Ben	verb	+ r+	(-ir)	(mi)+	(yim)?
Sen	verb	+ r +	(-ir)	(mi)+	(sin)?
O	verb	+ r +	(-ir)	(mi) ?	
Biz	verb	+ r +	(-ir)	(mi)+	(yiz)?
Siz	verb	+ r +	(-ir)	(mi)+	(siniz)?
Onlar	verb	+ r +	(-ir)	(mi) ?	

- Annesi çocuğa süt **içirir mi?**

  Does her mother **make /let** the child **drink** milk?

- Evde çorbayı sen **pişirir misin?**

  Do you **cook** the soup at home?

- Doktorlar uçakları **uçurur mu?**

  Do doctors **fly** the planes?

Usage

As we mentioned in the beginning, we use "oldurgan fiil" to make an intransitive verb into a transitive one.

- Araba kırmızı ışıkta **durdu** - Adam arabayı **durdurdu**

  The car **stopped** at the red light – The man **stopped** the car at the red light.

- Bebek **uyudu** - Bebeği **uyuttum.**

  The baby **slept.** - I **made** the baby **slept.**

♦*Beşir Kitabevi*

Both "Oldurgan and Ettirgen fiil" are used to indicate that a subject causes someone or something else to do or be something, as it its used in English.

- Çatıyı **tamir ettireceğiz.**
  We **are going to have** the roof **fixed.**

- Saçımı <u>kuaföre</u> **boyatacağım.**
  I **am going to have** my hair **dyed** <u>by the hairdresser</u>.

* As you can see in the example above; when we want to show the agent who does the job, this agent is used in dative case in the sentence.

Listen and Repeat the Sentences Below

- Sonucu bildiririm.
- İşini yaptırır.
- Böceği öldürürsün.
- Her hafta arabamı yıkatırım.
- Kardeşim odasını her yıl boyatır.
- O beni her zaman bekletir.
- Annesi çocuğa süt içirir.
- Evde çorbayı ben pişiririm.
- Pilotlar uçakları uçurur.
- Sonucu bildirmem.

- İşini yaptırmaz.
- Böceği öldürmezsin.
- Her hafta arabamı yıkatmam.
- Kardeşim odasını her yıl boyatmaz.
- O beni genellikle bekletmez.
- Annesi çocuğa süt içirmez.
- Evde çorbayı ben pişirmem.
- Doktorlar uçakları uçurmaz.
- Sonucu bildirir misin?
- O işini yaptırır mı?
- Sen böceği öldürür müsün?
- Her hafta arabanı yıkatır mısın?
- Kardeşim odasını her yıl boyatır mı?
- O seni her zaman bekletir mi?
- Annesi çocuğa süt içirir mi?
- Evde çorbayı sen pişirir misin?
- Doktorlar uçakları uçurur mu?

Diyalog

 Listen to the Dialogue and Follow the Script

Deniz Hanım: Saçımı **kestirdim**, beğendin mi?

Haluk Bey: Çok beğendim. Çok güzel görünüyorsun.

Deniz Hanım: Gerçekten mi? Çok teşekkürler.

Haluk Bey: Gerçekten öylesin. Ama keyifsizsin biraz. Sorun nedir?

Deniz Hanım: Cep telefonun çalışmıyor. Sen yardım edebilir misin?

Haluk Bey: Elbette. Ben yapamam ama senin için tamir **ettirebilirim**.

Deniz Hanım: Teşekkürler.

Haluk Bey: Önemli değil.

Deniz Hanım: Sen evini **boyatacaktın, boyattın** mı?

Haluk Bey: Hayır, **boyatamadım** henüz. Yarın **boyatacağım**, sonra da **temizleteceğim**.

Deniz Hanım: Yardıma ihtiyacın olursa lütfen beni ara.

Haluk Bey: Çok teşekkürler, ararım tabiki.

Dialogue

Listen to the Dialogue and Follow the Translation

Mrs. Deniz: I had my hair cut? Do you like it?

Mr. Haluk: I love it. You look gorgeous.

Mrs. Deniz: Really? Thanks very much.

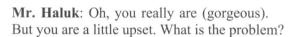

Mr. Haluk: Oh, you really are (gorgeous). But you are a little upset. What is the problem?

Mrs. Deniz: My mobile phone doesn't work. Can you help me?

Mr. Haluk: Sure. I can't fix it but I can have it fixed for you.

Mrs. Deniz: Thank you.

Mr. Haluk: No problem.

Mrs. Deniz: You were going to have your flat painted, did you have it done?

Mr. Haluk: No, not yet. I am going to have it painted tomorrow, and then I am going to have it cleaned.

Mrs. Deniz: If you need help please call me.

Mr. Haluk: Thank you very much. I will call you.

Exercises

A) Make the given verbs causative form and then make sentences with them.

Example: giy- **giydir-**
Kardeşime ceketini **giydirdim**.

1) iç-
2) yıka-
3) piş-
4) yap-
5) öl-
6) uç-

B) Change the sentences into negative form.

1) Kapıyı çilingire açtırdık.
2) Masayı amcama yaptıracağım.
3) Çocuklar adamı güldürdü.
4) Cüzdanını düşürmüş.

Lesson 58

Conditional mood (Şart kipi)

This structure is formed by adding conditional suffix "-se (-sa) to the verb. The sentence that has this verb is a dependent clause; the sentence which follows the dependent clause can be termed as the main clause of the sentence.

Structure

Affirmative Sentences

Conditional mood is formed by employing the suffixes "-se (-sa)". Keep in mind that this structure can be used in all tenses the location of the time suffix can be changed according to the tense and personal suffix must be added to the end.

Geniş zaman	Vaktim **olursa** spor yaparım. (If I have time, I do sports.)
Bilinen geçmiş zaman	Oraya **gelseydim** seni arardım. (If I had come there, I would have called you.)
Öğrenilen geçmiş zaman	Yemek **pişmişse** yiyelim. (If the meal is cooked, let's eat.)
Gelecek zaman	Geç **geleceksen** bizi ara. (If you are late, call us.)
Şimdiki zaman	Çocuk **uyuyorsa** lütfen sessiz konuşun. (If the child I sleeping, please talk silently.)
Yeterlilik hali	**Bulabilirsem** biraz meyve alacağım. (If I find, I will buy some fruit.)

- Dışarı **çıkarsan** televizyonu kapat.
  If you go out, turn off the television.

- Kardeşim ödevini **bitirirseydi** bahçede oynayacaktı.
  My brother would have played in the garden if he had finished his homework.

- Senin yerinde **olsam (olsaydım)** para biriktirebilirdim.
  If I were you, I could save up.

Negative Sentences

To make a negative sentences in the conditional form, we use the negative suffix "-me (–ma)" before the conditional suffix. When you make the clause negative, you can also make the main sentence negative; or the main sentence stay in affirmative form. Finally you should know that the verbs are also followed by personal suffixes.

Geniş zaman	Vaktim **olmazsa** spor yap**ma**m. (If I don't have time, I don't do sports.)
Bilinen geçmiş zaman	Oraya **gelmeseydim** seni arardım. (If I hadn't come there, I would have called you.)
Öğrenilen geçmiş zaman	Yemek **pişmemişse** dışarda yiyelim. (If the meal isn't cooked, let's eat out.)
Gelecek zaman	**Gelmeyeceksen** bizi ara. (If you aren't coming, call us.)
Şimdiki zaman	Çocuk **uyumuyorsa** sinemaya gidelim. (If the child I isn't sleeping, let's go to cinema.)
Yeterlilik hali	Meyve **bulamazsam** meyve suyu alırım. (If I don't find fruit, I will buy juice.)

Conditional mood (Şart kipi)

- Dışarı **çıkmazsan** televizyon izle.
  If you don't go out, watch the television.
- Kardeşim ödevini **bitirmeseydi** bahçede oynayamayacaktı.

  My brother couldn't have played in the garden if he hadn't finished his homework.
- Arkadaşın **olmasam (olmasaydım)** yanında olmazdım.
  If I weren't your friend, I wouldn't be with you.

We use conditional mood not only with verbs but also with nouns and adjectives.

- Hava **soğuksa** atkını al.
  If the weather is cold, take your scarf.
- Odadaki çocuk **akadaşınsa** çağır gelsin.
  If the boy in the room is your friend, let him come here.

Listen and Repeat the Sentences Below

- Senin yerinde **olsam (olsaydım)** para biriktirebilirdim.
- Kardeşim ödevini **bitirirseydi** bahçede oynayacaktı.
- Dışarı **çıkarsan** televizyonu kapat.
- Arkadaşın **olmasam (olmasaydım)** yanında olmazdım.
- Kardeşim ödevini **bitirmeseydi** bahçede oynayamayacaktı.

Diyalog

 Listen to the Dialogue and Follow the Script

Özlem: Tatilimizde ne yapacağız?

Mete: Hiç bir fikrim yok. Yeterli paramız **olursa** İstanbul'a gideriz.

Özlem: Arkadaşımı ziyaret edebilir miyim orada?

Mete: Yeterli vaktimiz **olursa** elbette ziyaret edebilirsin. Bu arada, akşam yemeğinde ne yiyelim?

Özlem: Makarna **varsa** ben makarna isterim.

Mete: Makarna **yoksa**?

Özlem: O zaman salata yeriz.

Mete: Annem eve **geldiyse** ona gidelim.

Özlem: İyi fikir. O güzel yemek yapar.

Mete: Telefonun **yanındaysa** annemi arar mısın?

Özlem: Tamam ben ararım.

Mete: Teşekkürler canım. Dışarısı **güneşliyse** gözlüğümü de al lütfen.

Conditional mood (Şart kipi)

Diyalog

Listen to the Dialogue and Follow the Translation

Özlem: What are we going to do on our holiday?

Mete: I have no idea. We will go to İstanbul if we have enough money.

Özlem: Can I visit my friend there?

Mete: If we have enough time of course you can visit him? By the way, what should we eat for dinner?

Özlem: I would like some pasta if there is any.

Mete: What if there is no pasta?

Özlem: Then we will eat salad.

Mete: Lets go to my mother if she has returned home.

Özlem: Good idea. She cooks well.

Mete: Can you call my mother if you have your phone with you?

Özlem: Okay, I will call her.

Mete: Thank you honey. If it is sunny outside, take my sunglasses, please.

Exercises

A) Complete the sentences according to your ideas.

Example: Acıktıysan birşeyler ye/ yemelisin/ yiyebilirsin.

1) Yağmur yağıyorsa _____

2) Buse eve geldiyse _____

3) Bu filmi sevmediysen _____

4) Trafikte kırmızı ışık yanıyorsa _____

5) Evde yumurta yoksa _____

6) Para biriktirebilirsem _____

B) Match the conditionals ant the main clauses below.

1) Vaktin olursa   a) bizi de ziyaret et.

2) Yemek sıcaksa   b) satın alabilirsin.

3) Elektrik kesildiyse   c) derse başlayabilirsiniz.

4) Bu elbiseyi beğendiysen d) yavaş ye.

5) Bizimle pikniğe geleceksen e) mum yakabilirsin.

Lesson 59

Subjunctive mood of wish (Dilek kipi)

Wish mood is formed by employing the suffixes "-se (-sa)" as we use in the "conditional mood" since in Turkish language, both structures are formed with the same suffix. The word "keşke" is generally used in the beginning of the sentence which means "I wish" in Turkish.

Structure

Affirmative Sentences

Wish mood is formed by employing the suffixes "-se (-sa)" or we can also put another suffix "-ebil (abil)" after this. Keep in mind that this structure can be used in different tenses; therefore, the location of the tense suffix can be changed according to the tense and personal suffix must be added to the end.

- Keşke seninle gel**se**m / gel**ebilse**m.

    I wish I could come with you. (But I can't)

- Keşke kar yağ**sa**.

    I wish it would snow.

(Someone wishes something to happen in the future.)

- Keşke büyük bir evim ol**sa**.

    I wish I had a big house.

- Keşke şimdi evde ol**saydım**.

  I wish I were at home now. (But I am not)

(Someone wishes or dreams of something in the present; don't mind the suffix "-dı".)

- Keşke (dün) seni ara**saydım**.

  I wish I had called you yesterday. (but I didn't)

(Someone regrets about something didn't happen in the past.)

- Biri şu televizyonu aç**sa**.

  I wish someone would turn on this television.

(Someone complains about nobody turns on television.)

Negative Sentences

To make a negative sentences in the wish mood, we use the negative suffix "-me (–ma)" before "-se (-sa)". Finally you should know that the verbs are also followed by personal suffixes.

- Keşke seninle gel<u>me</u>sem.

  I wish I could come with you. (But I have to)

- Keşke kar yağ<u>ma</u>sa.

  I wish it wouldn't snow.

- Keşke büyük bir evim ol<u>ma</u>sa.

  I wish I didn't have a big house.

Subjunctive mood of wish (Dilek kipi)

- Keşke şimdi evde ol**ma**say**dım**.
  I wish I were at home now. (But I am)

- Keşke (dün) seni ara**ma**say**dım**.
  I wish I hadn't called you yesterday. (But I did)

- Biri şu televizyonu aç**ma**sa.
  I wish someone wouldn't turn on this television.

Like many structures in Turkish, question form of wish mood is possible. However, it isn't very common in colloquial language in Turkish. We can form question sentences like these:

"Kar yağsa mı?" or " Seni dün aramasa mıydım?"

These examples mean the speaker isn't sure about what s/he wishes or s/he did in the past.

Listen and Repeat the Sentences Below

- Keşke büyük bir evim ol**sa**.
- Keşke kar yağ**sa**.
- Keşke seninle gel**sem** / gel**ebilsem**.
- Keşke (dün) seni ara**saydım**.
- Biri şu televizyonu aç**sa**.
- Keşke (dün) seni ara<u>ma</u>**saydım**.
- Keşke kar yağ<u>ma</u>**sa**.
- Keşke büyük bir evim ol<u>ma</u>**sa**.
- Keşke seninle gel<u>me</u>**sem**.
- Biri şu televizyonu aç<u>ma</u>**sa**.

WRITING TASK: *Think about your dreams and regrets. Make at least 10 sentences with using "keşke".*

Diyalog

 Listen to the Dialogue and Follow the Script

Sevda: Bugün hava çok sıcak. Keşke deniz kenarında **olsaydık**.

Ferdi: Evet, haklısın. Keşke arabamız **olsaydı**, denize gidebilirdik.

Sevda: Neden babandan arabayı istemiyorsun?

Ferdi: İstedim ama işi varmış. Keşke dün **söyleseydim**.

Sevda: Neyse, bugün ne yapabiliriz?

Ferdi: Bu kadar sıcak **olmasaydı** pikniğe giderdik.

Sevda: Piknik mi? Çok sıkıcı. Keşke arkadaşlarımla alışverişe **gitseydim**.

Ferdi: Bu havada mı?

Sevda: Evet, ne var bunda?

Ferdi: Saçmalama. Hadi gel evde DVD izleyelim.

Subjunctive mood of wish (Dilek kipi)

Dialogue

Listen to the Dialogue and Follow the Translation

Sevda: It is too hot today. I wish we were on the seaside.

Ferdi: Yes, you are right. I wish we had a car, so we could go to **the** seaside.

Sevda: Why don't you ask for the car from you father?

Ferdi: I did but he needs it today. I wish I had asked it yesterday.

Sevda: Anyway, what can we do now?

Ferdi: If it weren't too hot, we could go to picnic.

Sevda: Picnic? It is too boring. I wish I went to shopping with my friends.

Ferdi: On such a hot day?

Sevda: Yes, what's wrong with that?

Ferdi: Don't be ridiculous. Let's go home and watch a DVD.

♦ *Beşir Kitabevi*

Exercises

A) Look at the pictures and make sentences with "Keşke".

Example:

Keşke siyah bir arabam olsa.

1)

2)

3)

4)

When / While (-ince / -ken)

Lesson 60

When / While (-ince / -ken)

In Turkish we do not have an individual word to express the **"when"** or **"while"** clauses; however, the structures can be expressed by using two different suffixes termed as "bağfiil" or "zarf-fiil". The word "when" can be expressed with the suffix **"-ince"** (--ınca, -unca, -ünce) and the word "while" can be expressed with the suffix **"–ken"**. (For detailed information about "bağfiil" please check lesson 65.)

Structure

1) –ince (when)

In order to form a sentence with the suffix **"–ince"** we place the suffix after the verb root. Do not forget that the suffix is employed after the verb root of the **dependent clause** not the main clause. (A dependent clause is a sentence which is followed by a main clause. Remember that a dependent clause do not have any meaning without the main clause.)

- Eve gel**ince,** seni arayacağım

  dependent clause   main clause

  I will call you when I get home.

♦*Beşir Kitabevi*

- Kar yağ**ınca,** yollar kapanır.

    (The roads are blocked when it snows.)

The vowels of the suffix "-ince" may change regarding the vowel rules.

- Ayten uy<u>u</u>**yunca**, annesi evden çıktı.

    (When Ayten fell asleep, her mother left home.)

- Davut arkadaşına gül**ünce**, babası çok kızdı.

    (When Davut laughed at his friend, his father got very angry.)

When using the suffix **"-ince"** we should keep in mind that the verb of the dependent clause do not employ tense or personal suffixes. These suffixes are employed after the main clause's verb.

- Özlem bana gerçeği söyleyince, çok şaşır<u>dım</u>.

    (When Özlem told me the truth, I got shocked.)

We can give a **negative** meaning to the dependent clause by employing the suffix "**-me (-ma)**" before the suffix "**-ince (-ınca, -unca, -ünce)**"

- Ahmet Bey ofise gel**meyince**, tüm toplantılar iptal edilir.

    (When Mr. Ahmet doesn't come to the office, all meetings are cancelled.)

Keep in mind that the suffix "-me (-ma)" can also be employed after the verb of the main clause.

When / While (-ince / -ken)

- Ahmet Bey gelince, toplantı iptal edile**me**z.

    (When Mr. Ahmet comes, the meeting cannot be cancelled.)

We can make a **question** sentence with the dependent clause by employing the suffix "-mi (-mı)" after the suffix "-ince (-ınca, -unca, -ünce)".

- Fatma gelince **mi**, annem seni aradı?

    (Did my mother call you when Fatma arrived?)

Keep in mind that the suffix "-mi (-mı)" can also be employed after the verb of the main clause.

- Fatma gelince, annem seni aradı **mı**?

    (When Fatma arrived, did my mother call you?)

2) -ken (while)

In order to form a sentence with the suffix "**–ken**" we use the suffix after the verb. Do not forget that the suffix is employed after the verb of the **dependent clause** not the main clause. You should also keep in mind that before the suffix "**–ken**" we employ the suffix "**-yor**" or "**-r**" to express the progressive meaning.

- Yemek yi**yorken**, Nimet beni aradı.

    dependent clause   main clause

    While I was having dinner, Nimet called me.

- Parkta yürü**yorken**, Erdem'i gördüm.

    While I was walking in the park, I saw Erdem.

- Parkta yürü**rken**, Erdem'i gördüm.

    While I was walking in the park, I saw Erdem.

♦*Beşir Kitabevi*

When using the suffix "**-ken**" we should keep in mind that the verb of the dependent clause do not employ any tense or personal suffixes. These suffixes are employed after the main clause's verb.

- Biz uyuyorken, hırsızlar evimizi soy**muşlar**.

    While we were sleeping, thieves had robbed our house.

We can give a **negative** meaning to the dependent clause by employing the suffix "**-me (-ma)**" before the suffixes "**-yor /- r**" and "**-ken**". Keep in mind that the suffix "**-r**" transforms into "**–z**" because of the consonant rules.

- Ben onlara bak**mıyorken**, çocuklar dışarı kaçmış.

    While I wasn't looking at them, the kids had run out.

Keep in mind that the suffix "**-r**" transforms into "**–z**" because of the consonant rules.

- Ben onlara bak**mazken**, çocuklar dışarı kaçmış.

    While I wasn't looking at them, the kids had run out.

Keep in mind that the suffix "**-me (-ma)**" can also be employed after the verb of the main clause.

- Parkta yürü**yorken**, Erdem'i gör**me**dim.

    While I was walking in the park, I didn't see Erdem.

We can make a **question** sentence with the dependent clause by employing the suffix "**-mi (-mı)**" after the suffixes "**-yor /- r**" and "**-ken**".

- Berna uyu**yorken mi**, eve vardın?

    (Did you arrive home while Berna was sleeping?)

When / While (-ince / -ken)

Keep in mind that the suffix "-mi (-mı)" can also be employed after the verb of the main clause.

- Berna uyu**yorken**, eve vardın **mı**?
  (Did you arrive home while Berna was sleeping?)

Listen and Repeat the Sentences Below

- Eve gelince, seni arayacağım.
- Kar yağınca, yollar kapanır.
- Ayten uyuyunca, annesi evden çıktı.
- Davut arkadaşına gülünce, babası çok kızdı.
- Özlem bana gerçeği söyleyince, çok şaşırdım.
- Ahmet Bey ofise gelmeyince, tüm toplantılar iptal edilir.
- Ahmet Bey gelince, toplantı iptal edilemez.
- Fatma gelince mi, annem seni aradı?
- Fatma gelince, annem seni aradı mı?
- Yemek yiyorken, Nimet beni aradı.
- Parkta yürüyorken, Erdem'i gördüm.
- Parkta yürürken, Erdem'i gördüm.
- Biz uyuyorken, hırsızlar evimizi soymuşlar.
- Ben onlara bakmıyorken, çocuklar dışarı kaçmış.
- Ben onlara bakmazken, çocuklar dışarı kaçmış.
- Parkta yürüyorken, Erdem'i görmedim.
- Berna uyuyorken mi, eve vardın?
- Berna uyuyorken, eve vardın mı?

Diyalog

 Listen to the Dialogue and Follow the Script

Pelin: Bu vazoyu kim kırdı Ferhat? Sen mi kırdın.

Ferhat: Hayır, Pelin! Ben televizyon izliyorken bir ses duydum.

Pelin: Sonra?

Ferhat: Sonra televizyonu kapattım ve buraya geldim. Geldiğimde, vazo kırılmıştı.

Pelin: Sen televizyon izliyorken, Devrim yanında mıydı?

Ferhat: Hayır, ben televizyon izliyorken, o yeni patenlerini deniyordu.

Pelin: Evin içinde patenlerini mi deniyordu?

Ferhat: Evet.

Pelin: Vazoyu kimin kırdığını şimdi anladım. Devrim!

Ferhat: Eyvah!

When / While (-ince / -ken)

Dialogue

Listen to the Dialogue and Follow the Translation

Pelin: Who broke this vase Ferhat? Was it you?

Ferhat: No, Pelin! I heard a noise while I was watching T.V.

Pelin: Then?

Ferhat: Then I turned off the T.V. and came here. The vase had been broken when I came.

Pelin: Was Devrim with you while you were watching T.V.?

Ferhat: No, he was trying his new roller skates whle I was watching T.V.

Pelin: Was he trying the roller skates inside the house?

Ferhat: Yes.

Pelin: Now I know who had broken the vase. Devrim!

Ferhat: Oops!

♦ *Beşir Kitabevi*

Practical Turkish for Everyone   *Lesson 60*

Exercises

A) Put the words into correct order to make sentences.
1) televizyon/ bitirdim/ ödevimi/ ben/ izlerken/ Sen.
2) erken/ sürpriz/ Ofise/ bozuldu /gelince.
3) bir/ Ben/ kırmızı/ vardı/ çocukken/ bisikletim.
4) dinlemeyi/ sürerken/ Babam/ sever/ araba/ müzik.
5) gördüğümde/ Kazayı/ korktum/çok.
6) kırdığında/Melis/ kolunu/oynuyordu/ bahçede.

B) Complete the sentences using "-ince, -ken" according to your ideas.
1) _____ beni rahatsız etme!
2) _____ seni ararım.
3) _____ annem de yanımdaydı.
4) _____ onlar yemek pişiriyordu.

Lesson 61

Before / After (-me.den önce / -dık.tan sonra)

In Turkish we do not have an individual word to express the "**after**" or "**before**" clauses; however, the clauses can be expressed by using two different structures.

Structure

1) -me.den önce (before)

In order to express the clause "**before**" in Turkish we employ the suffixes "**-me (-ma)**" and "**-den (-dan)**" to the verb root of the **dependent clause** and then use the adverb "**önce**". Do not forget that the suffixes and the adverb "**önce**" are employed after the verb root of the **dependent clause** not the **main clause**. (A dependent clause is a sentence which is followed by a main clause. Remember that a dependent clause do not have any meaning without the main clause.)

- Eve gel**meden önce,** seni arayacağım,

    dependent clause   main clause

    I will call you before I get home.

- Kar yağ**madan önce,** yola çıkmalıyız.

    (We should depart before it snows.)

The vowels of the suffix **"-me (-ma)"** and **"-den (-dan)"** may change regarding the vowel rules.

- Ayten uy<u>u</u>**madan** önce, annesi evden çıktı.

    (Before Ayten fell asleep, her mother left home.)

- Davut gel**meden** önce, annesi yemeği hazırladı.

    (Her mother prepared the meal before Davut came.)

When using the structure mentioned above we should keep in mind that the verb of the dependent clause do not employ any tense or personal suffixes. These suffixes are employed after the main clause's verb.

- Sen her zaman konuşmadan önce, su içi**yorsun**.

    (You always drink water before talking.)

2) -dık.dan sonra

In order to express the clause **"after"** in Turkish we employ the suffixes **"-dık (-dik, -duk, -dük)"** and **"-ten (-tan)"** to the verb root of the **dependent clause** and then use the adverb **"sonra"**. Do not forget that just like the previous structure mentioned above the suffixes and the adverb **"sonra"** are employed after the verb root of the **dependent clause** not the **main clause**.

- Eve gel**dikten sonra,** seni arayacağım.

       dependent clause   **main clause**

    I will call you after I get home.

- Kar yağ**dıktan sonra,** yola çıkamayız.

    (We can't depart after it snows.)

Before / After (-me.den önce / -dık.tan sonra)

The vowels of the suffixes may change regarding the vowel rules.

- Ayten uy<u>u</u>duktan sonra, annesi evden çıktı.
- (After Ayten fell asleep, her mother left home.)
- Davut gel**dikten** sonra, annesi yemeği hazırladı.
- (Her mother prepared the meal before Davut came.)

When using the structure mentioned above we should keep in mind that the verb of the dependent clause do not employ any tense or personal suffixes. These suffixes are employed after the main clause's verb.

- Sen her zaman konuşduktan sonra, su içi**yorsun**.
- (You always drink water after talking.)

Listen and Repeat the Sentences Below

- Eve gelmeden önce, seni arayacağım.
- Kar yağmadan önce, yola çıkmalıyız.
- Ayten uyumadan önce, annesi evden çıktı.
- Davut gelmeden önce, annesi yemeği hazırladı.

- Sen her zaman konuşmadan önce, su içiyorsun.
- Eve geldikten sonra, seni arayacağım.
- Kar yağdıktan sonra, yola çıkamayız.
- Ayten uyuduktan sonra, annesi evden çıktı.
- Davut geldikten sonra, annesi yemeği hazırladı.
- Sen her zaman konuşduktan sonra, su içiyorsun.

Diyalog

 Listen to the Dialogue and Follow the Script

Ceyda: Her şey hazır mı?

Sinan: Evet, tüm bavullar hazır.

Ceyda: Babanı aradın mı?

Sinan: Havaalanına **vardıktan sonra** arayacağım.

Ceyda: Oraya varınca çok meşgul olacağız. Bence havaalanına **varmadan önce** babanı aramalısın.

Sinan: Peki o zaman taksiye **bindikten sonra** onu ararım.

Ceyda: Tamam canım. İzmir'e **indikten sonra** bizi kim karşılayacak?

Sinan: Babam ve kardeşim gelecekler. Neden sordun?

Ceyda: Evden **çıkmadan önce** onlar için bir şey almamız gerekiyor mu?

Sinan: Aa evet. Masanın üzerindeki kitabı kardeşime vereceğim. Lütfen bavulları **kapatmadan (önce)** onu da alır mısın?

Ceyda: Tabiki.

Before / After (-me.den önce / -dık.tan sonra)

Dialogue

Listen to the Dialogue and Follow the Translation

Ceyda: Is everything ready?

Sinan: Yes, the baggages are all ready.

Ceyda: Did you call your father?

Sinan: I will call him after we arrive at the airport.

Ceyda: We will be very busy there. I think you should call your father before we get to the airport.

Sinan: All right I will call him after we get on the taxi.

Ceyda: Okay honey. Who will meet us after we land in İzmir?

Sinan: My father and brother will. Why do you ask?

Ceyda: Do we need to take anything for them before leaving home?

Sinan: Oh, yes. I will give the book on the table to my brother. Can you take it before closing the baggages, please?

Ceyda: Sure.

Exercises

A) Match the columns below.

1) Kahvaltıdan sonra a. evi temizledik.
2) Ofise varmadan önce b. üzerine ceket al.
3) Evi satın aldıktan sonra c. yürüyüşe çıkacağız.
4) Uzun saatler yürüdükten sonra d. patronumu gördüm.
5) Misafirler gelmeden önce e. bavulumu bagaja verdim.
6) Balkona çıkmadan önce f. annemden borç isteyeceğim.
7) Tüm paramı harcadıktan sonra g. köye vardık.
8) Uçağa binmeden önce h. biraz tamir gerekecek.

Lesson 62

Until / as soon as (-ene kadar / -ir ... -mez (-maz))

In Turkish we do not have an individual word to express the **"until"** or **"as soon as"** clauses; however, the clauses can be expressed by using two different structures.

Structure

1) –ene kadar

In order to express the clause **"until"** in Turkish we employ the suffix **"-ene (-ana)"** to the verb root of the **dependent clause** and then use the adverb **"kadar"**. Do not forget that the suffixes and the adverb **"kadar"** are employed after the verb root of the **dependent clause** not the **main clause**. (A dependent clause is a sentence which is followed by a main clause. Remember that a dependent clause do not have any meaning without the main clause.)

- Eve gel**ene kadar,** seni arayamayacağım.

     dependent clause   **main clause**

   I won't be able to call you until I get home.

- Yağmur din**ene kadar,** yola çıkmamalıyız.

  (We shouldn't depart until the rain stops.)

The vowels of the suffix **"-ene (-ana)"** may change regarding the vowel rules.

- Suna uy<u>u</u>**yana** kadar, annesi evden çıkmadı.

  (Her mother didn't leave home until Suna fell asleep.)

- Duygu fotoğrafı çekene kadar, annesi kıpırdamadan durdu.

  (Her mother stood still until Duygu took her photo.)

When using the structure mentioned above we should keep in mind that the verb of the dependent clause do not employ any tense or personal suffixes. These suffixes are employed after the main clause's verb.

- Evi temizleyene kadar, alışverişe çıkmayacaksın.

  (You won't go shopping until you clean the house.)

The structure can also be used with nouns. In this case the suffix **"–ene (-ana)"** transforms into **"-e (-a)"**.

- Sabah**a kadar** oyun oynadık.

  We played games until morning.

- Saat üçe kadar seni bekledim.

  I waited for you until three o'clock.

2) –ir… mez (-maz)

In order to express the clause **"as soon as"** in Turkish we employ the suffix **"-ir (-ar, -ur, -ür, -ır)"** to the verb root of the **dependent clause** and then repeat the same verb with a different suffix (**-mez, -maz**). Do not forget that just like the previous structure mentioned above the suffixes are employed after the verb root of the **dependent clause** not the **main clause**.

-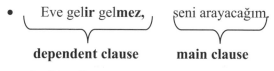

  I will call you as soon as I get home.

- Yağmur dur**ur** dur**maz,** yola çıkacağız.

  (We can't depart after it snows.)

The vowels of the suffixes may change regarding the vowel rules.

- Ayten uy<u>u</u>**r uyumaz**, annesi evden çıktı.

  (As soon as Ayten fell asleep, her mother left home.)

- Davut gel**ir gelmez,** annesi yemeği hazırladı.

  (Her mother prepared the meal as soon as Davut came.)

When using the structure mentioned above we should keep in mind that the verb of the dependent clause do not employ any tense or personal suffixes. These suffixes are employed after the main clause's verb.

- Biz okula varır varmaz, sınıfa koş**tuk.**

  (We run into the class as soon as we arrived at the school.)

Listen and Repeat the Sentences Below

- Eve gel**ene kadar,** seni aramayacağım.
- Yağmur din**ene kadar,** yola çıkmamalıyız.
- Suna uy_u_**yana** kadar, annesi evden çıkmadı.
- Duygu fotoğrafı çekene kadar, annesi kıpırdamadan durdu.
- Evi temizleyene kadar, alışverişe çıkmayacaksın.
- Sabah**a kadar** oyun oynadık.
- Saat üçe kadar seni bekledim.
- Eve gel**ir** gel**mez,** seni arayacağım.
- Yağmur dur**ur** dur**maz,** yola çıkacağız.
- Ayten uy_u_**r uyumaz**, annesi evden çıktı.
- Davut gel**ir gelmez,** annesi yemeği hazırladı.
- Biz okula varır varmaz, sınıfa koş**tuk.**

WRITING TASK: Write ten sentences with "-ene kadar / -ir ... -mez (-maz) and -me.den önce / -dık.tan sonra".

Diyalog

 Listen to the Dialogue and Follow the Script

Mine Hanım: Ne yapıyorsun Sude?

Sude: Bilgisayarda oyun oynuyorum anne.

Mine Hanım: Odanı topladın mı?

Sude: Hayır ama oyunu **bitirir bitirmez** toplayacağım.

Mine Hanım: Peki. Ödevlerini bitirdin mi?

Sude: Ama anne, yarın hafta sonu. **Pazartesiye kadar** yapacağım.

Mine Hanım: Hayır Sude. Hemen bilgisayarı kapat ve ödevlerini yap.

Sude: Tamam. Bu seviyeyi **tamamlar tamamlamaz** kapatacağım.

Mine Hanım: Sude!

Sude: Tamam anneciğim.

Until / as soon as (-ene kadar / -ir ... -mez (-maz))

Dialogue

Listen to the Dialogue and Follow the Translation

Mrs. Mine: What are you doing Sude?

Sude: I am playing game on computer mom.

Mrs. Mine: Have you tidied your room?

Sude: Not yet. But I will tidy it as soon as I finish my game.

Mrs. Mine: Okay. Have you finished your homework?

Sude: Hey mom tomorrow is weekend. I will do it until Monday.

Mrs. Mine: No Sude. Switch off the computer now and do your homework.

Sude: Okay. I will switch it off as soon as I complete this level.

Mrs. Mine: Sude!

Sude: All right, mommy.

Exercises

A) Match the columns below.

1) Koltuklar gelene kadar　　a. ofisten çıkacağım.
2) Ben seni arayana kadar　　b. büyük bir köpek gördüm.
3) Onu görür görmez　　c. evden ayrılma.
4) Arabayı alır almaz　　d. her şey belli olacak..
5) Gelecek haftaya kadar　　e. yerde oturduk.
6) İşlerim biter bitmez　　f. çok etkilendim.
7) Gece yarısına kadar　　g. pencerede onu bekledik.
8) Bahçeye girer girmez　　h. servise götüreceğim.

Lesson 63

İsim - Fiil (Mastar)

"İsim-fiil" is a term used for nouns that are formed with verbs by employing certain suffixes. There is not a single or parallel structure in English to counterpart **isim-fiil**. However, with this structure it is possible to form **gerunds** and **infinitives** in Turkish. See the first example in the structure part.

Structure

In order to form **"isim-fiil"** we employ one of the suffixes below after the verb root: **"-mek, -me, -iş"**.

- Seni gör**mek** çok güzel.

  (It is nice **to see** you.)

- İrem'in İstanbul'a dön**mesi** bizi sevindirdi.

  (İrem's **return** to İstanbul made us happy.)

- İnşaatın **bitişi** gelecek hafta gerçekleşecek.

  (The completion of the construction will take place next week.)

The vowels in the suffixes may change according to the **vowel harmony rules**.

- **Görmek / Koşmak**

  (to see / to run)

- Görme / Koşma

  (sight / run)

- Bitiş / Görüş / Kaçış / Oluş / Ötüş

  (finish / sight / escape / to be / tweet)

We shouldn't confuse **the isim fiil suffix –me (-ma)** with the **negation suffix –me (-ma)**.

- Yerler kaygan. Lütfen **koşma**!

  (The surface is slippery. Please **do not run**.)

- **Koşmayı** çok severim.

  (I like **running**.)

However, we can form a noun with a negative meaning with the negation suffix. In order to give a negative meaning to the noun we employ the negation suffix "**–me (-ma)**" before the suffixes "**-mek, -me, -iş**".

- Seni **görme<u>mek</u>** çok üzücü.

  (It is very sad **not to see** you.)

- Levent'i bir daha **görme<u>meyi</u>** tercih ederim

  (I prefer **not to see** Levent again.)

- Projenin bir türlü **bitmeyişi** sinir bozucuydu.

  (The fact that the project was not being completed was annoying.)

Some verbs have transformed into **permanent nouns** and these nouns are not classified as isim-fiil. We can only differentiate the nouns from isim-fiil from the **context**.

- **Dondurma** hafif bir tatlıdır.

  Ice-cream is a light dessert.

İsim-Fiil (Mastar)

In this example the word **dondurma** is a noun.
- **Dondurma** işlemi besinleri korumanın iyi bir yoludur.
  (**Freezing** is a good way to preserve food.)

In this example **dondurma** is isim-fiil (gerund).

Keep in mind that isim-fiil is used as a noun; therefore, it takes all the suffixes that are used with nouns.
- Sınıfdaki öğrencilerini **gülüşlerini** duyabiliyorum.
  (I can hear the laughter of the students in class.)

  gülüş – ler – i – ni

Listen and Repeat the Sentences Below

- Seni **görmek** çok güzel.
- İrem'in İstanbul'a **dönmesi** bizi sevindirdi.
- İnşaatın **bitişi** gelecek hafta gerçekleşecek.
- Gör**mek** / Koş**mak**
- Gör**me** / Koş**ma**
- Bi**tiş** / Gö**rüş** / Ka**çış** / O**luş** / Ö**tüş**
- Yerler kaygan. Lütfen **koşma**!
- **Koşmayı** çok severim.
- Seni **görmemek** çok üzücü.
- Levent'i bir daha **görmemeyi** tercih ederim.
- Projenin bir türlü **bitmeyişi** sinir bozucuydu.
- **Dondurma** hafif bir tatlıdır.
- **Dondurma** işlemi besinleri korumanın iyi bir yoludur.
- Sınıfdaki öğrencilerin **gülüşlerini** duyabiliyorum.

♦*Beşir Kitabevi*   501

Diyalog

 Listen to the Dialogue and Follow the Script

Fatma: Sanırım her şey hazır.

Rasim: Çok iyi görünüyorsun. Salsa **yapmayı** gerçekten çok seveceksin.

Fatma: Ben de öyle düşünüyorum. **Dans etmek** benim için çok keyifli.

Rasim: Kesinlikle haklısın. Ama salsa çok hareketli bir dans. En önemli şey nefesini iyi **kullanma**, yoksa çabuk yorulursun.

Fatma: Anlıyorum. Bir de ben **dönüş**ler konusunda zorlanacağımdan korkuyorum.

Rasim: Hayır hayır, göründüğü kadar zor değil. En iyisini yapacağına eminim.

Fatma: Teşekkürler.

Rasim: O halde hemen **çalışmaya** başlayalım.

Fatma: Ben hazırım.

Dialogue

Listen to the Dialogue and Follow the Translation

Fatma: I think everything is ready.

Rasim: You look very good. You will really love to dance salsa.

Fatma: I think so. Dancing is so enjoyable for me.

Rasim: You are absolutely right. But salsa is a very active dance. The most important thing is to breathe well or you will get tired quickly.

Fatma: I see. And also I am afraid having difficulties in turning around.

Rasim: Oh, no no, it is not difficult as it looks. I am sure you will do the best.

Fatma: Thank you.

Rasim: Then let's start practicing.

Fatma: I am ready.

Exercises

A) Make 'isim- fiil' with the verb roots below using proper suffixes. Be careful with the vowel harmony rules.

Example: Yürü- yürü<u>mek</u>/ yürü<u>me</u>/ yürü<u>yüş</u>

1) Sev-
2) Koş-
3) Dön-
4) Konuş-
5) Gül-
6) İç-
7) Tut-

Lesson 64

Sıfat - Fiil

"**Sıfat-fiil**" is a term used for adjectives that are derived from verbs by employing certain suffixes. In English these adjectives are termed as **verbal adjectives**. However "sıfat-fiil" is also used to express **relative clauses** in Turkish.

Structure

In order to form "**sıfat-fiil**" we employ one of the suffixes below after the verb root: "**-en, -esi, -mez, -ar, -di(k), -ecek** and **-miş**".

- **Seven** erkek aldatmaz.
  (A man **who is in love** does not cheat.)
- O **öpülesi** eller beni büyüttü.
  (Those **kissable** hands raised me.)
- Paris'te **unutulmaz** anlarımız oldu.
  (We had **unforgettable** moments in Paris.)
- **Yaptığın** şey çok yanlış.
  (The thing **you have done** is wrong.)
- **Gelecek** hafta sınavım var.
  (I have an exam **next** week.)
- **Ölmüş** eşek kurttan korkmaz.
  (A **dead** donkey is not afraid of wolves.)

The vowels and consonants in the suffixes may change according to the **vowel harmony rules** and **consonant rules**.

- Se**ven** / Ko**şan**
- Öp**ülesi** / Yok ol**ası**
  (sight / run)
- Yap**tığın** / Gör**düğün** / Kaç**tığın** / Ol**duğun**/ Ver**diğin**
  (finish / sight / escape / to be / tweet)

We can form an adjective with a negative meaning with the negation suffix. In order to give a negative meaning to the adjective we employ the negation suffix "**–me (-ma)**" before the suffixes "**-en, -esi, -ar, -di(k), -ecek** and **-miş**".

- Sev**meyen** erkek aldatır.
  (A man **who is not in love** cheats.)
- İşlemediğin suç için acı çekmek çok zor.
  (It is very difficult to suffer from a crime **that you didn't commit**.)
- **Olmayacak** duaya amin deme.
  (Don't say amen for impossible pray.)
- **Ölmemiş** eşek kurttan korkmaz.
  (A living donkey is afraid of wolves.)

Some verbs have transformed into **permanent adjectives** and these nouns are not classified as sıfat-fiil. We can only differentiate the adjectives from verbal adjectives by the **context**.

- **Gelecekte** insanlar çalışmayacak.
  (In the **future** people will not work.)

In this example the word **gelecek** is a noun.

- **Gelecek** yıl İstanbul'a taşınacağız.
  (We will move to İstanbul **next** year.)

In this example **gelecek** is sıfat-fiil (verbal adjective).

Listen and Repeat the Sentences Below

- **Seven** erkek aldatmaz.
- **Öpülesi** eller beni büyüttü.
- Paris'te **unutulmaz** anlarımız oldu.
- **Yaptığın** şey çok yanlış.
- **Gelecek** hafta sınavım var.
- **Ölmüş** eşek kurttan korkmaz.
- Se**ven** / Koş**an**
- Öpül**esi** / Yok ol**ası**
- Yaptı**ğın** / Gör**düğün** / Kaçtı**ğın** / Ol**duğun**/ Ver**diğin**
- Sev**meyen** erkek aldatır.
- **İşlemediğin** suç için acı çekmek çok zor.
- **Olmayacak** duaya amin deme.
- **Ölmemiş** eşek kurttan korkmaz.
- **Gelecekte** insanlar çalışmayacak.

Diyalog

 Listen to the Dialogue and Follow the Script

Şule: Artık bıktım anne. Bu kadar yeter.

Dilara: Üzülme kızım. Seven erkek kıskanç olur.

Şule: Öyle deme anne.

Dilara: Ama gerçek bu.

Şule: Beni gerçekten sevse yapmadığım hatalar için suçlamazdı.

Dilara: Seni anlıyorum canım ama biraz sakin ol. Herşey düzelecek zamanla.

Şule: Verdiğin nasihatları dinleyeceğim anne. Ama gelecek günlerde aynı hatayı tekrarlarsa onunla yollarımızı ayırmayı düşüneceğim.

Dilara: Bir daha tekrar etmez merak etme. Ben onunla konuşurum.

Şule: Peki anne.

Dialogue

Listen to the Dialogue and Follow the Translation

Şule: I am fed up with it mom. This is enough.

Dilara: Don't worry my girl. The man who loves is jealous.

Şule: Don't say that mom.

Dilara: But this is the truth.

Şule: If he really loved me he wouldn't blame me for mistakes that I haven' done.

Dilara: I understand you my dear but please calm down a little bit. Everything will be okay in time.

Şule: I will listen to your advices mom. But in the following days if he does the same mistake again I will consider separating my way from him

Dilara: He is not going to repeat it again. I will talk to him.

Şule: Okay mom!

Exercises

A) Make adjectives adding proper suffixes to the verb roots and use them with a proper noun.

Example: Koş-   Koşan at

1) Sev-
2) Gör-
3) Yaz-
4) Oku-
5) Duy-
6) Gül-
7) Yüz-
8) Uç-

B) Make simple sentences using the adjectives in the box.

1) _____
2) _____
3) _____
4) _____

Lesson 65

Zarf - Fiil (Bağ Fiil)

"**Zarf-fiil**" is a term used for adverbs that are derived from verbs by employing certain suffixes. There is not a single or parallel structure in English to counterpart all words that are termed as **zarf-fiil**. However, with this structure it is possible to form certain clauses such as: **until, as soon as, when** and **while** in Turkish. See the first example in the structure part.

Structure

In order to form **"zarf-fiil"** we employ one of the suffixes below after the verb root: **"-esiye, -ip, -meden, -ince, -ken, -eli, -dikçe, -erek, -ir ... -mez, -diğinde, -e ... -e, -meksizin, -cesine"**.

- Kardeşimi aray**ıp** hemen evi terk ettim.
  (I immediately left the house after calling my brother.)
- İşin bit**ince** sinemada buluşalım.
  (Let's meet at the cinema when your work finishes.)
- İnsanlardan saklan**arak** mutlu olamazsın.
  (You can't be happy by hiding from people.)
- Görmey**eli** çok değişmişsin.
  (You have changed a lot since I saw you last time.)

- Ailem için ölesiye çalıştım.
  (I worked **exhaustively** for my family.)
- Çalışırken konuşmamalısın.
  (You shouldn't talk when you are working.)
- Araba ite kaka ilerliyordu.
  (The car was **hardly** moving.)
- Annen gelir gelmez beni ara.
  (Call me as soon as your mother comes.)
- Düğünden sonra güle oynaya tatile gittiler.
  (They **joyfully** went on a holiday after the wedding.)
- Sıkılıncaya dek street fighter oynadım.
  (I played street fighter until I got bored.)

The vowels and consonants in the suffixes may change according to the **vowel harmony rules** and **consonant rules**.

- arayıp / gelip / koşup / üzülüp
- bitince / arayınca / koşunca / üzülünce
- saklanarak / bitirerek
- görmeyeli / yapmayalı
- ölesiye / kalasıya
- gelir gelmez / alır almaz
- gide gele / ite kaka

Zarf - Fiil (Bağ Fiil)

Listen and Repeat the Sentences Below

- Kardeşimi arayıp hemen evi terk ettim.
- İşin bitince sinemada buluşalım.
- İnsanlardan saklanarak mutlu olamazsın.
- Görmeyeli çok değişmişsin.
- Ailem için ölesiye çalıştım.
- Çalışırken konuşmamalısın.
- Araba ite kaka ilerliyordu.
- Annen gelir gelmez beni ara.
- Düğünden sonra güle oynaya tatile gittiler.
- Sıkılıncaya dek street fighter oynadım.

- arayıp / gelip / koşup / üzülüp
- bitince / arayınca / koşunca / üzülünce
- saklanarak / biterek
- görmeyeli / yapmayalı
- ölesiye / kalasıya
- gelir gelmez / alır almaz
- gide gele / ite kaka

♦*Beşir Kitabevi*

Diyalog

 Listen to the Dialogue and Follow the Script

Şeyda: Elindeki çantaları bırakıp hemen gel.

Hüseyin: Tamam Şeyda. Sen burada bekle.

Şeyda: Yukarı çıkarken Ayda'yı arar mısın?

Hüseyin: Olur sen de beklerken Fatih'i arayabilirsin.

Şeyda: Sen gelir gelmez gideceğiz, değil mi?

Hüseyin: Evet, hemen koşa koşa gideceğiz.

Şeyda: Tamam oyalanıp durma artık. Çık hadi yukarı.

Hüseyin: Oyalanmıyorum ki. Sen lafa tuttun beni.

Şeyda: Tamam hadi git artık.

Hüseyin: Görüşürüz.

Dialogue

Listen to the Dialogue and Follow the Translation

Şeyda: Leave those bags and come back immediately.

Hüseyin: All right Şeyda. You wait here.

Şeyda: Will you call Ayda while going up?

Hüseyin: Okay. You can call Fatih while waiting, then.

Şeyda: We will go as soon as you are back, won't we?

Hüseyin: Yes, we will dash out.

Şeyda: Okay! Stop fooling around. Go up! Come on.

Hüseyin: I am not fooling around. You make me talk.

Şeyda: Okay go already.

Hüseyin: See you!

Exercises

A) Read the sentences and fill in the gaps with the suffixes given. Be careful with the vowel harmony rules.

1) çalış**ıp** / gid**ip** / yorul**up** / gül**üp** **(-ip)**
2) çalış__ / gid__ / yorul__ / gül__ (-ince)
3) çalış ___ / yorul___ (-arak)
4) gid___ / çalış ___ (-alı)
5) gid__ / yorul__ (-esiye)
6) çalış___ çalış ___ / gid__ git___ (-ir...-mez)
7) gid__ gel___ / çalış__ çalış___ (-e .. -e)

Lesson 66

Indefinite Pronoun (Belgisiz Zamir)

Belgisiz Zamir (Indefinite Pronoun) is used to refer to one or more unspecified objects, beings or places. As mentioned in Lesson 37 pronouns are generally used in the beginning of the sentences. The list and meanings of the most used indefinite pronouns are listed below.

	meaning	example	translation
başkası	someone else	Bu ödevi **başkası** yapabilir.	**Someone else** can do this homework.
bazısı	some (people)	**Bazısı** korku filmi sevmez.	**Some people** do not like horror movies.
bazıları	some (people)	**Bazıları** çikolata sevmez.	**Some people** do not like chocolate.
biri	someone	**Biri** kapıyı çaldı.	**Someone** knocked the door.
birisi	someone	**Birisi** seni aradı.	**Someone** called you.
birileri	some people	**Birileri** bisikletimi çalmış.	**Someone** stole my bicycle.
birçokları	most people	**Birçokları** şehri terk etmiş.	**Most people** have left the city.

birkaçı	few of (them)	**Birkaçı** kaçmayı başarmış.	**Few of them** managed to escape.
birçoğu	most of them	**Birçoğu** geri dönmedi.	**Most of them** did not return.
birazı	some of it	**Birazı** ıslanmış.	**Some of it** is wet.
çoğu	most of (it, them)	**Çoğu** kayboldu.	**Most of them** got lost.
hepsi	all of them	**Hepsi** yalan söylüyor.	**All of them** are lying.
hepimiz	all of us	**Hepimiz** onu destekliyoruz.	**All of us** support him.
herkes	everybody	**Herkes** otursun lütfen.	**Everybody**, sit down please.
kimi	some	**Kimi** çocuk sevmez.	**Some people** don't like children.
kimse	no one	**Kimse** partiye gelmedi.	**No one** came to the party.
tümü	all of them	**Tümü** toplantıya katıldı.	**All of them** attended the meeting.

Indefinite Pronoun (Belgisiz Zamir)

Listen and Repeat the Sentences Below

- Bu ödevi başkası yapabilir.
- Bazısı korku filmi sevmez.
- Bazıları çikolata sevmez.
- Biri kapıyı çaldı.
- Birisi seni aradı.
- Birileri bisikletimi çalmış.
- Birçokları şehri terk etmiş.
- Birkaçı kaçmayı başarmış.
- Birçoğu geri dönmedi.
- Birazı ıslanmış.
- Çoğu kayboldu.
- Hepsi yalan söylüyor.
- Hepimiz onu destekliyoruz.
- Herkes otursun lütfen.
- Kimi çocuk sevmez.
- Kimse partiye gelmedi.
- Tümü toplantıya katıldı.

Diyalog

 Listen to the Dialogue and Follow the Script

Beste: Ben bu pis odada kalamam.

Cemre: Ben de kalamam. Burada başkası kalsın.

Beste: Birisi bize en kötü odayı vermiş.

Cemre: Haklısın. Kimse böyle bir odada kalmak istemez.

Beste: Hepimiz aynı parayı ödedik. Bu haksızlık.

Cemre: Evet, şuraya bak. Birisi burada sigara izmariti bırakmış.

Beste: Iyy, iğrenç.

Cemre: Hemen resepsiyona inip şikayet edeceğim.

Beste: Birlikte gidelim. Biri onlara dersini vermeli.

Cemre: Çabuk ol o zaman.

Beste: Tamam.

Indefinite Pronoun (Belgisiz Zamir)

Dialogue

Listen to the Dialogue and Follow the Translation

Beste: I can't stay in this dirty room.

Cemre: Me neither. Someone else can stay here.

Beste: Someone has given us the worst room.

Cemre: You are right. No one wants to stay in a room like this.

Beste: All of us paid the same money. This is unfair.

Cemre: Yes, hey look here. Someone left cigarette butts here.

Beste: Iyk, disgusting.

Cemre: I will go down to the reception and complain about it now.

Beste: Let's go own together. Someone should teach them a lesson.

Cemre: Be quick then.

Beste: Okay.

Exercises

A) Read the sentences and fill in the gaps with the words in the box.

> Biraz / Herkes / Biri / Çok fazla

Example: _Herhangi biri_ otomobil sürebilir.

1) ____ seni aradı.
2) ____ yemeği sever.
3) ____ ____ yedim. Karnım ağrıyor.
4) ____ daha alabilir miyim?

B) Match the synonyms below.

a) Fazla   1) Birisi
b) Herhangi biri   2) Öbürü
c) Başkası   3) Ötekisi
d) Diğeri   4) Çok

Lesson 67

Indefinite Adjective (Belgisiz Sıfat)

Belgisiz Sıfat (Indefinite Adjective) is used to describe a noun or a pronoun approximately or without focusing on any particularity. Their functions are showing unclear number or quantity of a noun or a pronoun. Like all other kinds of adjectives, generally they are used just before a noun in the sentence. The list and meanings of the most used indefinite adjectives are listed below.

	meaning	example	translation
az	A few / a little	**Az** pilav istiyorum.	I'd like **a little** rice.
Başka/öbür /diğer	other	**Başka** insanları arayın.	Call the **other** people.
bazı	some (thing/ people)	**Bazı** insanlar çikolata sevmez.	**Some people** do not like chocolate.
(herhangi) bir	anyone /anything	**(Herhangi) bir** araba alacağım.	**I will buy a /any car**.
biraz	a few / a little / some	**Biraz** yemek yedim.	I ate **some** food.
birçok	lots of/ many/ much	Partiye **birçok** kişi davet edildi.	**Lots of** people were invited to the party.

birkaç	a few/ some people	Burada **birkaç** kişi tanıyorum.	I know **a few** people here.
bütün/tüm	all/ whole/entire	**Bütün/Tüm** gün yataktaydım.	I was in bed **all day.**
Çok/fazla	many/ much/ lots of	**Çok /fazla** vaktimiz yok.	We don't have **much** time.
çoğu	most of (it, them)	**Çoğu** yolcu yaralandı.	**Most of** the passengers got injured.
her	every/ all	**Her** yıl bu otelde kalırım.	I stay in this hotel **every** year.
hiç	no / any	**Hiç** param yok.	**I have no money.**
hiçbir	no/ any	**Hiçbir** koltuk boş değil.	**No** seat is empty.
her bir	each	**Her bir** odayı (teker teker) kontrol ettim.	I have checked **each** room.

Indefinite Adjective (Belgisiz Sıfat)

Listen and Repeat the Sentences Below

- **Az** pilav istiyorum.
- **Başka** insanları arayın.
- **Bazı** insanlar çikolata sevmez.
- Partiye **birçok** kişi davet edildi.
- **Biraz** yemek yedim.
- **(Herhangi) bir** araba alacağım.

- **Burada birkaç kişi tanıyorum.**
- Her bir odayı (teker teker) kontrol ettim.
- **Çok /fazla vaktimiz yok.**
- **Çoğu** yolcu yaralandı.
- **Her yıl bu otelde kalırım.**
- **Hiç param yok.**
- **Hiçbir** koltuk boş değil.
- **Bütün/Tüm** gün yataktaydım.

Diyalog

 Listen to the Dialogue and Follow the Script

Eren: Yanında hiç para var mı?

Simge: Çok param yok. Neden?

Eren: Şurada güzel bir çanta gördüm dün. Onu almak istiyorum.

Simge: Çok vaktimiz yok. Başka bir gün alırsın çantayı.

Eren: Her gün buraya gelmiyoruz ama. Eğer bana biraz borç verirsen çok sevineceğim.

Simge: Tamam tamam. Ben dışarıda beklesem olur mu?

Eren: Elbette. 5 dakika içinde geliyorum.

(2 dakika sonra)

Simge: Ne oldu, çanta nerede?

Eren: Malesef satılmış.

Simge: Üzülme Eren, başka bir çanta alırız sana bugün.

Eren: Tamam canım, önemli değil.

Indefinite Adjective (Belgisiz Sıfat)

Dialogue

Listen to the Dialogue and Follow the Translation

Eren: Do you have any money with you?

Simge: I don't have much. Why?

Eren: I saw a beautiful bag there yesterday. I want to buy it.

Simge: We don't have much time now. You will buy it another day.

Eren: But we don't come here every day. If you lend me some money, I will be very happy.

Simge: Okay. Can I wait for you outside?

Eren: Of course. I will be here in five minutes.

(2 minutes later)

Simge: What happened, where is the bag?

Eren: Unfortunately it was sold.

Simge: Don't worry Eren. We will buy you another bag today.

Eren: Okay honey, no problem.

Exercises

A) Read the sentences and fill in the gaps with the words in the box.

> Biraz / Bütün / Bir / Fazla

Example: Herhangi bir insan otomobil sürebilir.

1) ___ kadın seni aradı.
2) ___ erkekler yemeği sever.
3) _____ yemek yedim. Karnım ağrıyor.
4) _____ daha çorba alabilir miyim?

B) Read the sentences and fill in the gaps with the words in the box.

> Çoğu / Her bir / Hiçbir / birçok

1) _____ evi teker teker aradılar.
2) _____ öğrenci okula gelmemiş.
3) Burada _____ kitap bulabilirsin.
4) _____ şey bulamadım.

Lesson 68

Prepositions (Edatlar /İlgeçler)

Edatlar/ İlgeçler (Prepositions) are used to link nouns and phrases to other words in a sentence. These words gain meanings according to the other words which they are used with. We can classify them by their functions. Here are the most common prepositions in Turkish language.

1. Ile (-le/-la) (with/ by)

- Bir haftadır arkadaşım**la**/arkadaşım **ile** kalıyorum.

  I have been staying **with** my friend for a week.

- Dün işe otobüs**le**/otobüs **ile** gittim.

  I went to work **by** my car yesterday.

- **Keyifle** şarkı söyledi.

  She sang a song **joyfully**.

As we can see above, the word that is used with this preposition can be translated into English as a different word.

2. İçin / üzere / dolayı / diye (for, to, because of)

- Seni aramak **için/ üzere** dışarı çıktı.

  He went out **to** look for you.

- Hasta olduğum **için**/ hastaydım **diye** projeyi bitiremedim.

  I couldn't finish the project **because/for** I was ill.

- Yağmurdan **dolayı** maçı iptal ettiler.

  They cancelled the game **because of** rain.

3. Gibi (as/ like)

- Annen **gibi** inatçısın.

  You are stubborn like your mother.

- Benim yaptığım **gibi** yapmalısın.

  You should do **as** I do.

- Eve geldiğim gibi hemen yatağa gittim.

  As soon as I came home, I went to bed immediately.

In the example below, the word 'gibi' has the same meaning with the adverbial 'as soon as'.

4. –den (-dan, -ten, -tan) başka (other than / except for)

- Bu şehirde sen**den başka** kimsem yok.

  I have no one in this city **except for** you.

5. Göre / nazaran/ dair (as, in comparison to, related to)

- Duyduğuma **göre** evlenmişsin.

  As I have heard you got married.

- Kardeşine **nazaran/ göre** bu çocuk daha çalışkan.

  In comparison to his brother, this boy is more hardworking.

- Size, sınava **dair** ipuçları vereceğim.

  I will give sou some tips **about/ related to** the exam.

6. Kadar (as, like, as...as, up to, by, until)
- Senin **kadar** aç değilim.
  I am not **as hungry as** you.
- Gelecek haftaya kadar seni arayacağım.
  I will call you **by/ until** next week.
7. Karşı / doğru /yukarıya / aşağıya (to, against/ through/ up /down)
- Okula **doğru** yürürken onu gördüm.
  I saw her while I was walking **to** school.
- Yolun aşağısında bir göl var.
  There is a lake down the road.

Listen and Repeat the Sentences Below

- Bir haftadır arkadaşımla/arkadaşım ile kalıyorum.
- Dün işe otobüsle/otobüs ile gittim.
- **Keyifle** şarkı söyledi.
- Seni aramak **için/ üzere** dışarı çıktı.
- Hasta olduğum **için/** hastaydım **diye** projeyi bitiremedim.
- Yağmurdan **dolayı** maçı iptal ettiler.
- Annen **gibi** inatçısın.
- Benim yaptığım **gibi** yapmalısın.
- Eve geldiğim gibi hemen yatağa gittim

- Bu şehirde sen**den başka** kimsem yok.
- Duyduğuma **göre** evlenmişsin.
- Kardeşine **nazaran/ göre** bu çocuk daha çalışkan.
- Size, sınava **dair** ipuçları vereceğim.
- Senin **kadar** aç değilim.
- Gelecek haftaya kadar seni arayacağım.
- Okula **doğru** yürürken onu gördüm.
- Yolun aşağısında bir göl var.

WRITING TASK: *Try to make sentences using each prepositions in lesson 68.*

Diyalog

 Listen to the Dialogue and Follow the Script

Güliz: Hazır mısın? Çıkalım mı artık?

Veysi: Ben hazırım ama Ceyda için biraz daha beklemeliyiz.

Güliz: Ne zamana **kadar** bekleyeceğiz?

Veysi: Sanırım 10 dakikaya kadar gelir.

Güliz: Ceyda yalnız mı gelecek?

Veysi: Hayır arkadaşı **ile** gelecek.

Güliz: O zaman gidelim. Arkadaşı ona eşlik eder.

Veysi: Keçi **gibi** inatçısın. Biraz daha bekleyemez misin?

Güliz: Hayır bekleyemem. O kızdan hiç hoşlanmıyorum. Anlamıyor musun?

Veysi: Tamam tamam. Sen git ben beklerim.

Güliz: Asıl sen keçi **kadar** inatçısın.

Prepositions (Edatlar /İlgeçler)

Dialogue

Listen to the Dialogue and Follow the Translation

Güliz: Are you ready? Shall we go out?

Veysi: I am ready but we should wait a little more for Ceyda.

Güliz: Until when will wait for her?

Veysi: I think she will come in fifteen minutes.

Güliz: Will Ceyda come alone?

Veysi: No, she will come with her friend.

Güliz: Let's go then. The friend will accompany her.

Veysi: You are stubborn like a goat. Can't you wait for a little more?

Güliz: No, I can't wait. I don't like that girl at all. Can't you see that?

Veysi: All right, all right. You go I will wait.

Güliz: You are as stubborn as a goat.

Practical Turkish for Everyone   *Lesson 68*

Exercises

A) Read the sentences and fill in the gaps with the words in the box.

> gibi / kadar / dolayı / ile

Example: Taksim'e <u>doğru</u> gidiyorum.

1) Annem _____ dün görüştüm.
2) Baban _____ sen de kuvvetlisin.
3) Kar yağışından _____ yollar kapandı.
4) Pelin _____ saygılı bir kız görmedim.

B) Match the sentences below.

    a) Yarına   1) başka arkadaşım yok.
    b) Eve   2) kadar seni ararım.
    c) Abine   3) ile gitmelisin.
    d) Okula araba   4) doğru yürürken onu gördüm.
    e) Senden   5) nazaran daha kısasın.

Lesson 69

Conjunctions (Bağlaçlar) 1

Bağlaçlar (Conjunctions) are used to connect words, phrases, sentences and clauses. Below are the most common conjunctions used in Turkish.

1) Sıralama Bağlaçları (Coordinating Conjunctions)

"**Sıralama bağlaçları**" are used to join, or organize more than two words, phrases or sentences that have similar syntactic importance.

Conjunction	Meaning	Example	Translation
ile	and	Taylan ile Mahir dün geldi.	Taylan and Tahir came yesterday.
ve	and	Kedi ve köpek dost canlısı hayvanlardır.	Cats and dogs are friendly animals.
de...de	both ... and	Ben de babam da geç kaldık.	Both I and my father were late.

Keep in mind that the word "**ile**" is also used as a preposition.

- Ahmet arkadaşı **ile** geldi.
  (Ahmet came **with** his friend.)

2) Denkleştirme Bağlacı Correlative Conjunctions

"Denkleştirme bağlaçları" are used to equalize or compare more than two words, phrases or sentences.

Conjunction	Meaning	Example	Translation
veya	or	Belgeyi annen veya baban imzalamalı.	Your father or mother should sign the document.
yahut		Gümüş yahut a!tınla ödeyebilirsin.	You can pay with silver or gold.
veyahut		Git veyahut kal.	Go or stay.

hem....hem	Both...and	Hem çikolata hem dondurma yememelisin.	You shouldn't eat both chocolate and ice cream.
ya....ya	either...or	Ya çikolata ya dondurma alabilirsin.	You can buy either chocolate or ice cream.
Ister...ister	either...or	İster çikolata ister dondurma alırım.	I can buy either chocolate or ice cream.
ne....ne	neither...nor	Ne çikolata ne de dondurma alabilirsin.	You can neither buy chocolate nor ice cream.

Conjunctions (Bağlaçlar) 1

Listen and Repeat the Sentences Below

- Taylan ile Mahir dün geldi.
- Kedi ve köpek dost canlısı hayvanlardır.
- Ben de babam da geç kaldık.
- Belgeyi annen veya baban imzalamalı.

- Gümüş yahut altınla ödeyebilirsin.
- Git veyahut kal.
- Hem çikolata hem dondurma yememelisin.
- Ya çikolata ya dondurma alabilirsin.
- İster çikolata ister dondurma alırım.
- Ne çikolata ne de dondurma alabilirsin.

Diyalog

 Listen to the Dialogue and Follow the Script

Aysun: Toplantıya kimler katıldı dün?

Can: İpek ile Duygu katıldı.

Aysun: Güliz ve Osman gelmedi mi?

Can: Hayır, onlar gelmedi. Yarın veya bir sonraki gün onlarla ayrı bir toplantı yapacağız.

Aysun: Bir sonraki gün çok geç Can Bey. Bu akşam veya yarın toplanın lütfen.

Can: Olur Aysun Hanım.

Aysun: Yeni ofis için yer buldunuz mu peki?

Can: Ya Kadıköy'de ya da Bakırköy'de kiralayacağız ofisi.

Aysun: Ama ne Kadıköy ne de Bakırköy merkez ofise yakın.

Can: Evet ama diğer semtler bizim için çok pahalı.

Aysun: Anlıyorum. O halde ikisinden birini seçin hemen taşınalım.

Can: Peki Aysun Hanım.

Dialogue

Listen to the Dialogue and Follow the Translation

Aysun: Who attended the meeting yesterday?

Can: İpek and Duygu attended.

Aysun: Didn't Güliz and Osman come?

Can: No, they didin't come. Tomorrow or the day after tomorrow we will have another meeting with them.

Aysun: The day after tomorrow is too late. Get together tonight or tomorrow, please.

Can: Okay, Mrs. Aysun.

Aysun: Did you find a place for the new office?

Can: Okay. We will rent the office either in Kadıköy or in Bakırköy.

Aysun: But neither Kadıköy nor Bakırköy is close to the main office.

Can: Yes but other places are too expensive for us.

Aysun: I see. Then choose one of them and we will move quickly.

Can: All right Mrs. Aysun.

Exercises

A) Read the sentences and fill in the gaps with the words in the box.

veya/ ile / hem....hem / ne....ne

1) _____ Rıfat _____ babası İstanbul'a taşındılar. Bizim üst katımızda oturuyorlar.

2) Hastayım _____ öksürüyorum.

3) _____ Devrim _____ Kutsi yarışı kazanacak. Yeterince antreman yapmadılar.

4) Kararsızım; cep telefonu _____ bilgisayar alacağım.

B) Make sentences using the conjunctions " yahut/ ya...ya/ ister...ister/ de...de"

1) _____

2) _____

3) _____

4) _____

Lesson 70

Conjunctions (Bağlaçlar) 2

Bağlaçlar (Conjunctions) are used to connect words, phrases, sentences and clauses. Below are the most common conjunctions used in Turkish.

Yan tümce Bağlaçları (Subordinating Conjunctions)

"**Yantümce bağlaçları**" are used to join, or organize more than two phrases or sentences.

Conjunction	Meaning	Example	Translation
ama	but	Sana izin veririm ama sadece bir gün için.	I will give you the permission but only for a day.
fakat	but	Cinayeti gördüm fakat kimseye anlatmadım.	I saw the murder but I didn't tell it to anyone.
...e rağmen	although	Şişman olmama rağmen koşuyu tamamladım.	Although I am fat I managed to finish the race.
oysa	however	O bana kızgın oysa ben onu çok seviyorum.	He is angry at me however I love him so much.

çünkü	because	Seni aramadım çünkü çok meşguldüm	I didn't call you because I was very busy.
bu yüzden	so	Geç kaldın bu yüzden sınava katılamayacaksın.	You are late so you won't be able to take the exam.
bu sebeple	for this reason	Bazı evrakların eksik bu sebeple pasaportun onaylanmadı.	Some documents are missing for this reason your passport was not approved.

Conjunctions (Bağlaçlar) 2

Listen and Repeat the Sentences Below

- Sana izin veririm ama sadece bir gün için.
- Cinayeti gördüm fakat kimseye anlatmadım.
- Şişman olmama rağmen koşuyu tamamladım.
- Bazı evrakların eksik bu sebeple pasaportun onaylanmadı.
- Geç kaldın bu yüzden sınava katılmayacaksın.
- Seni aramadım çünkü çok meşguldüm.
- Bana kızgın oysa ben onu çok seviyorum.

Diyalog

 Listen to the Dialogue and Follow the Script

Oya: Peki bu televizyonu beğendin mi?

Bekir: Beğenim fakat çok pahalı.

Oya: Tamam ama beş yıl garantisi varmış.

Bekir: Bütün televizyonların garantisi var.

Oya: Bu şekilde tüm gün dolaşmak istemiyorum. Çok yoruldum.

Bekir: Yorgunsun çünkü dün gece çok çalıştın.

Oya: Evet, haklısın.

Bekir: Ben televizyon almadan eve dönmek istemiyorum bu yüzden istersen sen eve dönebilirsin. Ben televizyonu alıp gelirim.

Oya: Bekir!

Bekir: Peki sen bilirsin. Gel şuradaki mağazaya gidelim o zaman.

Oya: Tamam.

Dialogue

Listen to the Dialogue and Follow the Translation

Oya: Okay, did you like this T.V. set?

Bekir: I liked it but it is very expensive.

Oya: Yes but it has five years of guarantee.

Bekir: All T.V. sets have guarantees.

Oya: I don't want to walk around all day. I am very tired.

Bekir: You are tired because you worked too much yesterday.

Oya: Yes you are right.

Bekir: I don't want to go back home without buying a T.V. set so if you want you can go home. I will buy the T.V. and come home.

Oya: Bekir!

Bekir: All right, as you wish. Let's go the shop over there.

Oya: All right.

Exercises

A) Read the sentences and fill in the gaps with the words in the box.

Example: Geç kaldım çünkü otobüsü kaçırdım.

1) Hastayım _____ bugün işe gitmeyeceğim.
2) Hastayım _____ mutlaka toplantıya gideceğim.
3) Hasta olmama_____ işe gideceğim.
4) Beni terk etti, _____ ben onu çok seviyordum.

B) Match the sentences below.

a) Evi aradım   1) rağmen dışarı çıktık.
b) Ben   2) oysa çok çalışmıştım.
c) Yağmur yağmasına   3) fakat kimse cevap vermedi.
d) Sınavı geçemedim   4) fakat bir daha hata yapma.
e) Seni affederim   5) ve annem dün İstanbul'daydık.

DICTIONARY / SÖZLÜK

NOUNS / İSİM

air: hava
animal: hayvan
bank: banka
body: vücut
book: kitap
bread: ekmek
brother / sister: kardeş
building: bina
child: çocuk
city: şehir
country: ülke
customer: müşteri
day: gün
desk: masa
dog: köpek
door: kapı
education: eğitim
egg: yumurta

evening: akşam
eye: göz
face: yüz
family: aile
father: baba
foreigner: yabancı
friend: arkadaş
game: oyun
girl: kız
hand: el
head: baş
health: sağlık
house: ev
information: bilgi
job: iş
kitchen: mutfak
language, tongue: dil
life: hayat

love: aşk
love: sevgi
man: adam
man: erkek
money: para
month: ay
morning: sabah
mother: anne
mouth: ağız
name: isim
newspaper: gazete
night: gece
paper: kağıt
person: insan
phone: telefon
picture: fotoğraf
place : yer
poem: şiir
product: ürün
public: halk
reality: gerçek

road: yol
school: okul
sea: deniz
son: oğul
sound: ses
street: sokak
student: öğrenci
sun: güneş
tea: çay
teacher: öğretmen
time: zaman
tree: ağaç
village: köy
war: savaş
water: su
week: hafta
window: pencere
woman: kadın
word: kelime
world: dünya
year: yıl

VERBS / FİİLLER

to provide: sağlamak
to accept: kabul etmek
to ask: sormak
to be: olmak
to behave: davranmak
to believe: inanmak
to born: doğmak
to break up: ayrılmak
to bring: getirmek
to call: aramak
to change: değişmek
to change: değiştirmek
to choose: seçmek
to close: kapatmak
to come: gelmek
to continue: devam etmek
to count: saymak
to create: yaratmak
to cry: ağlamak

to cut: kesmek
to die: ölmek
to do: yapmak
to draw: çizmek
to drink: içmek
to drive: sürmek
to eat: yemek
to end: bitmek
to enter: girmek
to escape: kurtulmak
to explain: anlatmak
to fall: düşmek
to feel: hissetmek
to find: bulmak
to forget: unutmak
to get: almak
to give: vermek
to go: gitmek
to grow up: büyümek

to have: sahip olmak
to hear: duymak
to help: yardımcı olmak
to hit: vurmak
to hold: tutmak
to increase: artmak
to join: katılmak
to kow: bilmek
to laugh: gülmek
to learn: öğrenmek
to leave: bırakmak
to lift: kaldırmak
to listen: dinlemek
to live: yaşamak
to look: bakmak
to lose: kaybetmek
to love: sevmek
to marry: evlenmek
to move: taşımak
to open: açmak
to pay: ödemek

to play: oynamak
to prefer: tercih etmek
to prepare: hazırlamak
to produce: üretmek
to protect: korumak
to pull: çekmek
to put: koymak
to reach: ulaşmak
to reach: varmak
to read: okumak
to realize: fark etmek
to remember: hatırlamak
to resemble: benzemek
to run away: kaçmak
to run: koşmak
to save: kurtarmak
to say: demek
to say: söylemek
to scream: bağırmak
to see: görmek
to sell: satmak

Dictionary/Sözlük

to send: göndermek
to share: paylaşmak
to show: göstermek
to sit: oturmak
to sleep, to lie down: yatmak
to sleep: uyumak
to speak: konuşmak
to stand up: kalkmak
to start: başlamak
to step: basmak
to stop: durmak
to take: götürmek
to think: düşünmek
to throw: atmak

to turn: dönmek
to understand: anlamak
to use: kullanmak
to wait: beklemek
to walk: yürümek
to want: istemek
to watch: izlemek
to watch: seyretmek
to wear: giymek
to win: kazanmak
to work: çalışmak
to write: yazmak
to use: kullanmak

ANSWER KEY / CEVAP ANAHTARI

LESSON 1

EXERCISE A

1) a / a
2) ır /ı / ı
3) a / a
4) e / e / ek
5) l/ i/ e
6) tak / it
7) s / an /ul
8) ce / et
9) a/ a/ es
10) o/ a / es

EXERCISE B

1) sarı
2) kırmızı
3) yeşil
4) mavi
5) turuncu
6) siyah
7) beyaz
8) pembe

9) mor
10) kahverengi

LESSON 2

EXERCISE A

1) Bira
2) Devasa
3) Otomobil

EXERCISE B

1) Akordeon
2) Radyo
3) Tiyatro

LESSON 3

EXERCISE A

1) gözlük ç ü
2) yap t ı
3) çalış k an
4) gözlü ğ ü

EXERCISE B

1) araba s ı
2) kapı n ın
3) altı ş ar

Answer Key / Cevap Anahtarı

LESSON 4

EXERCISE A

1) Bu şehri severim.
2) Okula yürüyorum.
3) Ben kahve içiyorum.
4) Ahmet evde çalışıyor.

EXERCISES B

3) Leyla şu an otobüsle **okula** gidiyor.
4) Leyla şu an okula **otobüsle** gidiyor.

LESSON 5

EXERCISE A

1) Selda bu akşam ders çalışmayacak.
2) Siz çok yorulmayacaksınız.

EXERCISE B

1) Ben üzgün değilim.
2) Senin saatin yok.

LESSON 6

EXERCISE A

1) Geldin mi?
2) Gördün mü?

◆*Beşir Kitabevi*

3) Aldın mı?
4) Koştun mu?
5) Gezdin mi?
6) Tuttun mu?
7) Yakaladın mı?

EXERCISE B

3) Yağmur kütüphanede bu akşam mı kitap okuyacak?
4) Yağmur kütüphanede kitabı bu akşam mı okuyacak?
5) Bu akşam kütüphanede Yağmur mu kitap okuyacak?

LESSON 7

EXERCISE A

1) Neden
2) Hangi
3) Nasıl
4) Nerede
5) Ne kadar
6) Kim / Kimler

EXERCISE B (Possible answers)

1) Pazardan.
2) Çünkü uykum var.
3) Bizim evimizde.
4) Omlet ve kızarmış ekmek.
5) Yirmi beş.

6) Küçük kardeşim.

LESSON 8

EXERCISE A

1) Çocuklar ödevlerini bitirdi, değil mi?
2) Bizi yarın arayacaksınız, değil mi?
3) Sezen Çince biliyor, değil mi?
4) Akşam yemeği yiyeceğiz, değil mi?
5) Kardeşin yemek yapamıyor, değil mi?
6) Yarın sizinle gelebilirim, değil mi?

LESSON 9

EXERCISE A

2) açız.
3) öğrencisin.
4) işçisiniz.
5) sinirli.
6) tezgâhtar.

EXERCISE B

1) çiftçi değilim.
2) çalışkan değiliz.
3) zayıf değilsin.
4) şişman değilsiniz.
5) asker değil.

6) diş doktoru değil

EXERCISE C

1) hasta mıyım?
2) güzel miyiz?
3) pilot musun?
4) şoför müsünüz?
5) deneyimli mi?
6) yorgun mu?

EXERCISE D

1) turistim
2) Türk'üm
3) Türk müsünüz?
4) Türk değilim. / Fransız'ım.

LESSON 10

EXERCISE A

1) Hayır, odada televizyon yok.

2) Evet, odada yastık var.

3) Evet, odada koltuk var.

4) Hayır, odada buzdolabı yok.

5) Evet, odada perde var.

6) Evet, odada lamba var.

EXERCISE B (Possible answers)

1) Masada tabaklar var.
2) Masada bardaklar var.
3) Masada kaşıklar var.
4) Masada tencere yok.
5) Masada çiçek yok.
6) Masada lamba yok.

LESSON 11

EXERCISE A (Possible answers)

1) Ofisimde iki sandalyem var.
2) Ofisimde birçok kitabım var.
3) Ofisimde büyük bir masam var.
4) Ofisimde iki dolabım var.
5) Ofisimde bir klimam var
6) Ofisimde kalemlerim var.

EXERCISE B (Possible answers)

1) Füsun'un evi yok.
2) Füsun'un arabası yok.
3) Füsun'un tarağı yok.
4) Füsun'un parfümü yok.
5) Füsun'un ruju yok.

6) Füsun'un parası yok.

EXERCISE C

1) Ofisinde bilgisayarın var mı?
2) Füsun'un sevgilisi yok mu?
3) Ofisimde büyük bir masam var mı?
4) Ofisimde iki dolabım var mı?
5) Ofisimde bir klimam var mı?
6) Ofisimde kalemlerim var mı?
7) Füsun'un evi yok mu?
8) Füsun'un arabası yok mu?
9) Füsun'un tarağı yok mu?
10) Füsun'un parfümü yok mu?
11) Füsun'un ruju yok mu?
12) Füsun'un parası yok mu?

LESSON 12

EXERCISE A

1) şu / o
2) şu / o
3) bu
4) şu / o
5) şu / o

EXERCISE B

1) Bu kedi hasta mı?
2) Şu fincan küçük mü?

3) Şu küçük fincan pahalı mı?
4) O ev yeni mi?
5) Bu ada sakin mi?

EXERCISE C

1) Bu kedi hasta değil.
2) Şu fincan küçük değil.
3) Şu küçük fincan pahalı değil.
4) O ev yeni değil.
5) Bu ada sakin değil.

LESSON 13

EXERCISE A

1) şunlar /onlar
2) şunlar /onlar
3) bunlar

EXERCISE B

1) Bunlar armut mu?
2) Şunlar fincan mı?
3) Onlar pahalı mı?

EXERCISE C

1) Bunlar armut değil.
2) Şunlar fincan değil.
3) Onlar pahalı değil.

LESSON 14

EXERCISE A

1) Markette <u>bir adam</u> var. Adam yeşil <u>elma</u> ve sarı <u>muz</u> alır. <u>Elma</u> çok sulu ve <u>muz</u> çok tatlıdır.

2) Parkta <u>bir (erkek) çocuk</u> var. Çocuk <u>oyuncak ayı</u> ve <u>oyuncak arabayla</u> oynar. <u>Oyuncak ayı</u> yumuşak <u>oyuncak araba</u> hızlıdır.

LESSON 15

EXERCISE A

1) birkaç
2) hiç
3) bazı
4) biraz
5) biraz
6) birkaç

EXERCISE B

1) Ağaçta hiç kuş yok mu?
2) Biraz portakal suyu ister misin?
3) Bazı çocuklar çok yaramaz.
4) Pazarda hiç salatalık yok.
5) Bana birkaç havlu ver.

LESSON 16

EXERCISE A

1) uzun — KISA
2) güçlü — ZAYIF
3) güzel — ÇİRKİN
4) hızlı — YAVAŞ
5) sıcak — SOĞUK
6) geniş — DAR
7) büyük — KÜÇÜK
8) soluk — PARLAK
9) acı — TATLI
10) yumuşak — SERT
11) ağır — HAFİF

EXERCISE B

2) taze
3) sert
4) rahat
5) ağır

LESSON 17

EXERCISE A

1) altıncı
2) yirmi dört
3) yedi

4) sekizer
5) yüzde on
6) çeyrek
7) altmış

EXERCISE B

1) son: asıl sayı sıfatı
2) beşer: üleştirme sayı sıfatı
3) on: asıl sayı sıfatı
4) yarım: kesir sayı sıfatı
5) birer: üleştirme sayı sıfatı

LESSON 18

EXERCISE A

1) Ahmet yarın gelecek.
2) Hastanede sessiz konuş.
3) Tavukları iyice pişir.
4) Funda geri gelecek.
5) Veysi ileri koştu.
6) Biraz geri gidin.

EXERCISE B

1) hızlı
2) yavaş
3) yarın
4) sessiz

5) güzelce
6) sevgiyle

EXERCISE C

1) yarın
2) sessiz
3) güzelce
4) sevgiyle

LESSON 19

EXERCISE A

1) daha rahat
2) daha hafif
3) daha genç
4) daha hızlı
5) daha yavaş

EXERCISE B

1) Çocuklar bizden daha çok gürültü yapıyorlar.
2) Beyaz yastık diğerinden daha temiz.
3) Kırmızı çanta daha ucuz.
4) Yavru kediler kuşlardan daha sevimli.
5) Bu oda o odadan daha temiz.

LESSON 20

EXERCISE A

1) en taze.
2) en yaramaz.
3) en lezzetli.
4) en kalabalık.
5) en soğuk.

EXERCISE B

1) Sınıftaki en başarılı öğrenci Özge(dir).
2) Dolaptaki en ağır kutu turuncu olan(dır).
3) Sokaktaki en uzun ağaç çam ağacı(dır).
4) Ailemizdeki en yaşlı kişi dedem(dir).
5) Masadaki en sıcak yemek domates çorbası(dır).

LESSON 21

EXERCISE A

1) kadar uzun
2) kadar yaşlı
3) kadar çok
4) kadar becerikli
5) kadar uzak

EXERCISE B

1) Beril Selin kadar ağırdır.
2) Demir Bey Lale Hanım kadar yaşlıdır/ gençtir.
3) İzmir Ankara kadar kalabalıktır.

LESSON 22

EXERCISE A

1) sürüyorsun
2) pişiriyor
3) evleniyor(lar)
4) yapıyor

EXERCISE B

1) sürmüyorsun
2) pişirmiyor
3) evlenmiyor(lar)
4) yapmıyor

EXERCISE C

1) sürüyor musun?
2) pişiriyor mu?
3) evleniyor(lar) mı?
4) yapıyor mu?

LESSON 23

EXERCISE A

1) fırçalıyormuşsun
2) pişiriyormuş
3) gidiyor(lar)mış
4) yapıyormuş

EXERCISE B

1) fırçalamıyormuşsun
2) pişirmiyormuş
3) gitmiyor(lar)mış
4) yapmıyormuş

EXERCISE C

1) fırçalıyor muymuşsun?
2) pişiriyor muymuş?
3) gidiyor muymuş?
4) yapıyor muymuş?

LESSON 24

EXERCISE A

1) fırçalarsın
2) pişirir

3) gider(ler)
4) yapar

EXERCISE B

1) fırçalamazsın
2) pişirmez
3) gitmez(ler)
4) yapmaz

EXERCISE C

1) fırçalar mısın?
2) pişirir mi?
3) gider(ler) mi?
4) yapar mı?

LESSON 25

EXERCISE A

1) fırçalarmışsın
2) pişirirmiş
3) gidermiş
4) yaparmış

EXERCISE B

1) fırçalamazmışsın

2) pişirmezmiş
3) gitmez(ler)miş
4) yapmazmış

EXERCISE C

1) fırçalar mıymışsın?
2) pişirir miymiş?
3) gider(ler) miymiş?
4) yapar mıymış?

LESSON 26

EXERCISE A

1) fırçaladın
2) pişirdi
3) gitti(ler)
4) yaptı

EXERCISE B

1) fırçalamadın
2) pişirdin
3) gitmedi(ler)
4) yapmadı

EXERCISE C

1) fırçaladın mı?
2) pişirdi mi?
3) gitti(ler) mi?
4) yaptı mı?

LESSON 27

EXERCISE A

1) fırçalamışsın
2) pişirmiş
3) gitmiş(ler)
4) yapmış

EXERCISE B

1) fırçalamamışsın
2) pişirmemiş
3) gitmemiş(ler)
4) yapmamış

EXERCISE C

1) fırçalamış mısın?
2) pişirmiş mi?
3) gitmiş(ler) mi?
4) yapmış mı?

LESSON 28

EXERCISE A

1) öğrenciydin
2) işçiydiniz
3) sinirliydi
4) zayıf değildin
5) şişman değildiniz
6) asker değildi
7) pilot muydun?
8) şoför müydünüz?
9) deneyimli miydi?

LESSON 29

EXERCISE A

1) sürüyordun
2) pişiriyordu
3) geziyor(lar)dı
4) yapıyordu

EXERCISE B

1) sürmüyordun
2) pişirmiyordu
3) gezmiyor(lar)dı

4) yapmıyordu

EXERCISE C

1) sürüyor muydun?
2) pişiriyor muydu?
3) geziyor(lar) mıydı?
4) yapıyor muydu?

LESSON 30

EXERCISE A

1) fırçalardın
2) pişirirdi
3) gider(ler)di
4) yapardı

EXERCISE B

1) fırçalamazdın
2) pişirmezdin
3) gitmez(ler)di
4) yapmazdı

EXERCISE C

1) fırçalar mıydın?
2) pişirir miydi?

3) gider(ler) miydi?

4) yapar mıydı?

LESSON 31

EXERCISE A

1) fırçalardın
2) pişirmişti
3) gitmiş(ler)di
4) yapmıştı

EXERCISE B

1) fırçalamazdın
2) pişirmemişti
3) gitmemiş(ler)di
4) yapmamıştı

EXERCISE C

1) fırçalar mıydın?
2) pişirmiş miydi?
3) gitmiş(ler) miydi?
4) yapmış mıydı?

LESSON 32

EXERCISE A

1) fırçalayacaksın
2) pişirecek
3) gidecek(ler)
4) yapacak

EXERCISE B

1) fırçalamayacaksın
2) pişirmeyecek
3) gitmeyecek(ler)
4) yapmayacak

EXERCISE C

1) fırçalayacak mısın?
2) pişirecek mi?
3) gidecek(ler) mi?
4) yapacak mı?

LESSSON 33

EXERCISE A

1) fırçalayacakmışsın
2) pişirecekmiş

3) gidecek(ler)miş
4) yapacakmış

EXERCISE B

1) fırçalamayacakmışsın
2) pişirmeyecekmiş
3) gitmeyecek(ler)miş
4) yapmayacakmış

EXERCISE C

1) fırçalayacakmış mısın?
2) pişirecekmiş mi?
3) gidecek(ler)miş mi?
4) yapacakmış mı?

LESSON 34

EXERCISE A

1) fırçalayacaktın
2) pişirecekti
3) gidecek(ler)di
4) yapacaktı

EXERCISE B

1) fırçalamayacaktın

2) pişirmeyecekti
3) gitmeyecek(ler)di
4) yapmayacaktı

EXERCISE C

1) fırçalayacak mıydın?
2) pişirecek miydi?
3) gidecek(ler) miydi?
4) yapacak mıydı?

LESSON 35

EXERCISE A

1) fırçalıyor olacaksın
2) pişiriyor olacak
3) yaşıyor olacak(lar)
4) yapıyor olacak

EXERCISE B

1) fırçalamıyor olacaksın
2) pişirmiyor olacak
3) yaşamıyor olacak(lar)
4) yapmıyor olacak

EXERCISE C

1) fırçalıyor olacak mısın?
2) pişiriyor olacak mı?
3) yaşıyor olacak(lar) mı?
4) yapıyor olacak mı?

LESSON 36

EXERCISE A

1) fırçalamış olacaksın
2) pişirmiş olacak
3) taşınmış olacak(lar)
4) kazanmış olacak

EXERCISE B

1) fırçalamamış olacaksın
2) pişirmemiş olacak
3) taşınmamış olacak(lar)
4) kazanmamış olacak

EXERCISE C

1) fırçalamış olacak mısın?
2) pişirmiş olacak mı?
3) taşınmış olacak(lar) mı?
4) kazanmış olacak mı?

LESSON 37

EXERCISE A

1) **Biz** çok çalışıyoruz.
2) **Onlar** tatile gitti.
3) **Siz** yemeği pişirin.
4) **O** çok tembel bir insan.

EXERCISE B

1) arkadaşsın
2) -
3) çıkıyoruz
4) geziyorsunuz
5) -

LESSON 38

EXERCISE A

1) sizi
2) sana
3) bana
4) onu
5) size

EXERCISE B

1) seni
2) bize

3) ona
4) onları

LESSON 39

EXERCISE A

1) senin
2) bizim
3) sizin
4) onun

EXERCISE B

1) bıçağın
2) kütüphanemiz
3) kaleminiz
4) köpeği

EXERCISE C (Possible answers)

1) Benim ceketim kahverengi.
2) Benim arabam sarı.

LESSON 40

EXERCISE A

1) seninki
2) sizinki

3) onunki
4) onlarınki
5) benimki
6) bizimki

LESSON 41

EXERCISE A

1) kendin
2) kendisi
3) kendimiz
4) kendiniz
5) kendileri

EXERCISE B

1) kendin
2) kendisi
3) kendisi
4) kendim
5) kendisi

LESSON 42

EXERCISE A

1) boyayamaz
2) edebilir(ler)

3) açabilirim
4) taşıyamazsın

EXERCISE B

1) yüzebilirim
2) koşabilirim
3) koşamazlar

LESSON 43

EXERCISE A

1) koşamazdım/ koşamıyordum
2) yürüyebilirdi/ yürüyebiliyordu
3) konuşamıyordu

EXERCISE B

1) taşıyabiliyordun
2) kaldırabiliyordu
3) bulabiliyorduk
4) görebiliyordu

LESSON 44

EXERCISE A

1) koşabileceğim
2) yürüyebilecek
3) konuşabilecek

EXERCISE B

1) taşıyabileceksin
2) kaldırabilecek
3) bulabileceğiz
4) görebilecek

LESSON 45

EXERCISE A

1) bitirmeliyim
2) bildirmelisin/ bildirmelisiniz
3) katılmalıyız
4) durmalısın/ durmalısınız
5) içmemelisin/ içmemelisiniz

EXERCISE B

1) taşımalısın
2) kaldırmalı
3) bulmalıyız
4) görmeli

LESSON 46

EXERCISE A

1) yapmalısın
2) söylemelisin

3) yapmalıyız
4) tüketmemelisin
5) içmemelisin

EXERCISE B (Possible answers)

1) Çok yağlı yemekler yememelisin.
2) Güneşli havalarda şapka takmalısın.
3) Yemeklerden sonra dişlerini fırçalamalısın.
4) Bol su içmelisin.

LESSON 47

EXERCISE A

1) bitirmeme gerek yok
2) bildirmeye gerek yok
3) katılmamıza gerek yok
4) durmana gerek yok

EXERCISE B (Possible answers)

1) Eve yalnız gidebilirim, benimle gelmene gerek yok.
2) Paketiniz gelince sizi ararım, burada beklemenize gerek yok.
3) Hava soğuk değil, ceketimi giymeme gerek yok.
4) Yarın tatil, erken kalkmamıza gerek yok.

LESSON 48

EXERCISE A (Possible answers)

1) Fırına gitsen iyi olur.
2) Atkını alsan iyi olur.
3) Diş doktoruna gitse iyi olur.
4) Daha sıkı çalışsam iyi olur.
5) Taksiye binse iyi olur.
6) Çok yemesen iyi olur.

EXERCISE B

1) yazı kışa tercih ederim.
2) futbol oynamayı tenis oynamaya tercih ederim.
3) komedi filmini korku filmine tercih ederim.
4) çilekli dondurmayı çikolatalı dondurmaya tercih ederim.

LESSON 49

EXERCISE A

1) çıkmamalıydın.
2) yemeliydin
3) bağırmamalıydım.
4) aramalıydık
5) almamalıydım.

EXERCISE B

1) Bu filmi izlememeliydin (-)
   Bu filmi izlemeli miydin? (?)

2) Öğrenciler derse erken gelmemeliydi. (-)
   Öğrenciler derse erken gelmeli miydi? (?)

3) İlaçlarını zamanında almamalıydı (-)
   İlaçlarını zamanında almalı mıydı (?)

LESSON 50

EXERCISE A

1) Uyumuş olmalı
2) girmiş olmalı
3) yemiş olamaz.
4) giymiş olamazlar.
5) bitirmiş olamazsın.

EXERCISE B

1) İşçiler geç çıkmız olamaz (-)
2) Dedemi görmüş olamazsın (-)
3) Tüm evi siz temizlemiş olamazsınız (-)

LESSON 51

EXERCISE A

1) küsmüş olabilir.
2) geçememiş olabilirim.
3) Düşürmüş olabilir.
4) Eşin aramış olabilir.

EXERCISE B

1) Bu paket açılmamış olabilir. (-)
   Bu paket açılmış olabilir mi? (?)
2) Evlerine hırsız girmemiş olabilir. (-)
   Evlerine hırsız girmiş olabilir mi? (?)
3) Arabayla kaza yapmamış olabilirler. (-)
   Arabayla kaza yapmış olabilirler mi? (?)
4) Odanın rengini beğenmemiş olabilir. (-)
   Odanın rengini beğenmiş olabilir mi? (?)

LESSON 52

EXERCISE A

1) yaralanabilirdin
2) gelebilirdi
3) şikayet edebilirdi

EXERCISE B

1) Ormanda kaybolamazdın (-)
   Ormanda kaybolabilir miydin? (?)
2) Dün gece çok zengin olamayabilirdik. (-)
   Dün gece çok zengin olabilir miydik? (?)
3) Odasını temizlememiş olabilirdi. (-)
   Odasını temizlemiş olabilir miydi? (?)
4) Bu evi ben satın almamış olabilirdim. (-)
   Bu evi ben satın almış olabilir miydim? (?)

LESSON 53

EXERCISE A

1) Burada balık tutulur.
2) Şu an bahçe (işçiler tarafından) temizleniyor.
3) Çiçekler (çocuklar tarafından) sulanıyor.
4) Bu ev her yaz (Nesrin Hanım tarafından) kiralanır.
5) Kitaplar (bu makineler tarafından) basılıyor.

EXERCISE B

1) Türkiye'de bir çok dil konuşulur.
2) Bu limonlar Mersin'de yetiştirilir.
3) Şu restoranda lezzetli yemekler yapılıyor.

LESSON 54

EXERCISE A

1) Hastalar (doktorlar tarafından) muayene edildi.
2) Bilgisayarım (arkadaşım tarafından) tamir edildi.
3) Duvarlara (insanlar tarfından) resimler çiziliyordu.
4) Bizim balkona (kuşlar tarfından) yuva yapılıyordu.

EXERCISE B

1) Araba yaşlı bir adama satıldı.
2) Aşçılar tarafından akşam yemeği hazırlanıyordu.
3) Müzeler ve parklar ziyaret edildi.

LESSON 55

EXERCISE A

1) Yarın proje bitirilecek.
2) Haftaya odam boyanacak.
3) (Arkadaşlarım tarafından)güzel bir kahvaltı hazırlanacak.
4) (Amcam tarafından) bu arsaya yeni bir ev yapılıyormuş.

EXERCISE B

1) Yemekte klasik müzik dinlenecek.
2) Bu eşyalar tavanarasına taşınacak.
3) Beğendiğim ayakkabılar satılmış.

LESSON 56

EXERCISE A

1) Burada gözlükler takılmalı.
2) Bu yastıklar makinede yıkanabilir.
3) Sık sık taze sebze ve meyve yenmeli.
4) Bu binada sigara içil(e)mez.

EXERCISE B

1) Film izlerken patlamış mısır yenebilir.
2) Evden çıkarken kapılar kilitlenmeli.
3) Kütüphane hafta sonu ziyaret edilebilir.

LESSON 57

EXERCISE A (Possible answers)

1) içir-   Kardeşime ılık süt içirdim.
2) yıkat-   Çamaşırlarını anneme yıkatabilirsin.
3) pişir-   Bu yemeği bizim için pişirmiş.
4) yaptır-   Ödevlerini arkadaşına mı yaptırdın?
5) öldür-   Yaşlı adamı kim öldürmüş?
6) uçur-   Büyük uçakları uçurmak çok kolay değil.

EXERCISE B

1) Kapıyı çilingire açtırmadık.

2) Masayı amcama yaptırmayacağım.
3) Çocuklar adamı güldürmedi.
4) Cüzdanını düşürmemiş.

LESSON 58

EXERCISE A (Possible answers)

1) Yağmur yağıyorsa evde kalalım.
2) Buse eve geldiyse yemek yesin.
3) Bu filmi sevmediysen başak bir tane izleyebiliriz.
4) Trafikte kırmızı ışık yanıyorsa durmalısın.
5) Evde yumurta yoksa omlet yapamam.
6) Para biriktirebilirsem tatile gideceğim.

EXERCISE B

1) Vaktin olursa   a) bizi de ziyaret et.
2) Yemek sıcaksa   d) yavaş ye.
3) Elektrik kesildiyse   e) mum yakabilirsin.
4) Bu elbiseyi beğendiysen b) satın alabilirsin.
5) Bizimle pikniğe geleceksen c) derse başlayabilirsiniz.

LESSON 59

EXERCISE A (Possible answers)

1) Keşke büyük/güzel bir evim olsa.
2) Keşke çok param olsa / Keşke zengin olsam.

3) Keşke tatile gidebilsem.

4) Keşke bu sene evlensem / Keşke uygun bir eş bulabilsem.

LESSON 60

EXERCISE A

1) Sen televizyon izlerken ben ödevimi bitirdim.
2) Ofise erken gelince sürpriz bozuldu.
3) Ben çocukken kırmızı bir bisikletim vardı.
4) Babam araba sürerken müzik dinlemeyi sever.
5) Kazayı gördüğümde çok korktum.
6) Melis kolunu kırdığında bahçede oynuyordu.

EXERCISE B (Possible answers)

1) Yazı yazarken beni rahatsız etme!
2) Evden çıkınca seni ararım.
3) Onunla karşılaşınca annem de yanımdaydı.
4) Siz sohbet ederken onlar yemek pişiriyordu.

LESSON 61

EXERCISE A

1) Kahvaltıdan sonra   c. yürüyüşe çıkacağız.
2) Ofise varmadan önce   d. patronumu gördüm.
3) Evi satın aldıktan sonra   h. biraz tamir gerekecek.

4) Uzun saatler yürüdükten sonra   g. köye vardık.
5) Misafirler gelmeden önce   a. evi temizledik.
6) Balkona çıkmadan önce   b. üzerine ceket al.
7) Tüm paramı harcadıktan sonra   f. annemden borç isteyeceğim.
8) Uçağa binmeden önce   e. bavulumu bagaja verdim.

LESSON 62

EXERCISE A

1) Koltuklar gelene kadar   e. yerde oturduk.
2) Ben seni arayana kadar   c. evden ayrılma.
3) Onu görür görmez   f. çok etkilendim
4) Arabayı alır almaz   h. servise götüreceğim.
5) Gelecek haftaya kadar   d. her şey belli olacak.
6) İşlerim biter bitmez   a. ofisten çıkacağım.
7) Gece yarısına kadar   g. pencerede onu bekledik.
8) Bahçeye girer girmez   b. büyük bir köpek gördüm.

LESSON 63

EXERCISE A

1) Sev-   sevmek/ sevme/ seviş
2) Koş-   koşmak/ koşma/ koşuş
3) Dön-   dönmek/ dönme/ dönüş
4) Konuş- konuşmak/ konuşma/ konuşuş
5) Gül-   gülmek/ gülme/ gülüş

♦ *Beşir Kitabevi*

6) İç- içmek/ içme/ içiş
7) Tut- tutmak/tutma/ tutuş

LESSON 64

EXERCISE A (Possible answers)

1) Sev- Seven kadın
2) Gör- Gören gözler
3) Yaz- Yazan kalem
4) Oku- Okuyan çocuk
5) Duy- Duyan insanlar
6) Gül- Gülen bebek
7) Yüz- Yüzen balık
8) Uç- Uçan kuş

LESSON 65

EXERCISE A

1) çalışınca / gidince / yorulunca / gülünce
2) çalışarak / yorularak
3) gideli / çalışalı
4) gidesiye / yorulasıya
5) çalışır çalışmaz / gider gitmez
6) gide gele / çalışa çalışa

LESSON 66

EXERCISE A

1) Biri seni aradı.
2) Herkes yemeği sever.
3) Çok fazla yedim. Karnım ağrıyor.
4) Biraz daha alabilir miyim?

EXERCISE B

a) Fazla
b) Herhangi biri
c) Başkası
d) Diğeri

4) Çok
1) Birisi
3) Ötekisi
2) Öbürü

LESSON 67

EXERCISE A

1) Bir kadın seni aradı.
2) Bütün erkekler yemeği sever.
3) Fazla yemek yedim. Karnım ağrıyor.
4) Biraz daha çorba alabilir miyim?

EXERCISE B (Possible answers)

1) **Her bir** evi teker teker aradılar.
2) **Çoğu** öğrenci okula gelmemiş.

3) Burada **birçok** kitap bulabilirsin.

4) **Hiçbir** şey bulamadım.

LESSON 68

EXERCISE A

1) Annem ile dün görüştüm.
2) Baban kadar/ gibi sen de kuvvetlisin.
3) Kar yağışından dolayı yollar kapandı.
4) Pelin gibi/kadar saygılı bir kız görmedim.

EXERCISE B

a) Yarına   2) kadar seni ararım.
b) Eve   4) doğru yürürken onu gördüm.
c) Abine   5) nazaran daha kısasın..
d) Okula araba   3) ile gitmelisin
e) Senden   1) başka arkadaşım yok.

LESSON 69

EXERCISE A

1) Hem Rıfat hem babası İstanbul'a taşındılar. Bizim üst katımızda oturuyorlar.

2) Hastayım ve öksürüyorum.

3) Ne Devrim ne Kutsi yarışı kazanacak. Yeterince antreman yapmadılar.

4) Kararsızım; cep telefonu veya bilgisayar alacağım.

EXERCISE B (Possible answers)

1) Dışarı çıkalım yahut evde film izleyelim.
2) Paketiniz ya bugün ya yarın gelir.
3) İster arabamla ister otobüsle gidelim; sen bilirsin.
4) Kardeşin de sen de çok inatçısınız.

LESSON 70

EXERCISE A

1) Hastayım bu yüzden bugün işe gitmeyeceğim.
2) Hastayım fakat mutlaka toplantıya gideceğim.
3) Hasta olmama rağmen işe gideceğim.
4) Beni terk etti, oysa ben onu çok seviyordum.

EXERCISE B

a) Evi aradım   3) fakat kimse cevap vermedi.
b) Ben   5) ve annem dün İstanbul'daydık.
c) Yağmur yağmasına   1) rağmen dışarı çıktık.
d) Sınavı geçemedim   2) oysa çok çalışmıştım.
e) Seni affederim   4) fakat bir daha hata yapma.